2023年主题出版重点出版物

TENGFEI DE YUYI
JIAOYU CUJIN XIANGCUN
ZHENXING DE JILI YU LUJING

腾飞的羽翼

教育促进乡村振兴的机理与路径

李兴洲
姬冰澌 著

天津出版传媒集团
天津教育出版社
TIANJIN EDUCATION PRESS

图书在版编目(CIP)数据

腾飞的羽翼：教育促进乡村振兴的机理与路径 / 李兴洲，姬冰澌著. -- 天津：天津教育出版社，2024.4
ISBN 978-7-5309-9108-4

Ⅰ. ①腾… Ⅱ. ①李… ②姬… Ⅲ. ①乡村教育—关系—农村—社会主义建设—研究—中国 Ⅳ. ①G725 ②F320.3

中国国家版本馆CIP数据核字(2024)第075081号

腾飞的羽翼——教育促进乡村振兴的机理与路径

TENGFEI DE YUYI JIAOYU CUJIN XIANGCUN ZHENXING DE JILI YU LUJING

出版人 黄 沛

作者 李兴洲 姬冰澌
选题策划 杜 平
责任编辑 董玲岑
装帧设计 郭亚非

出版发行 天津出版传媒集团
天津教育出版社
天津市和平区西康路35号 邮政编码 300051
http://www.tjeph.com.cn

经销 新华书店
印刷 天津新华印务有限公司
版次 2024年4月第1版
印次 2024年4月第1次印刷
规格 16开(787毫米×1092毫米)
字数 238千字
印张 19
插页 2

定价 65.00元

前　言

民族要复兴，乡村必振兴。“实施乡村振兴战略，是党的十九大作出的重大决策部署，是决胜全面建成小康社会、全面建设社会主义现代化国家的重大历史任务，是新时代‘三农’工作的总抓手。”[①]党的二十大确立了“全面建设社会主义现代化国家、全面推进中华民族伟大复兴”[②]的宏伟目标。在这一伟大的历史进程中，有两项与乡村教育密切相关的目标任务：一是坚持教育优先发展，加快建设教育强国，加快义务教育优质均衡发展和城乡一体化，强化现代化建设人才支撑；二是全面推进乡村振兴战略，坚持农业农村优先发展，加快建设农业强国，扎实推动乡村产业、人才、文化、生态、组织振兴。这两大目标为新时代乡村教育促进乡村振兴提供了重要依据，指明了前进方向。

中华人民共和国成立后，在中国共产党的坚强领导下，在人民群众的共同努力下，乡村教育面貌发生了翻天覆地的变化。特别是党的十八大以来，以习近平同志为核心的党中央高度重视乡村教育，深刻认识到

---

① 《中共中央国务院关于实施乡村振兴战略的意见》，人民出版社2018年版，第1页。

② 习近平：《高举中国特色社会主义伟大旗帜 为全面建设社会主义现代化国家而团结奋斗——在中国共产党第二十次全国代表大会上的报告》，《人民日报》2022年10月26日。

乡村教育之于乡村振兴、社会主义现代化国家建设、中华民族伟大复兴的重要意义，把乡村教育摆在优先发展的地位，并且对乡村教育发展提出了明确要求，给予了重要指示。总体来看，新时代以来，我国乡村教育取得了长足进步，突出表现在乡村教育经费逐年增长、乡村办学条件不断优化、乡村师资力量不断增强、乡村人口素质全面提高，乡村教育为乡村全面振兴注入了新动能、创造了新优势。

然而，一个不容忽视的事实是，我国要实现全面建成社会主义现代化强国的战略目标，最艰巨的任务仍然在乡村，最薄弱的环节依然是乡村教育。虽然城镇化还在加速推进，大量的农村青壮年将继续流向城市，但未来乡村依然有四亿至五亿的农民，乡村教育直接关系到乡村民众的可持续发展能力，决定着乡村人才的数量和质量。如果乡村教育没有得到健康的发展，那么原本可以成为中国式现代化建设主力军的乡村民众就会变成拖累整个社会前行的沉重包袱。在这个意义上，无论过去、现在还是未来，乡村教育对于乡村振兴和民族复兴始终具有至关重要的作用，必须受到全社会，尤其是各地党政领导干部的重视。

“十四五”时期，我国开启全面建设社会主义现代化国家新征程，进入全面实施乡村振兴战略新阶段，为加快农业农村现代化建设带来难得机遇。如何更好发挥教育在乡村振兴中的功能，是当前迫切需要研究的课题。因此，我们需要深刻领会习近平关于乡村振兴和教育的重要论述的深厚意蕴，加强乡村教育赋能乡村振兴的前瞻性思考，以更切实的举措提升乡村教育促进乡村振兴的能力与动力，推进新时代“三农”工作，谱写好中华民族伟大复兴的“三农”新篇章。

自20世纪二三十年代起，晏阳初、陶行知、梁漱溟等先驱知识分子在中国广袤的土地上发起了声势浩大的乡村建设运动，乡村教育实验成为其中的重要实践，乡村建设与乡村教育研究逐步成为公众关注的焦点。历经数代学者的不懈努力和积累，相关学术成果已蔚为大观。步入新时代，乡村教育振兴和教育振兴乡村的研究与实践亟需新的理论指导以适应时代变迁。

习近平关于乡村振兴和教育的重要论述，精准而科学地解答了“何为乡村振兴的本质”“为何要振兴乡村教育”及“如何通过教育来有效推动乡村全面振兴”等一系列重大理论和现实问题，这些论述是习近平新时代中国特色社会主义思想不可或缺的组成部分，为当前及未来我国依托教育力量实现乡村全面振兴提供了根本指导原则和行动指南。

本书以习近平关于乡村振兴和教育的重要论述为核心主线，紧密结合新时代教育改革与发展的理论和实践，深入研究习近平关于以教育振兴乡村的重要论述，重点对乡村教育促进乡村振兴的内在机理、实践困境、政策因应、策略选择、实践模式、中国经验、世界影响等关键议题进行系统总结和理论提升。

本书主体部分由七章构成（见图1），共三个部分的内容，具体如下。

第一部分由第一章和第二章构成，是对习近平关于乡村振兴和乡村教育重要论述的深入研究，是全书开展具体论述的指导思想与理论基础。第一章深入阐释乡村振兴战略的丰富内涵与重大意义；第二章围绕习近平关于乡村教育与乡村振兴关系的重要论述，深入分析乡村教育促进乡村振兴的指导思想和内在机理。

第二部分由第三章、第四章和第五章构成，是对乡村教育促进乡村振兴的理论与实践成果的系统分析。第三章着重剖析乡村教育促进乡村振兴面临的主要困境，并且从政策角度梳理出政府部门破解困境的措施；第四章重点分析学术界关于乡村教育促进乡村振兴的价值取向和实施策略的研究；第五章转向实践领域，在对乡村教育促进乡村振兴的实践模式展开分析的基础上，创造性地提出数字化时代背景下乡村教育促进乡村振兴的跨越式发展路向。

第三部分由第六章和第七章构成，是全书的理论升华。第六章总结乡村教育促进乡村振兴的中国经验，从乡村、个体两个层面和经济、人才、文化、生态、治理五个方面分析乡村教育促进乡村振兴的实践成效，从目的、主体和路径三个方面提炼乡村教育促进乡村振兴的经验启示；第七章在阐述中国援助东盟、非洲、拉美以教育促进乡村振兴方面所采取的行动及其产生的世界影响之后，从教育理论、教育实践、现代化和人类文明形态四个层面分析乡村教育促进乡村振兴的中国贡献。

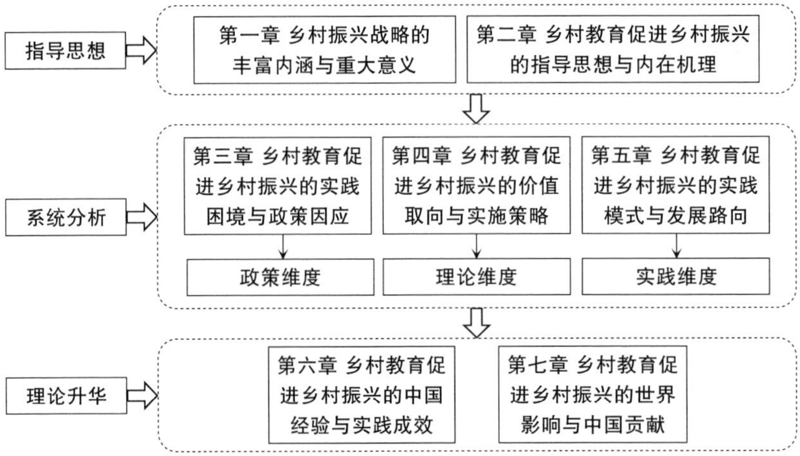

图1　全书框架

相较于既往研究成果，本书精炼总结了习近平关于以教育振兴乡村的重要论述，并进一步丰富了乡村建设和乡村教育融合发展的理论框架，拓展了新时代乡村教育的内涵边界，旨在为学界深入探究中国乡村教育提供有力的理论参考。同时，本书直面当下乡村教育在促进乡村振兴过程中遇到的实际难题，系统梳理并严谨分析了政策制定者、研究者及实践者提出的各种应对策略，期望能为统筹协调推进乡村教育振兴与教育振兴乡村工作提供积极有益的借鉴和启示。

全书集理论研究、实践探索与政策分析于一体，力求把政治话语和学术话语转换为大众话语。本书通过对政策文本的解读与评析、理论成果的深化和转化、实践经验的提炼与升华，以期达成既具有一定的理论高度和学术水准，又具有一定的推动乡村振兴实践作用的研究成果，为以教育振兴乡村贡献绵薄之力。

目 录

第一章

乡村振兴战略的丰富内涵与重大意义

中国自古就是一个农业大国，“三农”问题一直是关系国家发展和社会稳定的根本性问题。中华人民共和国成立以来，党和政府高度重视农业、农村和农民问题，有针对性地实施了一系列“三农”政策与行动，使我国农业生产、农村面貌和农民生活发生了翻天覆地的变化，中国的“三农”工作取得了令全世界瞩目的成就。但是与城市相比，农业、农村和农民仍然是我国现代化建设过程中的薄弱环节。

2017年10月，中国共产党第十九次全国代表大会首次提出要实施乡村振兴战略，并将其列为七大战略之一写入党章。同年12月，习近平总书记在中央农村工作会议上亲自部署了实施乡村振兴战略的相关工作。2018年，中共中央、国务院先后印发了《中共中央国务院关于实施乡村振兴战略的意见》和《乡村振兴战略规划（2018—2022年）》，强调把乡村振兴战略作为新时代“三农”工作的总抓手。2020年，党的十九届五中全会审议通过了《中共中央关于制定国民经济和社会发展第十四个五年规划和二〇三五年远景目标的建议》，对我国“十四五”时期的农村工作作出部署和安排，首次提出“实施乡村建设行动”，并将其作为“十四五”时期全面推进乡村振兴的重点任务，摆在了现代化建设的重要位置。同年，习近平总书记在中央农村工作会议上指出，“脱贫攻坚取得胜利后，要全面推进乡村振兴，这是‘三农’工作重心的历史性转移”[①]。2021年，《中华人民共和国乡村振兴促进法》的出台，为新阶段全面推进乡村振兴、加快农业农村现代化提供了有力法治保障。2022年与2023年，《中共中央国务院关于做好2022年全面推进乡村振兴重点工作的意见》和《中共中央国务院关于做好2023年全面推进乡村振兴重点工作的意见》发布，这是21世纪以来第19个和第20个指导“三农”工作的中央一号文件，充分说明全面推进乡村振兴是当前和今后党的“三农”工作重心。2022年，《乡村建设行动实施方案》正式发布，对乡村建设行动的指导思想、工作原则、行动目标、重点任务、工作机制和保障措施等进行系统部署和全面安排，擘画了“十四五”时期乡村建设建什么、怎么建的蓝图。由此可见，全面推进乡村振兴是当下我国“三农”工作实践重点。

本章聚焦于探究乡村振兴战略提出的背景和依据，分析习近平关于乡村振兴重要论述的丰富内涵，从多个角度阐释乡村振兴战略的重大意义和价值追求，为分析教育促进乡村振兴的机理、明确教育工作开展路径提供研究基础。

① 《习近平在中央农村工作会议上强调 坚持把解决好“三农”问题作为全党工作重中之重 促进农业高质高效乡村宜居宜业农民富裕富足》，《人民日报》2020年12月30日。

一、乡村振兴战略的规划背景与形成依据

乡村振兴战略是以习近平同志为核心的党中央在继承和发展马克思恩格斯城乡融合发展理论的基础上，根植于中国传统农耕文明厚壤，汲取中国共产党百年乡建经验，面向我国乡村发展现实所形成的全面系统的国家发展战略，是我国在接下来几十年的发展进程中处理乡村问题的根本遵循，对推动中华民族伟大复兴中国梦的实现具有重要价值。

（一）理论基础：是对马克思恩格斯城乡融合发展理论的推进

马克思主义是我国立党立国、兴党兴国的根本指导思想。其中，城乡融合发展理论是马克思和恩格斯在看到工业社会中农民被剥削、农业和农村发展受压制的情况下对于城乡关系的进一步思考和凝练，深刻揭示了城乡关系的发展变化情况，成为许多社会主义国家处理城乡关系的理论基础。对于中国而言，乡村振兴战略是中国共产党从党和国家事业全局出发、站在两个一百年历史交汇点上面向农村作出的重大决策，是结合中国具体实际对马克思恩格斯城乡融合发展理论的进一步推进，继承和发展了其理论精髓，是新时代“三农”工作的总抓手。

1. 乡村振兴战略继承和发展了马克思和恩格斯对农业的基础地位的认识，高度重视解决“三农”问题

马克思、恩格斯认为，农业是人类社会赖以生存和发展的基础。从食物供应角度来看，无论身处何时何地，人类想要生存下去，就一定需要充足的食物供给，这是人类活动的基础。马克思曾经专门写过一篇有关欧洲食物短缺的文章，其中明确指出“最文明的民族也同最不发达的未开化民族一样，必须先保证自己有食物”①。食物对于个人和民族都是必不可少的东西。恩格斯也曾指出，“农业是整个古代世界的决定性的生产部门，现在它更是这样了”②。与此同时，农业也是社会分工得以实现，经济向更高层次发展的基石。纵观整个人类发展历程，正是农业生产率的提高，出现了农业生产劳动的剩余，才让一部分人从农业生产活动中脱离出来，从事手工业、工业、商业等其他生产活动，经济的快速发展才得以实现。因此，马克思指出，“超过劳动者个人需要的农业劳动生产率，是全部社会的基础”③。由此可见，马克思和恩格斯充分重视农业的基础地位，这是城乡融合发展理论得以形成的根本。习近平总书记对农业、农村的基础地位也曾多次作出指示，不断强调“重农固本是安民之基”④，“农业基础地位任何时候都不能忽视和削弱”⑤。

① 《马克思恩格斯全集》第九卷，人民出版社1961年版，第347页。

② 《马克思恩格斯全集》第二十一卷，人民出版社1965年版，第169页。

③ 《马克思恩格斯文集》第七卷，人民出版社2009年版，第888页。

④ 习近平：《论“三农”工作》，中央文献出版社2022年版，第272页。

⑤ 《习近平在看望参加政协会议的经济界委员时强调 坚持用全面辩证长远眼光分析经济形势 努力在危机中育新机于变局中开新局》，《人民日报》2020年5月24日。

新时代，我国乡村振兴战略的提出与推进都是党和政府重视“三农”问题的具体表现，通过一系列强农惠农富农政策的实施，加强对农业的支持力度，不断强化我国农业发展基础，补齐“三农”短板，为党和国家事业的全面发展夯实根基。

2. 乡村振兴战略继承和发展了马克思和恩格斯对于城乡关系的认识，着力推进新型城乡关系和城乡融合发展

马克思和恩格斯认为，人类社会本是浑然一体，随着剩余产品交换流通的需要，才逐步产生了“市”和“城”。城市是经济社会发展到一定阶段的产物。随着生产力发展，城乡关系会经历分离、对立到融合的动态演变过程。在社会发展早期，几乎所有的劳动者都投身于农业生产，随着劳动生产率的提高、社会分工和交易行为的出现，人口和资源开始向某些地区聚集，城市开始出现，并伴随着城乡分离。随着工业革命的发展，大机器在工业中得到广泛运用，城市和农村的生产方式发生天翻地覆的变化，城市和农村的利益冲突不断加剧，在私有制下不断走向对立。对此，马克思和恩格斯指出，“一个民族内部的分工，首先引起工商业劳动同农业劳动的分离，从而也引起城乡的分离和城乡利益的对立”①，社会分工的出现就是城乡分离的起源。但同时，马克思、恩格斯认为城乡关系的对立是由于生产力发展不够所导致的，当生产力发展到足够高的水平时，自然能够消灭私有制，此时，城乡会自动走向融合。他们认为，城乡融合发展是较为理想的城乡关系模式，既能够突破

① 《马克思恩格斯选集》第一卷，人民出版社1995年版，第68页。

两者局限，实现城乡优势结合，也能够在融合中促进人与自然的和谐相处。正如恩格斯所言，“城市和乡村的对立的消灭不仅是可能的。它已经成为工业生产本身的直接必需”[①]。因此，城乡分离和对立只是历史发展的产物，其消灭也具有历史必然性。进入新时代，党中央在深刻把握马克思和恩格斯关于城乡关系论述的基础上，指出中国要走的是城乡融合发展道路，走中国特色社会主义乡村振兴之路，通过重塑城乡关系，壮大乡村发展新动能，统筹城乡发展力度，推动信息化、城镇化、农业现代化，实现城乡全面融合和共同繁荣。

3. 乡村振兴战略继承和发展了马克思和恩格斯关于城乡发展指向的认识，力求促进人民共同富裕与实现人的全面发展

马克思和恩格斯终其一生都在追求通过“重建社会”（即重建实现人的自由全面发展的美好社会）来实现共产主义。乡村作为社会的重要组成部分，在共产主义的条件下更应实现人民的共同富裕及个人的全面发展，这是马克思主义学说的终极价值取向。他们强调实现农民的解放是农民获得自由的前提，也是实现其自由而全面发展的基础。因此，必须使农民从生产资料（特别是土地）私有制这种社会关系中得以解放，废除资本主义生产方式，并利用现代科学技术使农村人口能够从“那种与世隔绝的和愚昧无知的状态中挣脱出来”[②]。在未来社会，人们之间不会再有工人和农民的区别，城市和农村也将仅仅成为人们生活的地域，社会全体成员能够在城乡融合的条件下得到全面自由的发展。在深

① 《马克思恩格斯选集》第三卷，人民出版社1995年版，第646页。
② 《马克思恩格斯文集》第三卷，人民出版社2009年版，第326页。

刻把握马克思和恩格斯关于城乡发展最终指向认识的基础上，习近平总书记强调，要“走中国特色社会主义乡村振兴道路，持续缩小城乡区域发展差距，让低收入人口和欠发达地区共享发展成果，在现代化进程中不掉队、赶上来”[①]。《中华人民共和国国民经济和社会发展第十四个五年规划和2035年远景目标纲要》将就业、教育、社保、医疗、养老、住房等均纳入乡村振兴战略中，多方位构建城乡发展一体化体制机制，致力于提高人民的获得感和幸福感，增强所有人的发展能力，为促进全体人民共同富裕和人的全面发展创造了必要条件。

（二）文化渊源：是对中国传统农耕文明的创造性发展

中华文明源远流长、博大精深，是世界文明中唯一未曾断绝、传承至今的文明。而中国作为世界农业的起源地之一，传统的农耕文明更成了中华优秀文化的根基，其中包含的乡村道德、人文精神、乡风礼治等，能够为新时代开展“三农”工作注入精神滋养，更能为建设农业现代化强国提供强大的力量支撑。乡村振兴战略的提出与实施，是以习近平同志为核心的党中央在继承中华优秀传统文化的基础上，结合现代文明要素，对中国传统社会农耕文明的创造性发展，推动了传统文化和现代文明有机融合，为推动“三农”工作开展提供了坚实的文化基础。

---

① 习近平：《在全国脱贫攻坚总结表彰大会上的讲话》，《人民日报》2021年2月26日。

1. 乡村振兴战略是对中国传统重农思想的创造性继承

“论民之业，以农为本，工商为末。”古代中国统治者素来秉持重农思想，把扶持农桑、发展农业放在治国首位。在古代小农经济背景下，一个国家的主要财政收入和民食军需等都来自农业生产，农业生产是人民生存的根本保障，与国家安定、人民安居息息相关。宋太祖赵匡胤在《劝农诏》中明确指出：“永念农桑之业，是为衣食之源。”而徐光启在《农政全书》中则表明，“古圣王所谓财者，食人之粟，衣人之帛”，即务农贵粟乃是国家的根本之计，只有立足农业生产，才能够巩固国家财政基础。从“农业农村优先发展”的提出和习近平总书记对农业典故的多次引用可以看出，乡村振兴战略蕴含着中国传统重农思想。不过，这种对传统文化的继承不是原样照搬，而是有所取舍、力图创新。中国传统重农思想伴随着对商业的抑制，这种自给自足的小农经济极大地阻碍了中国社会的开放与发展，是导致中国长期停留在农业文明阶段的一个重要原因。与此不同，“实施乡村振兴战略的本质是回归并超越乡土中国”[①]，“乡村振兴是全面建成社会主义现代化强国的基础工程”[②]，对于我国实现中国式现代化和融入世界体系具有重要意义。乡村振兴战略中创造性继承的中国传统重农思想既是实现中国乡村高质量发展、制定相关政策措施的思想源泉，也是乡村振兴战略的历史底色。

① 范建华：《乡村振兴战略的时代意义》，《行政管理改革》2018年第2期。

② 刘爱芳：《全面推进乡村振兴 走好中国式现代化的三农道路》，《农民日报》2022年12月3日。

2. 乡村振兴战略是对中国传统乡村治理体系的创新性转化

中国传统的乡村社会受小农经济影响，生产力发展水平较低，同时由于亲缘关系和管理水平等原因，形成了“皇权不下县”的独特乡村治理体系，其最显著的特点就是以“乡规民约”为治理手段、以“乡贤”为治理主体的村民自治系统。“乡规民约”是中国古代农村进行农民管理的基本准则，是在长期发展过程中自发形成、具有普遍约束力的民间公约。其内容十分广泛，包括社会公德、生产生活关系、贯彻国家政策法令等，是维系中国传统农业社会“自治而不乱”的关键所在，更是乡村自治的基础。“随着国家权力在乡村社会的下放，乡村管理者逐渐由内部的能力出众者、经济优越者、德高望重者以及各宗族的领袖担任”[①]，这些乡村管理者就是“乡贤”，他们生于当地，并在当地具有普遍的权威性和话语权，能够在发生纠纷或出现紧急事务时，结合当地实际灵活运用“乡规民约”或亲情伦理处理乡村公共事务，同时承担着凝聚民心、振兴宗族的重任，在传统社会的乡村治理中扮演十分重要的角色。进入新时代，以习近平同志为核心的党中央高度重视乡村治理，强调“完善包括市民公约、乡规民约、行业规章、团体章程在内的社会规范体系，为全面推进依法治国提供基本遵循”[②]，同时将“乡贤文化”列入农村思想道德建设中，充分发挥“新乡贤”在乡村治理现代化中的重要作用，这些举措都是对传统乡村治理体系的创新性转化，能够充分

① 倪雨辰、蔡东宏：《我国乡村治理历史沿革与经验借鉴》，《农业与技术》2021年第23期。

② 《习近平谈治国理政》第二卷，外文出版社2017年版，第119页。

调动乡村民众的积极主动性，降低政府运行成本，显著提高治理效率。

3. 乡村振兴战略是对中国传统乡土文化的现代化发展

文化是一个民族的灵魂，是民族得以生存发展的根基，有着强烈的感召力和潜移默化的影响力。由于中国乡村的生产生活方式大多是聚族而居和精耕细作，乡村居民都生活在传统的熟人社会中，大家彼此熟悉且彼此信任，所以孕育出了耕读传家、父慈子孝的传统家训和邻里守望、诚信重礼等农耕特质和文化传统。这些优秀乡土文化有着多种表现形式，包括民俗风情、传说故事、古建遗存、名人传记、家族族谱、传统技艺等，这些不可替代的文化瑰宝，对于中华民族维系乡村社会和谐稳定、淳化民风、塑造乡村民众的精神面貌具有重要作用。此外，传统乡土文化强调“天人合一”的自然观，强调人与自然和谐相处。《孟子》中的“不违农时，谷不可胜食也；数罟不入洿池，鱼鳖不可胜食也；斧斤以时入山林，材木不可胜用也”，体现了中国历来尊重自然规律、追求大道自然的农耕文明。党的十八大以来，习近平总书记反复强调：“我们要深入挖掘、继承、创新优秀传统乡土文化。”[①]我们要在继承优秀传统乡土文化的同时，适应现代生活需求，创造出新的乡土文化。新时代乡村振兴战略的实施，正是对我国优秀传统乡土文化的传承与发展，在保护原生态的基础上，走绿色发展道路，有利于实现传统农耕文明与新时代乡村振兴的有机融合。传统乡土文化能够为乡村振兴提供强大的精神力量，而乡村振兴战略则能够更有效地挖掘传统乡土文化中的

① 习近平：《论把握新发展阶段、贯彻新发展理念、构建新发展格局》，中央文献出版社2021年版，第229页。

优秀内容，并对其进行符合时代要求的创新性发展。此外，乡村振兴战略也赋予了“天人合一”这一传统自然观新的时代内涵。

（三）实践经验：是对百年来中国共产党乡建经验的深刻总结

建党百年来，中国共产党在不同历史时期都高度重视乡村建设工作，实施了不同的乡村建设政策。这些政策既各有侧重点和特色，又相互衔接、逐步转化，形成完整的政策体系、制度体系和行之有效的工作方案，开创了中国特色农业农村现代化道路。习近平总书记指出，“我们要根据时代变化和实践发展，不断深化认识，不断总结经验，不断进行理论创新，坚持理论指导和实践探索辩证统一，实现理论创新和实践创新良性互动”[①]。这说明任何新理念新思想新战略的形成与提出都离不开对过去经验的总结和反思，而中国共产党百年乡村建设工作为乡村振兴战略积累了极其宝贵的经验，提供了深刻的启示。

1. 坚持党对“三农”工作的全面领导

“党管农村工作是我们的传统。”[②]中国共产党自1921年成立以来，始终坚持在“三农”工作中的领导地位，将解决“三农”问题贯穿于党推进革命、建设、改革的各个时期。我国农业稳步发展，农村面貌逐步改善，农民生活水平不断提升，这与中国共产党对“三农”工作的全面

① 习近平：《论党的宣传思想工作》，中央文献出版社2020年版，第131页。
② 习近平：《论“三农”工作》，中央文献出版社2022年版，第104页。

领导及所作出的努力密不可分。新民主主义革命时期，党领导农民“打土豪、分田地”，建立农村革命根据地和实行工农武装割据，赢得农民支持，最终夺取革命胜利，推翻压迫，建立中华人民共和国，这是我国农村发展和农民解放的前提。社会主义革命和建设时期，在党的领导下，农民进行了农业合作化和新农村建设，使农村基础设施现代化水平和农业生产力水平得以提高，农民的生活也有了显著改善。改革开放和社会主义现代化建设新时期，中国共产党实行放权放手发展、多予少取放活的方针，领导广大农村进行经济体制改革，通过实行家庭联产承包责任制，发展多种经营和集体经济，走出了一条符合我国国情的发展之路，农村建设工作不断取得新进展。党的十八大以来，以习近平同志为核心的党中央在总结党领导农村工作经验的基础上，决定进一步贯彻农业农村优先发展方针，发动全党全社会力量，打赢了人类历史上规模最大的脱贫攻坚战，全面推进乡村振兴。习近平总书记强调，“实施乡村振兴战略，各级党委和党组织必须加强领导”[①]。由此，乡村振兴战略继承了百年来党管“三农”工作的优良传统，同时，党的领导也为实施乡村振兴战略提供了坚实的政治保证。

2. 坚持农民主体地位，坚决维护农民根本利益

“江山就是人民，人民就是江山。……为民造福是立党为公、执政为民的本质要求。”[②]中国一直是一个农业人口众多的国家。农民是党执

① 习近平：《论“三农”工作》，中央文献出版社2022年版，第280页。

② 习近平：《高举中国特色社会主义伟大旗帜 为全面建设社会主义现代化国家而团结奋斗——在中国共产党第二十次全国代表大会上的报告》，《人民日报》2022年10月26日。

政的基石，是党取得胜利的源泉，是推动中国历史前进的重要动力。回顾党的百年乡村建设历程，中国共产党始终将完成“三农”任务与实现农民现实利益紧密结合，充分发挥农民主体作用，根据农民需求和生产力发展要求制定或调整政策，使农业农村任务完成和农民利益实现相互促进、共同提高。新民主主义革命时期，党将农村作为革命主战场，通过土地革命充分发动农民，大规模动员农村人力物力财力，赢得农民的拥护和支持，对夺取全国政权发挥了极为重要的作用。社会主义革命和建设时期，党顺应农民“急于改变农村分散经营、发展落后现状”的需求，对农业进行了社会主义改造，推动了农业机械化、电气化和农村工业化建设。改革开放和社会主义现代化建设新时期，党充分发挥农民的积极性，提出“农民没有积极性，国家就发展不起来”[①]。这一时期，从乡村发起的家庭联产承包责任制拉开了中国改革开放的序幕，这正是充分尊重农民主体地位，发挥农民积极性的探索成果。党的十八大以来，中国特色社会主义进入新时代，党鲜明提出全面小康路上“决不能落下一个贫困地区、一个贫困群众”[②]，“民族要复兴，乡村必振兴”[③]，顺应了亿万农民对美好生活的向往，意在激发农民的主人翁精神，发挥他们在“三农”发展中自觉参与和创新创造的积极性，确保所有发展成果由农民共享。

① 《邓小平文选》第三卷，人民出版社1993年版，第213页。
② 习近平：《论“三农”工作》，中央文献出版社2022年版，第173页。
③ 习近平：《论“三农”工作》，中央文献出版社2022年版，第38页。

3. 坚持解放思想、实事求是，在遵循乡村发展基本规律基础上与时俱进

中国自古以来就是农业大国，解决好“三农”问题才能解决好中国的问题。纵观百年发展历程，中国共产党始终坚持以马克思主义为指导，根据革命、建设和改革、发展需要，科学把握形势变化、精准识别现象与本质，根据每个阶段国内外形势、社会主要矛盾和中心任务系统安排乡村建设工作，充分尊重乡村建设规律并随形势变化和任务转移不断进行调整、充实和优化。以农村土地所有制的建立和完善为例，建党之初，党明确提出土地应该收归社会共有共用。新民主主义革命时期，党将马克思土地产权理论与中国国情相结合，将公共土地和地主豪绅土地充公归农民所有。社会主义革命和建设时期，党对我国农业农村进行了社会主义改造，建立了以村集体为主体的三级土地所有制。改革开放和社会主义现代化建设新时期，党探索形成了家庭联产承包责任制，实现了农村集体所有权和农户经营权的分离。这个过程体现了党不断解放思想、与时俱进的精神，是党根据农村客观实际和发展形势作出的选择。进入新时代，以习近平同志为核心的党中央从党和国家事业发展的全局出发，通过总结历史性成就与经验，作出了“经过长期努力，中国特色社会主义进入了新时代，这是我国发展新的历史方位”①的科学判断，并强调，“新农村建设一定要走符合农村实际的路子，遵循乡村自

① 习近平：《决胜全面建成小康社会 夺取新时代中国特色社会主义伟大胜利——在中国共产党第十九次全国代表大会上的报告》，《人民日报》2017年10月28日。

身发展规律”[①]。乡村振兴战略站在百年乡村建设经验的基础上，更加要求各地根据客观实际，因地制宜制定乡村建设政策，推动农业农村的现代化发展进程。

二、习近平关于乡村振兴战略重要论述的丰富内涵

民族要复兴，乡村必振兴。乡村是具有自然、社会、经济特征的地域综合体，兼具生产、生活、生态、文化等多重功能。乡村兴则国家兴，乡村衰则国家衰。在中国特色社会主义新时代，以习近平同志为核心的党中央立足中国“三农”事业发展实际，提出实行乡村振兴战略，习近平总书记发表了一系列关于乡村振兴的重要论述并大力推动相关政策文件的制定与实施，使乡村振兴战略逐渐成为系统完备、内部要素相互贯通的战略体系，为解决好新发展阶段的“三农”问题作出了更加全面的部署与安排。

（一）确定了乡村振兴的战略目标

乡村振兴是以习近平同志为核心的党中央站在实现中华民族伟大复

① 《习近平在云南考察工作时强调 坚决打好扶贫开发攻坚战 加快民族地区经济社会发展》，《人民日报》2015年1月22日。

兴战略全局的高度提出的国家重大发展战略，是接下来很长一段时间内党开展“三农”工作的重要遵循，是实现第二个百年奋斗目标的必然要求，对于实现中华民族伟大复兴具有重要的战略意义。基于对乡村振兴战略地位的认识，习近平总书记在过去“农业现代化”的基础上，首次明确提出“农业农村现代化”的概念。2018年9月21日，习近平总书记在十九届中央政治局第八次集体学习时强调，“农业农村现代化是实施乡村振兴战略的总目标”，“新时代‘三农’工作必须围绕农业农村现代化这个总目标来推进”。[①]《中共中央国务院关于实施乡村振兴战略的意见》对于乡村振兴战略目标实现的时间节点和具体任务进一步加以明确，表明了党对农村工作认识的不断深入。

从时间上看，党中央将乡村振兴视为实现农业农村现代化的重要举措和进程，将农业农村现代化确定为乡村振兴的最终目标和结果，并以此将乡村振兴进一步细化为“三步走”战略，这是党为新时代开展“三农”工作所规划的时间表和路线图。第一步，到2020年，乡村振兴取得重要进展，形成相关的制度框架和政策体系。这一阶段是乡村振兴战略的开局阶段，乡村振兴制度框架和政策体系的系统搭建是重点，可以为后面的战略实施提供坚实肥沃的制度土壤。与此同时，这一阶段必须完成的目标是打赢脱贫攻坚战，这是实施乡村振兴战略的第一底线，不能让绝对贫困问题束缚乡村发展。第二步，到2035年，乡村振兴取得决定性进展，农业农村现代化基本实现。在这一阶段中，要在已经确定

① 习近平：《把乡村振兴战略作为新时代“三农”工作总抓手》，《求是》2019年第11期。

的制度框架中持续走好中国特色社会主义乡村振兴道路，着重解决重塑城乡关系、实现集体经济、发展现代农业、重振乡村文化、健全乡村治理体系等多个重大问题，经得住乡村发展全方位的考验，基本实现农业农村现代化。第三步，到2050年，乡村全面振兴，农业强、农村美、农民富全面实现。这一阶段，经过全国人民的努力，我国农业农村发展已经取得决定性进展，乡村振兴将进入最后的决胜阶段，我们将直面乡村发展过程中的“顽疾”，要对重要问题、重点方面针对性施策，最终实现乡村从物质到精神的全面振兴。通过以上分析可见，乡村振兴“三步走”战略是立足当下且着眼未来的战略安排，这一战略设计将长期的历史性任务分解为循序渐进的三个阶段，各阶段彼此衔接又逐步推进，进一步提高了乡村振兴战略的现实操作性，更表明了党把乡村振兴的美好蓝图一步步变为现实的决心与信心。

从“三农”工作上看，《乡村振兴战略规划（2018—2022年）》中明确指出，走中国特色社会主义乡村振兴道路，要“让农业成为有奔头的产业，让农民成为有吸引力的职业，让农村成为安居乐业的美丽家园”。这是乡村振兴战略目标在“三农”内容上的进一步分解，阐明了新时代“三农”工作的内在要求。首先，要让农业成为有奔头的产业。农业的基础性地位已被充分论证，在乡村振兴过程中，必须在发挥农业基础作用的同时，强化一二三产业融合发展，延伸农业产业链，提高农业现代化和竞争力水平。要让农业成为有发展动力的产业，就必须大力发展农业科技，推进农业科技化，充分发挥农业科技的支撑作用，不断提升农业经济效益。其次，要让农村成为安居乐业的美丽家园。农村是农民世代生存的地方，是他们的根，更是他们的魂。近些年，农村各项基础设施已经得到了基本完善，但在公共服务、人居环境、生态文明等方面与城镇仍有较大差距。乡村振兴战略着眼于靓环境、破陋习、树新风、共发展，不断推进农村的美化与发展，致力于描绘出更多山清水秀、文明和谐、宜居宜业、欣欣向荣的美丽乡村图景。最后，要让农民成为有吸引力的职业。从前农民更多的是代表个人身份，而真正想要实现乡村振兴，要将农民转化为一种职业，让全体农民真正富裕起来，让更多的人自愿成为职业农民，持续提升农民地位，保障农民权益，使农民过上更有尊严的生活。乡村振兴战略高度重视对职业农民的培育，发布了富裕农民、提高农民、扶持农民等方面的一系列措施，旨在提高农民的社会地位，增强农民职业吸引力。综上，“三农”内容的表述看似互相独立，实则相互影响和促进，农业快速发展会提高农民职业的吸引力，而越来越多的人愿意从事农业生产亦会推动农业现代化水平的提高，农业和农民的良性循环自然可以推动乡村各项工作的开展，最终展现出乡村更美丽、人民更幸福的乡村振兴图景。

（二）明确了乡村振兴的总体要求

乡村振兴战略是习近平总书记在党的十九大报告中正式提出的面向“三农”的国家战略，当时就对乡村振兴的总体要求作出了相应说明，明确指出，乡村振兴的总要求是“产业兴旺、生态宜居、乡风文明、治理有效、生活富裕”[1]。这是根据我国乡村发展实际情况提出的科学发展目标，是既立足现实又着眼未来的合理规划，包含乡村经济建设、政治建设、文化建设、社会建设、生态文明建设和党的建设等多个方面，兼顾了物质和精神、自然和社会。总要求的五大方面互相联结，为我国推进乡村振兴战略提供了主要方面的方向指引。同时，每一个方面都会对全局产生深刻影响，因而更需要整体统筹、协同推进，共同谱写乡村振兴这一美妙乐章。

1. 乡村振兴，产业兴旺是重点

乡村的发展离不开产业的支持，产业发展为乡村振兴提供最坚实的经济基础，是解决农村问题的重要前提。随着我国“三农”工作的不断推进，几乎各个地区都将产业发展作为乡村振兴工作的重中之重，但是在发展过程中也暴露出乡村现代化产业基础薄弱、新经济发展缺乏基础条件、产业发展动力不足等问题。习近平总书记在参加十三届全国人大一次会议山东代表团审议时提出，要“紧紧围绕发展现代农业，围绕农村一二三产业融合发展，构建乡村产业体系，实现产业兴旺”[2]。这一重要论断指明了乡村产业振兴的重要思路，是以产业融合的融合跨界思维取代单独发展的单一思维，在乡村既有经济基础上不断强化和塑造，才能为乡村全面振兴提供持续的物质动力。

① 习近平：《决胜全面建成小康社会 夺取新时代中国特色社会主义伟大胜利——在中国共产党第十九次全国代表大会上的报告》，《人民日报》2017年10月28日。

② 习近平：《论“三农”工作》，中央文献出版社2022年版，第268页。

2. 乡村振兴，生态宜居是关键

在推进社会主义新农村建设的过程中，党和政府更多强调的是“村容整洁”，而“生态宜居”的提出体现了我国从注重美化乡村外在环境到强调提高乡村民众内在生活质量的升级与飞跃。在新的历史发展条件下，农民对美好生活的向往不仅仅局限于基础设施和村容村貌，而是面向整个乡村生态环境。乡村不再是简简单单的生活之地，更应该成为农民的宜居之所，要切实提高农村的舒适度和农民的获得感。同时，“生态宜居”强调人与自然良性互动，要在乡村振兴的过程中将乡村的“绿色”和“美丽”内化为生产力，不断加强生态文明建设，推动构建“百姓富”和“生态美”的双赢格局。

3. 乡村振兴，乡风文明是保障

乡风文明建设是乡村振兴中的迫切任务，它对农民的综合素质和农村文明程度提出了更高的要求。《中共中央国务院关于实施乡村振兴战略的意见》强调，实现乡风文明，“必须坚持物质文明和精神文明一起抓，提升农民精神风貌，培育文明乡风、良好家风、淳朴民风，不断提高乡村社会文明程度”。在实际工作中，要加大对乡村本土文化的挖掘力度，提升农民精神风貌，同时，不断推进乡村的公共文化建设，大力弘扬社会主义核心价值观，使乡村社会焕发文明新气象，让乡风文明为乡村振兴注入深远持久的文化力量。

4. 乡村振兴，治理有效是基础

乡村振兴中的“治理有效”强调农村的“善治”，是多方主体共同参与乡村治理、协商解决乡村问题、提升整体治理效率的现实表现。实现治理有效“必须把夯实基层基础作为固本之策，建立健全党委领导、政府负责、社会协同、公众参与、法治保障的现代乡村社会治理体制，坚持自治、法治、德治相结合”[①]。要充分发挥农村基层党组织领导核心作用，健全和完善村民自治机制，推进传统治理与现代治理的充分融合，切实保障农民民主政治权利，发挥农民参与治理的主动性，推进整个乡村生活的安定有序。

5. 乡村振兴，生活富裕是根本

大力推进乡村振兴，主要目的就是通过全面改善农村生产生活条件，让农民能够真正富起来，最终实现全体人民的共同富裕。随着我国经济发展水平的逐步提高，农民对于美好生活的需求不再仅仅局限于经济方面。因此，乡村振兴中的生活富裕不仅包含物质层面的富裕，更涵盖了精神层面的富裕。乡村振兴战略在逐步缩小城乡收入差距，走共同富裕之路的同时，强调让广大农民充分享受发展和改革的成果，把高质量的公共服务由城市延伸到农村，切实满足广大农民群众对美好生活的追求和向往。

---

① 《中共中央国务院关于实施乡村振兴战略的意见》，人民出版社2018年版，第19页。

（三）指明了城乡关系的未来走向

城镇和乡村的变化关系在各国的发展过程中都是必须面对的重要课题。中国作为一个传统的农业大国，拥有庞大的农业、广袤的农村、众多的农民，如何正确处理城乡关系在中国革命、建设和改革的各个时期都是党和政府关注的中心议题。从中华人民共和国成立初期的城乡关系失衡，到改革开放后城乡关系得到“恢复性缓和”，再到21世纪积极推进城乡一体化发展，中国共产党在认识城乡发展规律、解决城乡矛盾方面进行了长期探索。进入新时代，习近平总书记将正确处理城乡关系与社会主义现代化建设紧密结合，指明“能否处理好城乡关系，关乎社会主义现代化建设全局”①。2017年12月，习近平总书记在中央农村工作会议上指出，“我们一定要认识到，城镇和乡村是互促互进、共生共存的”，实施乡村振兴战略，必须“重塑城乡关系，走城乡融合发展之路”。②习近平总书记的相关论述为我国城乡关系的发展指明了方向，即“要坚持以工补农、以城带乡，推动形成工农互促、城乡互补、全面融合、共同繁荣的新型工农城乡关系”③。

纵观我国发展历程，在中华人民共和国成立初期，由于工作重心的转移，为加速实现国家工业化目标，我国采取“农业支持工业、农村支撑城市”的发展模式，为我国工业建设提供了资源保障，建立了相对完

---

① 习近平：《论“三农”工作》，中央文献出版社2022年版，第242页。
② 习近平：《论“三农”工作》，中央文献出版社2022年版，第242页。
③ 习近平：《论“三农”工作》，中央文献出版社2022年版，第242页。

整的国民经济体系和工业体系，使国民经济快速恢复，加快了我国的城市化进程。但与此同时，“以农补工”政策的实施使我国在经济、政治和社会管理等方面形成了城乡分割分治的二元体制，拉大了城乡发展差距。改革开放之后，经过计划经济时期的实践探索，中国共产党开始对“三农”道路及中国整体的发展模式进行更深一步的思考与调整。党从农村生产经营体制改革着手，在农村引入市场机制，不断解放农村生产力。与此同时，我国的人口迁移流动进入了一个全新的发展阶段。随着城乡人口流动限制的放开，大量的人力资源单方面从农村流向城市，为城市发展带来巨大红利的同时，也导致城乡差距进一步扩大。进入20世纪，党和政府意识到城乡差距过大将直接影响全国经济社会的稳定发展，提出要“建立以工促农、以城带乡长效机制，形成城乡经济社会发展一体化新格局”[①]。这一时期，政府的直接投入成为调整城乡关系的主要手段，国家对农业的投入力度不断加大，土地制度、户籍制度向着农村利好方向不断改革，形成了“工业反哺农业、城市反哺农村”的互动发展格局，实现了由“以农补工”向“以工补农”的重大转变，奠定了新型城乡关系基础，对促进社会公平正义、破除城乡二元体制产生了积极影响。但我们仍然应该看到，我国人民日益增长的美好生活需要和不平衡不充分的发展之间的矛盾在乡村尤为突出，城乡发展水平之间仍然存在较大差距。

① 胡锦涛：《高举中国特色社会主义伟大旗帜 为夺取全面建设小康社会新胜利而奋斗——在中国共产党第十七次全国代表大会上的报告》，《人民日报》2007年10月25日。

习近平总书记在深刻把握城乡发展规律后指出，“在现代化进程中，城的比重上升，乡的比重下降，是客观规律，但在我国拥有近14亿人口的国情下，不管工业化、城镇化进展到哪一步，农业都要发展，乡村都不会消亡，城乡将长期共生并存，这也是客观规律”[①]。党的十八大以来，中国特色社会主义进入新时代，随着市场经济快速发展，土地制度不断改革，社会治理持续优化，城乡人口流动更加频密，我国城乡发展环境发生了深刻变化，为推进城乡融合发展带来了重要机遇。乡村结构和特征也在这一过程中发生了显著变化。可以说，实现城乡融合发展的时机已经成熟，现在正是进一步推动城乡融合的关键窗口期。为重塑城乡关系，习近平总书记在党的十九大报告中提出“建立健全城乡融合发展体制机制和政策体系”[②]，2019年出台的《中共中央国务院关于建立健全城乡融合发展体制机制和政策体系的意见》对建立健全包括城乡要素合理配置、城乡基本公共服务普惠共享、城乡基础设施一体化发展、乡村经济多元化发展和农民收入持续增长在内的城乡融合发展体制机制提出了具体要求，为乡村振兴和农业农村现代化的实现提供了制度保障。这意味着我国调整城乡关系的政策也已经实现了向构建新型城乡关系、促进城乡融合发展的转变。乡村振兴战略下的城乡融合不是简单的城镇化和趋同化，而是针对农村发展实际，增强农村自身的发展动力，实现城乡之间资源要素的双向自由流动，建立城乡互动、良性循环

① 习近平：《把乡村振兴战略作为新时代“三农”工作总抓手》，《求是》2019年第11期。

② 习近平：《决胜全面建成小康社会 夺取新时代中国特色社会主义伟大胜利——在中国共产党第十九次全国代表大会上的报告》，《人民日报》2017年10月28日。

的发展机制，进而实现城乡深度融合发展，实现农业农村现代化。

（四）阐释了乡村振兴的方法遵循

乡村振兴战略是以习近平同志为核心的党中央在中国特色社会主义进入新时代后，面对乡村发展问题提出的具有开创性意义的国家战略，是我国接下来很长一段时间内解决乡村发展问题的根本遵循。回溯百年发展历程，中国共产党始终高度重视运用马克思主义立场、观点、方法应对发展过程中所面临的重重挑战，并不断把马克思主义基本原理同中国具体实际相结合、同中华优秀传统文化相结合，开辟了马克思主义中国化时代化的新境界。进入新时代，习近平关于乡村振兴的系列重要论述，不仅指明了乡村振兴的总体目标与最终方向，更明确阐释了在推进乡村振兴过程中必须遵循乡村发展建设规律，运用辩证思维、系统思维、创新思维、底线思维等科学思维方法，为新发展阶段全面推进乡村振兴战略提供了方法指导与遵循。

1. 必须遵循乡村建设的基本规律

一切事物的发展都有其内在的必然规律，乡村建设亦然。习近平总书记强调："实施乡村振兴战略，首先要按规律办事。"[①]我国的乡村与资本主义国家的乡村之间存在共性但又具有社会主义特性，在推进乡村

① 习近平：《把乡村振兴战略作为新时代"三农"工作总抓手》，《求是》2019年第11期。

振兴过程中必须从我国乡村发展实际出发，“遵循乡村建设规律，着眼长远谋定而后动，坚持科学规划、注重质量、从容建设”①，不能好大喜功、贪大求快，要将乡村振兴之路走得稳定且坚实。同时，习近平总书记还强调：“编制村庄规划不能简单照搬城镇规划，更不能搞一个模子套到底。要科学把握乡村的差异性，因村制宜，精准施策，打造各具特色的现代版‘富春山居图’。”②

2. 必须坚持辩证思维

辩证思维是指以变化发展视角认识事物的思维方式，主要特点是要从对象的内在矛盾的运动变化中，从其各个方面的相互联系中完整地认识对象。在乡村振兴过程中，习近平总书记强调，“全党务必充分认识新发展阶段做好‘三农’工作的重要性和紧迫性，坚持把解决好‘三农’问题作为全党工作重中之重，举全党全社会之力推动乡村振兴”③，充分意识到全面推进乡村振兴战略是解决好发展不平衡不充分问题的关键，找准了乡村发展中的主要矛盾。同时，他还强调，在实施乡村振兴战略中要注意处理好“长期目标和短期目标”“顶层设计和基层探索”“充分发挥市场决定性作用和更好发挥政府作用”及“增强群众获得感

① 习近平：《把乡村振兴战略作为新时代“三农”工作总抓手》，《求是》2019年第11期。

② 习近平：《把乡村振兴战略作为新时代“三农”工作总抓手》，《求是》2019年第11期。

③ 《习近平在中央农村工作会议上强调 坚持把解决好“三农”问题作为全党工作重中之重 促进农业高质高效乡村宜居宜业农民富裕富足》，《人民日报》2020年12月30日。

和适应发展阶段”等多种关系。[1]这就要求我们以辩证的思维切实推进中国乡村的发展进程。

3. 必须强化系统思维

系统思维就是要把认识对象看作一个完整、全面的系统，从互相联系和相互作用中对认识对象进行综合考察。习近平总书记强调：“必须坚持系统观念。万事万物是相互联系、相互依存的。只有用普遍联系的、全面系统的、发展变化的观点观察事物，才能把握事物发展规律。”[2]乡村振兴战略着眼于党和国家事业全局，强调注重乡村发展的系统性和整体性，从乡村经济建设、政治建设、文化建设、社会建设、生态文明和党的建设等多个方面作出“产业振兴、人才振兴、文化振兴、生态振兴、组织振兴”等五个维度的路径安排，互相之间既有侧重又相辅相成。只有坚持系统思维，从整体上部署和协同推进乡村工作，才能实现农业全面升级、农村全面进步和农民全面发展。

4. 必须发挥创新思维

创新是推动发展的重要动力，社会的发展进步都源自创新的不断推动与支持。习近平总书记指出，要“不断推进理论创新、实践创新、

---

① 习近平：《把乡村振兴战略作为新时代“三农”工作总抓手》，《求是》2019年第11期。

② 习近平：《高举中国特色社会主义伟大旗帜 为全面建设社会主义现代化国家而团结奋斗——在中国共产党第二十次全国代表大会上的报告》，《人民日报》2022年10月26日。

制度创新、文化创新以及其他各方面创新"[①]。在"三农"工作中，更要充分发挥创新思维，为巩固脱贫攻坚成果，促进乡村振兴，推动乡村现代化建设提供保障。习近平总书记指出，"在我们这样一个拥有近十四亿人口的大国，实现乡村振兴是前无古人、后无来者的伟大创举"[②]。推进乡村振兴战略本身就是一种具有创新性的中国特色社会主义实践。因此，在推进乡村振兴过程中，更要注意发挥创新思维的引领作用，通过理念创新、制度创新、技术创新、实践创新、文化创新等开拓乡村振兴的未来。

5. 必须坚守底线思维

底线思维代表着我们要尽可能地搜集信息，对可能出现的最糟糕的情况作出实事求是的预测与评价。坚守底线思维是中国共产党治国理政的重要方法，是面对新环境新问题及时作出反应与提出解决办法的必然要求。习近平总书记在党的二十大报告中特别强调，"我们必须增强忧患意识，坚持底线思维"，不断提高"底线思维能力"。[③]这就要求我们，一方面，要"切实做好巩固拓展脱贫攻坚成果同乡村振兴有效衔接各项工作，……坚决守住不发生规模性返贫的底线"[④]；另一方面，要坚决

---

① 习近平：《决胜全面建成小康社会 夺取新时代中国特色社会主义伟大胜利——在中国共产党第十九次全国代表大会上的报告》，《人民日报》2017年10月28日。

② 习近平：《论"三农"工作》，中央文献出版社2022年版，第278—279页。

③ 习近平：《高举中国特色社会主义伟大旗帜 为全面建设社会主义现代化国家而团结奋斗——在中国共产党第二十次全国代表大会上的报告》，《人民日报》2022年10月26日。

④ 习近平：《论"三农"工作》，中央文献出版社2022年版，第322页。

守住确保国家粮食安全的底线，“把中国人的饭碗牢牢端在自己手中”[①]，严防死守18亿亩耕地红线，坚守粮食安全战略的根本底线。同时，坚持依法推进振兴，保障农民合法权益，守好法律底线；推进乡村绿色发展和生态振兴，严守生态保护红线等。这些均体现了党对于底线思维的坚守。

三、乡村振兴战略的重大意义与价值追求

“实现中华民族伟大复兴，最艰巨最繁重的任务依然在农村，最广泛最深厚的基础依然在农村。”[②]以习近平同志为核心的党中央站在实现中华民族伟大复兴的历史新高度，面向农村发展实际，对我国“三农”工作进行了更加系统的思考和谋划，形成并提出了具有鲜明时代特征、明确问题导向的乡村振兴战略，为我国乡村建设工作提供了根本遵循，保证了“三农”工作的顺利开展，对推进中国特色社会主义乡村振兴、实现农业农村现代化乃至中华民族伟大复兴都具有非凡意义。

---

① 习近平：《决胜全面建成小康社会 夺取新时代中国特色社会主义伟大胜利——在中国共产党第十九次全国代表大会上的报告》，《人民日报》2017年10月28日。

② 习近平：《坚持把解决好“三农”问题作为全党工作重中之重 举全党全社会之力推动乡村振兴》，《求是》2022年第7期。

（一）推进“三农”现代化步伐，促进社会主义现代化国家建设

2021年7月1日，习近平总书记在庆祝中国共产党成立100周年大会上向全世界庄严宣告：“经过全党全国各族人民持续奋斗，我们实现了第一个百年奋斗目标，在中华大地上全面建成了小康社会，历史性地解决了绝对贫困问题，正在意气风发向着全面建成社会主义现代化强国的第二个百年奋斗目标迈进。”①全面建成小康社会，代表着我国已经实现了中国现代化建设的阶段性目标，中华民族伟大复兴迈出了关键一步。而今，我们已经踏上实现第二个百年奋斗目标的新征程，但这也代表着我们所面临的既是历史性的发展机遇也是前所未有的挑战。解决好中国的“三农”问题，事关中国的改革发展稳定全局，事关中国社会主义现代化建设的成败，事关中华民族的复兴伟业，因而必须将其作为全党和全国工作的重中之重。“实施乡村振兴战略，是党的十九大作出的重大决策部署，是决胜全面建成小康社会、全面建设社会主义现代化国家的重大历史任务”②，其不仅是解决“三农”问题，破解城乡发展不平衡的重要抓手，也是推进国家现代化建设的重要战略规划。乡村振兴战略不是短期的“五年规划”，而是根据我国全面建成社会主义现代化

① 习近平：《在庆祝中国共产党成立100周年大会上的讲话》，《求是》2021年第14期。

② 《中共中央国务院关于实施乡村振兴战略的意见》，人民出版社2018年版，第1页。

强国的目标而作出的长远安排，其将在接下来的几十年内为推进我国“三农”现代化步伐，促进社会主义现代化国家建设作出突出贡献。

1. 推动农业现代化发展

农业始终在国民经济中占基础性地位，只有实现了农业现代化发展，才能推动我国各项事业的不断完善。习近平总书记指出，“农业的主要矛盾已经由总量不足转变为结构性矛盾”[①]。这就造成了一些农产品的供不应求或供过于求。同时，农业相较于其他产业而言发展滞后、融合程度不高、科技化水平较差等都是制约农业现代化发展的重要因素。乡村振兴战略的提出与实施，加大了我国对于农业的重视与投入程度，推动了农业现代化发展的不断深入。通过一系列惠农强农政策的实施，我国农业正不断向高质量发展转变。同时，随着农业结构的不断调整和优化，我国农业的综合效益和竞争力持续提升，促进了现代农业产业体系、生产体系和经营体系建设，推动我国农业由大到强的转变。

2. 促进农村现代化发展

农村作为农民从事农业生产和生活居住的空间场所，在我国国土中占有很高的比例。针对农村结构调整缓慢、产业化程度不高等发展问题，乡村振兴战略将乡村建设放在现代化建设的重要战略位置，通过推进乡村建设行动，优化乡村的生产、生活、生态环境，持续改善村容村貌，以打造宜居宜业的美丽乡村。同时，不断深化农村改革，通过完善

① 习近平：《论“三农”工作》，中央文献出版社2022年版，第248页。

城乡融合发展机制、巩固农村基本经营制度、深化农村土地制度改革等措施，进一步激活农村资源要素，改变要素单向外流的局面，消除制约农业农村发展的制度障碍，增强发展的内生动力和活力。此外，乡村振兴战略强调，在推进农村现代化发展的同时，不能走“先污染后治理”的道路，“要让居民望得见山、看得见水、记得住乡愁”[①]，能够让农村真正走上高质量的现代化发展之路。

3. 实现农民现代化发展

2020年第七次全国人口普查数据显示，我国居住在乡村的人口为五亿多人，占总人口的36.11%。[②]因此，无论是实现乡村振兴还是推动民族复兴，都离不开广大农民的认可和支持。全面建设社会主义现代化国家的关键是要实现人的现代化发展，只有坚持农民主体地位，不断提升农民素质，以推进人的现代化发展为核心，才能真正实现农民的全面发展，推动整个社会的现代化进程。乡村振兴战略以促进人的全面发展为价值目标，准确把握了农民的美好生活需要，聚力打破传统的城乡二元结构、小农经济，畅通农民参与乡村建设的渠道，提高农民参与乡村治理的能力，让农民能够在乡村振兴的过程中充分发挥主观能动性，让农民享有更公平的社会资源、更自由的社会流动及更体面的工作与生活。乡村振兴战略的实施与推进聚焦于增强农民自身现代化能力和处理农民现代化发展过程中可能遇到的各种问题，对推动人的现代化发展具有重

---

① 习近平：《坚定文化自信，建设社会主义文化强国》，《求是》2019年第12期。

② 参见国务院第七次全国人口普查领导小组办公室编：《2020年第七次全国人口普查主要数据》，中国统计出版社2021年版，第80页。

要的现实意义。

（二）解决新时代中国社会的主要矛盾，体现党的执政理念

党的十八大以来，以习近平同志为核心的党中央在全方位审视党和国家发展事业的基础上，作出中国特色社会主义进入了新时代的判断。在新的历史方位下，“我国社会主要矛盾已经转化为人民日益增长的美好生活需要和不平衡不充分的发展之间的矛盾”[①]。随着社会主要矛盾的变化，在推动发展的同时，必须着力解决发展的不平衡和不充分问题，以更好满足人民对美好生活的需要。从新的社会主要矛盾来看，我国当前最大的不平衡在于城乡发展不平衡，最大的不充分则体现在农村发展不充分。习近平总书记指出，“没有农业现代化，没有农村繁荣富强，没有农民安居乐业，国家现代化是不完整、不全面、不牢固的”[②]。因此，乡村振兴战略站在新的历史发展条件下，立足乡村发展现实，直面乡村发展过程中出现的问题，努力实现乡村的高质量发展，延续了党一直以来“重农固本是安民之基”的农业发展思想，着力解决城乡发展不平衡、“三农”发展不充分的问题，是党“立党为公、执政为民”的现实写照。

---

① 习近平：《决胜全面建成小康社会 夺取新时代中国特色社会主义伟大胜利——在中国共产党第十九次全国代表大会上的报告》，《人民日报》2017年10月28日。

② 《习近平在江苏调研时强调 主动把握和积极适应经济发展新常态 推动改革开放和现代化建设迈上新台阶》，《人民日报》2014年12月15日。

1. 乡村振兴战略关注农村和城市之间的发展矛盾

随着我国城镇化水平的不断提高，有学者认为，中国的社会结构已然从“乡土中国”转型为“城乡中国”，农民与土地、村庄的关系发生了根本性的变革，农村与城市发展逐渐产生差别和对立。与城市相比，农村发展较为滞后，农村依然是实现城乡融合的短板，“空心村”“城中村”等问题频发，城乡发展矛盾日益凸显。乡村振兴战略高度关注城乡发展中的矛盾，坚持农业农村优先发展，使农村不再依附于城市，不再成为城市发展的附属。城镇化、工业化、信息化建设要致力于服务乡村，这有助于有效缩小城乡差距。同时，党和政府鼓励各地区积极探索城乡融合发展的区域模式，减少城乡融合发展过程中区域失衡的问题。由此可见，乡村振兴战略是我国实现城乡融合发展的重点与关键，能够在发展过程中缓解城乡发展不平衡的现实矛盾，加快城乡融合发展进程。

2. 乡村振兴战略聚焦农业和工业之间的发展矛盾

在中华人民共和国成立初期，中国共产党提出了以农业为基础，以工业为主导的建设方针。为迅速实现工业化，我国实行了数十年的“以农补工”政策，在有力促进工业发展的同时，也导致了工业化与农业现代化发展不平衡不协调的问题。农业现代化是实现国家整体现代化的重要基础。为此，乡村振兴战略高度强调农业的基础地位，以产业融合为突破口，改变农村传统产业形态。一是拉长农业产业链，推动农产品深加工升级；二是拓宽农业产业链，从单一食品生产向提供文化、生态、休闲、体验等综合服务转变；三是增厚农业产业链，推动农业规模化、标准化、品牌化，促进中国特色农业现代化，缓解农业与工业发展的失衡。

3. 乡村振兴战略重视城乡居民之间的发展矛盾

随着农村与城镇整体发展水平的差距扩大，农村人口和城镇人口在享有公共资源方面存在较大差异，无论是医疗、教育还是公共服务，农村居民都无法与城镇居民享有同等的社会资源。以居民人均可支配收入为例，根据国家统计局发布数据可知，2022年，城镇居民人均可支配收入49 283元，农村居民人均可支配收入20 133元，城镇居民人均可支配收入大约是农村居民人均可支配收入的2.45倍，间接反映出当前城乡居民生活水平的差距。同时，贫富差距引发的城乡居民矛盾会导致一系列社会问题，影响社会稳定。乡村振兴战略重视因城乡发展水平不同而导致的城乡居民矛盾，强调要让农民共享经济社会发展成果，推动农民增收致富，不断推进公共设施与服务向农村人口倾斜，缩小贫富差距，减弱农村人口的失落感和不平衡感。通过乡村的现代化发展带动人的现代化发展，让所有人都能够过上更加富足、更加幸福的生活。

（三）打造乡村建设新模式，为世界贡献乡村现代化的中国方案

从世界各国发展历史看，在工业化、城镇化过程中，一个普遍存在的问题是国家长期忽视乡村建设导致乡村衰落，其表现为大量乡村人口

和资源向城镇流动，使乡村失去内生发展动力。长此以往，乡村会逐渐成为一个“空壳子”，不断走向衰亡。这是世界各国都面临的一个巨大挑战，尤其在发展中国家表现得更加显著。作为拥有十四亿多人口的发展中国家，我国推进乡村发展和振兴比其他国家难度更大。如果不考虑国情，机械照搬发达国家模式，极易误入乡村发展的歧途。这不但阻碍现代化进程，还可能导致城乡、工农差距进一步扩大，甚至引发严重的社会问题。以习近平同志为核心的党中央，在准确把握新时代乡村建设发展问题的基础上，遵循城乡发展规律，提出全面推进乡村振兴战略，探索出了一套符合中国国情的乡村振兴新模式，指导我国乡村建设工作取得显著成效。2020年，我国如期打赢脱贫攻坚战，所有贫困县都实现了脱贫摘帽，广大乡村贫困地区完全摆脱贫困局面，我国的乡村建设工作取得阶段性胜利，这正是我国乡村建设工作实施有效的有力例证，彰显了我国的制度优势和强大的治理能力。对我国乡村建设方案与经验的总结和推广，能够为其他发展中国家推进乡村建设提供参考和借鉴。

1. 为世界减贫发展提供思路

贫困问题是困扰世界各国发展的重要问题之一，是乡村发展和振兴所必须逾越的主要障碍。进入新时代，党中央将“坚决打赢脱贫攻坚战”放在重要位置，动员全党全国全社会凝心聚力，向贫困问题发起最后挑战。目前，中国脱贫攻坚战已经取得全面胜利，提前10年完成了联合国所制定的2030年减贫任务，为世界减贫事业作出重大贡献。同时，中国特色减贫方案为推进全球贫困治理提供了参考和借鉴，对实施有效反贫困措施起到了积极的影响和带动作用。“这一伟大成就，有力地推动了全球减贫进程，极大增强了国际社会减贫信心，为世界减贫和乡村发展事业贡献了中国智慧和中国方案。”[①]此外，中国积极投身于世界减贫工作，与其他发展中国家携手并进，以合作共赢、互惠互利的全球化理念为人类的脱贫不断作出努力，彰显了中国的风采与担当。

2. 为处理城乡关系提供理论和方法参考

在现代化进程中，很多国家认为政府救助不是脱贫最好的方法，应该通过发展经济使财富总量增加，进而使所有人受益。可是“涓滴效应”很可能带来的是城乡发展差距越来越大，最终导致乡村的衰落与凋敝。回顾中国的改革与发展进程，在缺少政府引导和投入的阶段，经济高速发展的东部地区对西部地区经济的带动影响甚小，城乡发展差距问题并未得到改善。为此，以习近平同志为核心的党中央高度重视把握和处理城乡关系，从战略高度引导城乡间要素资源的合理有序流动，推动建立城乡发展一体化体制机制，形成城乡互融互促的发展状态，让城市和乡村真正形成一个有机整体而不是社会综合体中相互分离的部分[②]，这可以为世界各国正确处理城乡关系提供理论和方法借鉴。

① 《2021中非合作论坛——减贫与发展会议成功举办》，2021年12月8日，见http://www.gov.cn/xinwen/2021-12/08/content_5659457.htm。

② 参见邓智团：《加快形成城乡发展一体化新格局》，《光明日报》2023年7月13日。

3. 为推进农业农村现代化提供建设方案

大多数发达国家的农业农村现代化是通过工业化和城镇化的带动而实现的，但在这一过程中，基本都出现了对农村土地的剥夺和对农民利益的忽视，在一定程度上影响了农业农村的发展进程，并出现了较多的社会问题。中华人民共和国在成立初期，也曾以牺牲农业保全工业的方式，加快资源和要素由农村向城市聚集，在短时间内促进了工业化和城镇化发展，但也形成了不利于推进农业农村现代化的社会环境。中国乡村振兴战略秉持“工业反哺农业、城市支持农村”的理念，提出“推动新型工业化、信息化、城镇化、农业现代化同步发展”①的建设方案，在开放、公正的社会环境中，打通资本、技术和信息等资源交流共享的路径，协同推进工业化、信息化、城镇化、农业现代化发展进程，走出了一条不同于欧美发达国家的农业现代化道路，为其他国家的农业农村现代化发展提供了中国方案。

4. 为促进人的全面发展提供思路

根据世界银行报告，截至2022年底，国际贫困线以下的人口中有五分之四仍然生活在农村地区。②农民的贫困、农村的衰落与凋敝，与国家在发展过程中盲目追求高速工业化、城镇化，不重视农民利益，拉

① 习近平：《决胜全面建成小康社会 夺取新时代中国特色社会主义伟大胜利——在中国共产党第十九次全国代表大会上的报告》，《人民日报》2017年10月28日。

② 参见THE WORLD BANK，*Poverty and Shared Prosperity 2022*，2022-12-27，https://www.worldbank.org/en/publication/poverty-and-shared-prosperity。

大贫富差距脱不了干系。在这一过程中，许多国家不可避免地掉入“中等收入陷阱”，产生经济增长回落或停滞、贫富分化、过度城市化、就业困难、社会动荡等诸多问题，同时出现较为严重的“乡村病”和城市贫民窟等问题。乡村振兴战略反复强调“以人为本”的发展理念，重视和维护乡村民众切实利益及其对美好生活的追求，力图不断提高他们的幸福感、安全感和获得感，让他们作为重要主体参与到乡村振兴的过程中，一方面可以让他们共享农业农村现代化的发展成果，另一方面也能够为他们自身发展提供支持和路径，同时为促进世界范围内人的全面发展和共同富裕提供思路与方案。

党的十八大以来，以习近平同志为核心的党中央在深刻理解和科学继承马克思主义农村发展理论的基础上，紧密结合我国深厚的农耕文明底蕴和丰富的文化积淀，以及中国共产党在百年历程中积累下来的宝贵农村建设实践经验，系统地、创新性地提出了具有鲜明时代特征与强烈问题意识的乡村振兴战略。作为一项重大国家发展战略，乡村振兴战略被赋予了推动国家整体现代化进程、重构城乡关系、促进社会公平正义的重要使命。

习近平关于乡村振兴战略的一系列重要论述，构成了一个逻辑严谨、内涵丰富且内容上相互支撑的战略体系，它涵盖了农业全面升级、农村全面进步、农民全面发展等诸多方面，为新时代我国乡村建设擘画了清晰的发展蓝图、提供了科学的行动指南。通过乡村振兴战略的有效实施，我国致力于解决农业农村发展的深层次矛盾，加速推进农业农村现代化进程，以期达到产业兴旺、生态宜居、乡风文明、治理有效、生活富裕的目标。

这一重大战略决策的影响超出了国内范畴，它对于全球范围内探索可持续发展的农村模式、实现人的全面发展、推动共同富裕理念的传播与实践都产生了深远影响。它是中国对世界减贫与发展事业的独特贡献，彰显了中国特色社会主义道路的强大影响力。

第二章

乡村教育促进乡村振兴的指导思想与内在机理

乡村振兴战略是党的十九大提出的一项重大战略，是关系全面建设社会主义现代化国家的全局性、历史性任务，是新时代“三农”工作总抓手。乡村振兴，基础靠教育，尤其是面向乡村、立足乡村和为了乡村的教育。本章先分析习近平关于乡村教育与乡村振兴关系的重要论述，之后从理论与实践的角度进一步详细阐明乡村教育促进乡村振兴的内在机理在于二者天然的互赖互促关系。

一、习近平关于乡村教育与乡村振兴关系的论述

习近平总书记高度重视乡村教育与乡村振兴的互赖互促关系，始终把乡村教育作为乡村振兴战略的重要支撑，把乡村教育振兴视为乡村振兴的应有内容。

（一）乡村教育是乡村振兴的重要战略支撑

改革开放以来，特别是党的十八大以来，全党全社会形成了一个极为重要的共识和经验，那就是：乡村振兴靠人才，人才培养靠教育。习近平总书记一直对乡村教育在乡村振兴中的战略地位和重要作用予以高度重视，这充分体现在习近平关于乡村教育、乡村儿童、乡村教师等的一系列论述，以及他所大力推动的政策文件中。

2017年，在党的十九大报告中，习近平总书记站在中华民族伟大复兴的战略高度，提出实施乡村振兴战略，并强调要“高度重视农村义务教育”①。根据党的十九大所作出的重大决策部署，2018年1月2日，中央一号文件即《中共中央国务院关于实施乡村振兴战略的意见》对实施乡村振兴战略作出总体布局，专门就“优先发展农村教育事业”作出具体规定。2018年，中共中央国务院下发的《乡村振兴战略规划（2018—2022年）》又专门提及“优先发展农村教育事业”。2022年，在党的二十大报告中，习近平总书记强调，“教育、科技、人才是全面建设社会主义现代化国家的基础性、战略性支撑”②，2024年新年前夕，习近平总书记在新年贺词中明确要求“以更大力度办教育、兴科技、育人

① 习近平：《决胜全面建成小康社会 夺取新时代中国特色社会主义伟大胜利——在中国共产党第十九次全国代表大会上的报告》，《人民日报》2017年10月28日。

② 习近平：《高举中国特色社会主义伟大旗帜 为全面建设社会主义现代化国家而团结奋斗——在中国共产党第二十次全国代表大会上的报告》，《人民日报》2022年10月26日。

才”[①]，进一步突显了教育事业在全面建设社会主义现代化国家中的基础性、战略性地位，也是实现乡村振兴的重要支点和动力之源。

乡村教育为在乡村中生活的各个年龄阶段的人提供教育活动，其中又主要服务于义务教育阶段的青少年儿童。可以肯定的是，没有充满幸福和希望的青少年儿童，就没有充满幸福和希望的乡村。习近平总书记始终牵挂着乡村青少年儿童的成长。2012年12月，习近平总书记在河北阜平县考察扶贫开发工作时就指出：“治贫先治愚。要把下一代的教育工作做好，特别是要注重山区贫困地区下一代的成长。”[②]2015年11月，习近平总书记在中央扶贫开发工作会议上又强调：“要对农村贫困家庭幼儿特别是留守儿童给予特殊关爱，探索建立贫困地区学前教育公共服务体系。”[③]2019年，习近平总书记赴重庆山村考察调研期间，再三嘱咐当地干部，“再苦不能苦孩子，再穷不能穷教育。要保证贫困山区的孩子上学受教育，有一个幸福快乐的童年”[④]。从习近平总书记对乡村青少年儿童的关切可以看出他对于乡村教育及其对乡村振兴重要作用的高度重视。

---

① 《国家主席习近平发表二〇二四年新年贺词》，《人民日报》2024年1月1日。

② 习近平：《在河北省阜平县考察扶贫开发工作时的讲话》，《求是》2021年第4期。

③ 习近平：《论“三农”工作》，中央文献出版社2022年版，第183页。

④ 《习近平在重庆考察并主持召开解决“两不愁三保障”突出问题座谈会时强调 统一思想一鼓作气顽强作战越战越勇 着力解决“两不愁三保障”突出问题》，《人民日报》2019年4月18日。

“乡村振兴，基础在教育，关键在教师。”[①]没有高质量的乡村教师队伍，就不可能有真正的乡村振兴。习近平总书记对乡村教育在乡村振兴中的基础性作用的重视，充分体现在他关于乡村教师队伍建设的论述中。2015年，习近平总书记在中央扶贫开发工作会议上明确指出：“要帮助贫困地区改善办学条件，加大支持乡村教师队伍建设力度，建立省级统筹乡村教师补充机制。”[②]为了全面实施乡村振兴战略，2021年4月29日，习近平签署第七十七号主席令，公布《中华人民共和国乡村振兴促进法》，其中第三章《人才支撑》的第二十五条规定，“加大乡村教师培养力度，采取公费师范教育等方式吸引高等学校毕业生到乡村任教，对长期在乡村任教的教师在职称评定等方面给予优待，保障和改善乡村教师待遇，提高乡村教师学历水平、整体素质和乡村教育现代化水平”。2021年“两会”期间，习近平总书记在全国政协医药卫生界、教育界联组会上指出，国家将“加强中西部欠发达地区教师定向培养和精准培训，深入实施乡村教师的支持计划”[③]。这一重要指示，不仅表明乡村教师是发展更加公平更有质量乡村教育的基础性支撑，而且为乡村振兴战略指明了工作方向，即以培育优质师资为政策支点，推动乡村振兴战略的有效落实。[④]

---

① 谢延龙：《论深入实施乡村教师支持计划的着力点》，《中国电化教育》2022年第5期。

② 习近平：《论“三农”工作》，中央文献出版社2022年版，第183页。

③ 《习近平在看望参加政协会议的医药卫生界教育界委员时强调 把保障人民健康放在优先发展的战略位置 着力构建优质均衡的基本公共教育服务体系》，《人民日报》2021年3月7日。

④ 参见程建平：《新时代“优师专项”的使命担当》，《教育研究》2021年第6期。

（二）乡村教育振兴是乡村振兴的应有内容

党的十九大以来，习近平总书记围绕“为什么要振兴乡村”“什么是乡村振兴”，以及“怎样振兴乡村”等一系列问题作出了科学的论述，为我们理解乡村振兴是一个包含且服务于乡村教育振兴的多方面、全方位的战略提供了根本遵循。2018年7月，习近平总书记对实施乡村振兴战略作出重要指示，他强调，“要坚持乡村全面振兴，抓重点、补短板、强弱项，实现乡村产业振兴、人才振兴、文化振兴、生态振兴、组织振兴，推动农业全面升级、农村全面进步、农民全面发展”①，而这“五大振兴”都离不开教育振兴。从习近平关于乡村振兴战略的论述可知，乡村教育振兴包含在其中。例如，2022年，习近平总书记在党的二十大报告中提出“全面推进乡村振兴”②，从他对“全面”的强调可知，乡村教育振兴是乡村振兴战略的内在构成部分。

乡村教育与乡村社会存在着相互促进、相互依赖的密切关系。习近平总书记在党的十九大报告中指出：“我国社会主要矛盾已经转化为人民日益增长的美好生活需要和不平衡不充分的发展之间的矛盾。”③“教

① 《习近平对实施乡村振兴战略作出重要指示强调 把实施乡村振兴战略摆在优先位置 让乡村振兴成为全党全社会的共同行动》，《人民日报》2018年7月6日。

② 习近平：《高举中国特色社会主义伟大旗帜 为全面建设社会主义现代化国家而团结奋斗——在中国共产党第二十次全国代表大会上的报告》，《人民日报》2022年10月26日。

③ 习近平：《决胜全面建成小康社会 夺取新时代中国特色社会主义伟大胜利——在中国共产党第十九次全国代表大会上的报告》，《人民日报》2017年10月28日。

育是社会的重要组成部分，社会主要矛盾在我国教育领域主要表现为，人民对更好更公平教育的需要和教育不平衡不充分的发展现实的问题”[①]，而教育发展的不平衡不充分又突出体现在城乡教育之间。改革开放以来，各级政府特别是中央政府不断加大对乡村教育的投入力度，通过教育信息化、教师队伍建设等各种措施发展乡村教育。然而，目前城乡教育差距依然很大，优质教育资源主要集中在城市，一些偏远地区乡村学校硬件设施非常落后，师资力量极为薄弱，优质教师进不来、留不住。因此，乡村的经济、文化、生态、组织等各个方面的发展都应该考虑如何支持乡村教育振兴，使每一位乡村青少年儿童都能够享有公平而有质量的教育。

从习近平总书记对“公平而有质量的教育”的强调可以看出，乡村振兴战略不仅内含乡村教育振兴，而且应该为乡村教育振兴提供大力支持，缩小城乡教育的差距。2016年9月，习近平总书记在北京市八一学校考察时指出，“教育公平是社会公平的重要基础，要不断促进教育发展成果更多更公平惠及全体人民，以教育公平促进社会公平正义”[②]。2020年7月，习近平总书记在吉林考察时再次强调，“要全面贯彻党的教育方针，落实立德树人根本任务，深化教育改革，推动城乡义务教育一体化均衡发展，维护教育公平”[③]。以党的十九大为标志，习近平总

① 揭臣相：《浅谈我国教育领域的主要矛盾和教育公平问题》，2020年10月19日，见https://ltxc.cqnu.edu.cn/info/1086/4175.htm。

② 《习近平在北京市八一学校考察时强调 全面贯彻落实党的教育方针 努力把我国基础教育越办越好》，《人民日报》2016年9月10日。

③ 《习近平在吉林考察时强调 坚持新发展理念深入实施东北振兴战略 加快推动新时代吉林全面振兴全方位振兴》，《人民日报》2020年7月25日。

书记提出“努力让每个孩子都能享有公平而有质量的教育”[①]，为我国新时代教育事业的改革与发展奠定了基调，指明了方向。在党的二十大报告中，习近平总书记再次强调“促进教育公平”，“加快义务教育优质均衡发展和城乡一体化”。[②]党的十八大以来，为了实现优质均衡，促进教育公平，《国务院关于统筹推进县域内城乡义务教育一体化改革发展的若干意见》《国务院关于深入推进义务教育均衡发展的意见》等重要文件先后出台。从习近平总书记对教育公平的重视可以看出，乡村教育振兴不仅是乡村振兴的战略支撑，更是乡村振兴的应有内容，二者相互依赖、相互促进。

二、乡村振兴离不开乡村教育的全面支持

2018年，《中共中央国务院关于实施乡村振兴战略的意见》突出强调：“把维护农民群众根本利益、促进农民共同富裕作为出发点和落脚点，促进农民持续增收，不断提升农民的获得感、幸福感、安全感。”这充分表明乡村振兴的终极目标在于提升亿万乡村民众的生命质量和生

① 习近平：《决胜全面建成小康社会 夺取新时代中国特色社会主义伟大胜利——在中国共产党第十九次全国代表大会上的报告》，《人民日报》2017年10月28日。

② 习近平：《高举中国特色社会主义伟大旗帜 为全面建设社会主义现代化国家而团结奋斗——在中国共产党第二十次全国代表大会上的报告》，《人民日报》2022年10月26日。

命价值。马克思主义始终认为“正是人，现实的、活生生的人”[①]才是一切社会实践和一切社会生活的创造者。因此，在影响乡村振兴的众多因素中，人的素质直接关系到乡村振兴能否实现。在乡村振兴和教育生态学视界下，乡村教育是一个横跨普通教育、职业教育、社会教育，且与政治、经济、文化等诸多领域互赖互促的教育生态系统。乡村教育助力乡村振兴的原理就在于，乡村教育能够通过直接育人和跨界育人来提高个体的综合素质，包括健全人的理性、更新人的知识和技能、滋养人的心灵、培育人的精神，进而以全面发展的人推动乡村全面振兴，并且最终实现个体生命质量和生命价值的全面提升。

（一）乡村教育是乡村产业兴旺的必要条件

党的十九大报告明确“产业兴旺、生态宜居、乡风文明、治理有效、生活富裕”[②]是乡村振兴战略的总体要求。《乡村振兴战略规划（2018—2022年）》进一步明确“产业兴旺”是乡村振兴战略的第一要求和首要任务。乡村产业兴旺的实现过程，是推进各类产业资源与生产要素向乡村聚集、重组与转换，进而助推产业转型升级的过程[③]，也是人综合运用各种资源进行创造性实践活动的过程。然而，目前我国乡村

① 《马克思恩格斯全集》第二卷，人民出版社1957年版，第118页。

② 习近平：《决胜全面建成小康社会 夺取新时代中国特色社会主义伟大胜利——在中国共产党第十九次全国代表大会上的报告》，《人民日报》2017年10月28日。

③ 参见徐小容、李炯光、苟淋：《产业振兴：职业教育与乡村产业的融合机理及旨归》，《民族教育研究》2020年第3期。

产业优化升级存在资源供给不足的问题。除了人力资源匮乏以外，包括农田水利、能源传输、农产品流通、商品粮棉生产、教育、科研、技术推广和气象预警等各类基础设施匮乏，互联网、大数据等现代信息化技术水平不高，金融体系不健全，支农力度不足。近年来，虽然乡村旅游、乡村餐饮等各类产业兴起，但是乡村产业间分割依然明显，产业链条短且融合程度低。例如，农业主要处于提供初级农产品的供给链条底端，其在文化传承、教育活动、生态科普、健康养老等方面的功能没有得到充分挖掘。[①]农业还没有与加工工业形成集“生产、加工、物流、销售”于一体的产业融合式发展态势，也没有与旅游业、金融业等产业形成深度互动合作。即便有些乡村产业存在产品加工与产业间合作，也由于其规模通常比较小，基础设施、科学技术、经营理念比较落后，导致乡村产业链短，特色不突出，利润不高。[②]

乡村职业教育横跨城乡社会、科研机构和现代企业，是与乡村产业发展联系最为密切的一种教育类型，是乡村产业兴旺的必要条件。可以说，缺少了乡村职业教育，就没有乡村产业的兴旺。乡村职业教育的产教融合可以有效协同政府、企业、高校、合作者、民间组织等各类乡村振兴参与主体，汇聚和整合技术、资金、信息等各方资源，统筹各方利益和需求，通过专业建设与乡村产业需求的对接，促进乡村产业结构优

---

① 参见刘海洋：《乡村产业振兴路径：优化升级与三产融合》，《经济纵横》2018年第11期。

② 参见李玉双、邓彬：《我国乡村产业发展面临的困境与对策》，《湖湘论坛》2018年第6期。

化、产业链融合。[①]例如，莱芜职业技术学院积极对接乡村产业开展技术指导和科技帮扶，依托学校长期合作的农民合作社、生态农业发展协会，分期分批组织专家深入田间地头，及时了解和发现农业发展过程中出现的问题，有针对性地邀请相关领域专家到合作社与新型职业农民进行技术交流，对田间管理等进行现场示范和指导，解答群众的疑难问题，指导新型职业农民进行科学管理，提高种植科学化水平。[②]

在"互联网+"催生新的经济形态的形势下，乡村职业教育借助校企合作和产教融合等独特办学模式，发挥信息技术优势，直接对接乡村主导产业，推进乡村产业信息化，推动一二三产业融合发展，加快乡村产业链条更新迭代，进而提升乡村产业发展效益和质量。[③]2019年，益阳职业技术学院牵头组建湖南省农村电商产教联盟，通过整合政行校企资源，充分发挥职业教育赋能乡村振兴战略的作用，助力省政府农业"百千万"实施。联盟连续3年组织成员单位数百名学院师生，以群体直播、短视频创作、新媒体推广等方式，先后服务安化黑茶、南县稻虾米、沅江芦菇产业，并到玉米地、水蜜桃园等生产现场，为乡村直播带货。累计产生原创作品1 000多个，浏览量达179.5万，订单8 000多笔，总销售额69.1万元。通过网络直播新技术的应用，助力农产品上行、助

① 参见李荣胜：《乡村振兴背景下职业教育产教融合发展路径研究》，《中国高等教育》2022年第7期。

② 参见郑福山、李晓霏：《探索高职院校赋能乡村振兴新路径》，《学习时报》2022年11月28日。

③ 参见金萍女、戎成：《乡村振兴背景下职业教育助力乡村产业发展：机制构建与推进路径》，《教育与职业》2022年第22期。

力区域公共品牌建设。[①]

支撑产业振兴的关键是人才。人的知识、技术、能力、眼界的全方位提升会在更高层次上和更大范围内促进优化配置产业资源，衍生更多乡村产业新样态，构建现代乡村产业格局。乡村职业教育以乡村产业发展需求为导向，探索多元化的培养模式，提高涉农人才培养与乡村产业发展的匹配度，在教书育人中推动乡村产业发展。重庆三峡职业学院各专业教师围绕区域产业体系，带头开展田间教学、农技推广和科技服务。“近3年来，服务畜牧养殖、蔬菜、毛叶木姜子、古红桔等30余个产业，服务区县农业企业150余家，科技服务8 300余人次，游训29 000余人次。”学校还利用种植、养殖、加工类等专业的优势，“带领巫溪县天元乡万春村61户建卡贫困户开启创业之路，创办万春农业开发专业合作社和腊肉加工厂。2018年完成生产腊肉香肠制品15吨，带动农户128户致富。2019年改扩建1 700平方米腊肉扶贫车间，全村户均增收1万元以上，全乡贫困户受益脱贫”。此外，学院采取院坝课堂、行走课堂、田间课堂、移动教室等混合式教学方式，“手把手、面对面、全覆盖”育人，在田间、车间、山间流动培育“大国农匠”，使“新农人”成为“兴农人”。[②]

高等农业院校和高等院校农科专业的使命是发挥学校的科技和智力优势，让最新的技术转化应用到农业生产一线，推动现代农业发展。

---

① 参见陈韬略：《益阳职院牵头92家成员单位共同发力 省农村电商产教联盟为乡村产业振兴蓄势赋能》，《湖南日报》2022年12月7日。

② 参见教育部发展规划司：《重庆三峡职业学院：田间赋能，乡村“游教”促振兴》，2022年11月16日，见www.moe.gov.cn/jyb_xwfb/xw_zt/moe_357/jjyzt_2022/2022_zt04/dianxing/xiangmu/shengshu/shengshu5th/202211/t20221116_992695.html。

2024年2月3日发布的《中共中央国务院关于学习运用“千村示范、万村整治”工程经验有力有效推进乡村全面振兴的意见》提出，“鼓励科研院所、高校专家服务农业农村”。

早在2013年，华南农业大学就成立了国家级新农村发展研究院，与地方共建新农村服务基地，努力建强乡村振兴智库和乡村建设服务链，助力农业转型升级、农民脱贫致富。2021年，华南农业大学牵头共建广东农业科技创新联盟，构建协同创新机制，有效整合省内优势农业科技资源，加快农业科技创新和成果转化应用。[①]为了解决制约沿江平原地区农业高质量发展的问题，安徽农业大学和普农集团联合开展农业现代化示范区建设，协同推进关键领域攻关与成果转化。为此，学校组建了水稻、小麦、油菜等13个专业、4个产业、3个示范基地专家团队。在3—5年的时间里，专家团队摸清了每个地块的“脾气”，建设10万亩优质粮油、水产示范基地，转化应用100项稻、麦、油和水产新品种、新技术、新装备、新模式，实现亩均增产100公斤、提质增效200元以上。[②]

由此可见，乡村教育是影响乡村产业兴旺的重要因素，其重要性体现在它具有教育性、经济性及社会性等多元化服务功能，既可以通过直接引资兴业富人的“口袋”，又可以通过产教融合富人的“脑袋”，使人们有条件、有能力、有动力去推动乡村产业振兴。

---

① 参见王斌伟：《人才“金钥匙”开启乡村振兴之门》，《中国教育报》2021年11月29日。

② 参见方梦宇、曹雷：《安徽农业大学：把两会精神送到田间地头》，2023年3月20日，见http://www.jyb.cn/rmtzcg/xwy/wzxw/202303/t20230320_2111017034.html。

（二）乡村教育是乡村人才振兴的重要途径

2018年6月，习近平总书记在山东考察时指出，“乡村振兴，人才是关键。要积极培养本土人才，鼓励外出能人返乡创业，鼓励大学生村官扎根基层，为乡村振兴提供人才保障”①。“千村示范、万村整治”工程（简称“千万工程”）是习近平总书记2003年在浙江工作时亲自谋划、部署和推动的一项重大工程。党的十八大以来，习近平总书记对浙江“千万工程”多次作出批示。②2024年2月3日，《中共中央国务院关于学习运用“千村示范、万村整治”工程经验有力有效推进乡村全面振兴的意见》发布，提出“实施乡村振兴人才支持计划，加大乡村本土人才培养，有序引导城市各类专业技术人才下乡服务，全面提高农民综合素质”。由此可以看出，人才振兴不仅是推进乡村振兴战略的核心要素，而且“乡村人才”是一个包含“在乡人才”“返乡人才”和“下乡人才”三大类型的复杂体系。③

然而，当前乡村振兴面临着乡村人才数量与质量的双重现实困境：一是农村人力资本空心化严重。农村人口空心化最直接的表现就是农村人口总量的减少。2020年第七次全国人口普查数据显示，居住在城镇的

---

① 《习近平在山东考察时强调 切实把新发展理念落到实处 不断增强经济社会发展创新力》，《人民日报》2018年6月15日。

② 参见顾益康：《“千万工程”的伟大成就与经验启示》，《浙江日报》2023年6月12日。

③ 参见刘晓峰：《乡村人才：从概念建构到建设路径》，《人口与社会》2019年第3期。

人口为90 199万人，占比63.89%，居住在乡村的人口为50 979万人，占比36.11%。与2010年第六次全国人口普查数据相比，城镇人口增加23 642万人，农村人口减少16 436万人，城镇人口比重上升14.21个百分点。[①]无论是从绝对数值还是从相对占比来看，农村人口均呈现出下降趋势。而“农村人口空心化的实质是农村人力资本的空心化，大量农村青壮年劳动力的多年持续外流”[②]。二是农村人口质量退化严重。由于大量农村青壮年劳动力流失，青少年儿童和老年人留守农村，这就造成当前农村人才匮乏、农民适应生产力发展和市场竞争的能力不足等方面的问题较为突出。第十二次中国公民科学素质抽样调查结果显示，2022年，“我国公民具备科学素质的比例达12.93%”，其中“城镇居民和农村居民具备科学素质的比例分别达到了15.94%和7.96%”。[③]从统计数据可以看出，公民科学素质的城乡发展不平衡问题依然存在。由此可见，培养在乡新型职业农民、吸引高素质人才返乡和下乡成为乡村振兴的当务之急。

1. 乡村教育培养在乡人才

2019年，国务院颁布的《国家职业教育改革实施方案》明确指出，职业教育要“为广大农村培养以新型职业农民为主体的农村实用人才”。

---

① 参见国务院第七次全国人口普查领导小组办公室编：《2020年第七次全国人口普查主要数据》，中国统计出版社2021年版，第80页。

② 郑万军、王文彬：《基于人力资本视角的农村人口空心化治理》，《农村经济》2015年第12期。

③ 喻思南：《2022年我国公民具备科学素质比例达12.93%》，《人民日报》2023年9月1日。

2024年，《中共中央国务院关于学习运用“千村示范、万村整治”工程经验有力有效推进乡村全面振兴的意见》明确提出，“发挥普通高校、职业院校、农业广播电视学校等作用，提高农民教育培训实效”。因此，乡村教育，尤其是乡村职业教育，是培养高素质技术技能人才的“主阵地”，具有服务乡村人才培养、赋能乡村人才振兴的核心功能。[①]乡村职业教育能够通过专业培训提升乡村民众的技术技能，使最熟悉这片土地的人成长为农业生产、产品加工、经营管理、公共服务、基层治理等各领域的专业人才，让他们以“一技之长”为乡村振兴作出贡献，实现自身生命价值。具体来说，一方面，乡村职业教育通过提供与乡村的产业、文化、治理等各方面发展有关的专业知识、专业技能、先进理念等教育内容，造就一批能够实现农业农村现代化的生力军；另一方面，职业教育内蕴的“职业性”和“教育性”，决定了乡村职业教育对农民作为“职业人”“社会人”和“生命人”的多维价值观照。[②]乡村职业教育不仅传授现代科学技术知识，而且提供丰富的人文社会科学知识，使不同类型的知识相互补充与融合，从而全面提高广大乡村民众的文化水平，改善人们的生活方式、思维习惯，丰富人们的精神世界。除了职业院校，普通高校、科研院所建立产学研用一体化平台，密切联动地方政府、企业和社区，灵活运用实践教学、产教融合、政策引导等方式，有效帮助乡村培养本乡本土人才，使得在乡人才价值得以充分实现。

① 参见彭洪莉、朱德全：《职业教育服务乡村振兴：多维演进与未来图景》，《教育发展研究》2022年第19期。

② 参见朱德全、石献记：《职业教育服务乡村振兴的技术逻辑与价值旨归》，《中国电化教育》2021年第1期。

2. 乡村教育促进人才返乡

人才返乡是指大学生、企业家、退休教师、干部等各类能人回归乡村，参与乡村建设。“随着全球化、城市化、现代化进程的加快，我们的传统生活方式已发生了巨大的改变，乡土文化日益式微，‘断裂’现象愈演愈烈。”[①]现如今，新一代乡村年轻人对养育自己的这片土地所蕴含的文化、社会和自然元素在认知、情感乃至心理上产生了疏离感、陌生感，越来越多的青少年儿童向往城市的文化娱乐生活，并在进入城市学习与工作之后不愿再回到乡村。在城市文明的强烈冲击下，只有在乡村青少年儿童存有对乡村的眷恋、回忆，始终把乡村作为自己生活和生命不可分割的一部分的情况下，他们才可能在上大学或者定居城市生活工作之后还愿意返回家乡为家乡作出贡献。

乡土教育是乡村教育的重要组成部分，是一种以乡土资源为教育内容来源，以在乡土社会中学习为教学方法，以培养人认识乡土、热爱乡土、建设乡土为目标的教育。无论是在课余时间帮着爷爷奶奶下地做农活，还是参加乡村社区举行的农耕节活动，抑或是在校园之内学习乡土课程，这些正规和非正规的教育活动都属于乡土教育。乡村青少年儿童通过各式各样的乡土教育活动学习乡土知识，在乡土环境熏陶中生发乡土情感、增进乡土认同，建立个人与乡土社会的联系，产生服务乡土的

---

① 谢治菊：《转型期我国乡土文化的断裂与乡土教育的复兴》，《福建师范大学学报（哲学社会科学版）》2012年第4期。

意识和振兴乡村的热情。[①]只有如此，在他们长大成人去往城市之后，乡村才不是一个遥远而模糊的地名。他们会在清明、中秋等节日想起故乡，进而有可能在人生的某些阶段选择回归故乡，用自己的力量来建设故乡。

3. 乡村教育引导人才下乡

乡村振兴不能仅仅依靠在乡和返乡的本地人才，还要吸引外地人才，尤其是乡村之外的城市人才下乡。一般来说，如果个体缺少躬耕劳作的经历，没有对“三农”的深厚情感，单单依靠给予精神和物质奖励，很难吸引其全身心下沉到乡村社区。耕读教育作为一种“扎根”“三农”的教育方式[②]，在培养知农爱农人才，引导人才下乡方面具有重要作用。“耕读教育在本质上是对传统耕读文化的延续和传承，也是中国乡村教育的一个文化面向。”[③]2021年中央一号文件明确提出要“开展耕读教育”，紧随其后，中共中央办公厅、国务院办公厅印发的《关于加快推进乡村人才振兴的意见》要求“全面加强涉农高校耕读教育，将耕读教育相关课程作为涉农专业学生必修课”。从中央层面发布的文件可以看出，乡村振兴战略赋予耕读教育的新时代使命，就是厚植学生的“知农”能力和“爱农”情怀，使他们在田间地头与教室、实验室的往返中

---

① 参见王晓艳、章振乐：《乡土教育，让孩子接地气养根系》，《中国妇女》2022年4月上。

② 参见青平、吴晓斌、刘震：《新时代涉农高校实施耕读教育的现实价值与路径》，《中国农业教育》2020年第6期。

③ 袁同凯、冯朝亮：《从耕读教育变迁看乡村教育的“位育”之道》，《原生态民族文化学刊》2022年第3期。

成长为知农爱农、强农兴农的创新型人才，在毕业之后主动奔赴乡村振兴一线。

新农科背景下，华中农业大学通过加快完善耕读教育体系，以及鼓励教师带领学生走近农民生活、走向乡村产业，来厚植学生服务“三农”的情怀，提高其相关知识、技能水平，为推进乡村全面振兴提供有力的人才支撑。[①]荆楚理工学院把田间地头作为耕读实践的训练场，统筹安排学生到田间地头，体验不同生产形态与生产方式，增强当代青年大学生服务“三农”和实现农业农村现代化的使命感和责任感。“‘这么近距离地看到农机在田间作业，很激动，也很震撼！老师的现场讲解让我更加热爱我的专业。希望毕业以后，我也能用自己的专业知识为乡村振兴出一份力！’植物科学与技术专业学生宋若莎在看完机械插秧后说。”[②]

除了乡土教育、耕读教育及职业技术教育，一些高等院校正积极开展人才培养模式的创新实践，并在整合培养乡村本土人才、促进返乡人才流动和强化下乡人才服务等目标上取得了显著成效。以青岛农业大学为例，其“科技小院”项目便是这种先进模式的成功示范，值得进一步推广。青岛农业大学通过组织师生团队深入农业生产一线，推行了“科技小院”这一特色模式。在这一模式下，师生扮演着农民与现代农业科技之间桥梁的角色，为农户提供零距离接触、即时响应、

① 参见漆勇政、孙倩茹：《农林高校课程思政建设的实践路径》，《学校党建与思想教育》2021年第6期。

② 汪亮亮、黄仁华、李璐：《厚植“三农”情怀 赓续耕读精神——荆楚理工学院耕读教育实践探索》，《中国教育报》2023年12月22日。

无门槛参与和技术服务费用减免等便利条件，确保农民能够得到及时有效的科技支持，提高了农民的科技素质。与此同时，“科技小院”的沉浸式教学环境不仅为当地农业发展注入了新的活力，还极大地提升了参与学生的实践操作能力和创新能力。学生在解决实际生产问题的过程中积累了丰富的实践经验，这无疑有助于他们成长为具备深厚专业素养和宽广战略视野的乡村振兴关键力量，有力推动了我国乡村地区的人才培养。①

（三）乡村教育是乡村文化振兴的重要主体

2017年12月28日，习近平总书记在中央农村工作会议上指出：“乡村振兴，既要塑形，也要铸魂，要形成文明乡风、良好家风、淳朴民风，焕发文明新气象。”②可见，乡村文化是推动乡村全面振兴的灵魂所在。2018年2月发布的《中共中央国务院关于实施乡村振兴战略的意见》把“繁荣兴盛农村文化，焕发乡风文明新气象”作为重要内容，并指出：“乡村振兴，乡风文明是保障。必须坚持物质文明和精神文明一起抓，提升农民精神风貌，培育文明乡风、良好家风、淳朴民风，不断提高乡村社会文明程度。”习近平总书记指出：“优秀乡村文化能够提振农村精气神，增强农民凝聚力，孕育社会好风尚。”③这就明确了乡村文

① 参见王健高、宋迎迎、刘琨：《青岛农业大学：发挥人才优势，服务乡村振兴》，《科技日报》2023年1月4日。

② 习近平：《论“三农”工作》，中央文献出版社2022年版，第252页。

③ 习近平：《论“三农”工作》，中央文献出版社2022年版，第252页。

化振兴既是乡村振兴的内容构成和重要目标，也是其他“四大振兴”的精神支柱和动力源泉。近年来，随着脱贫攻坚取得全面胜利，乡村社会经济发展水平显著提高，乡村民众的物质生活明显改善。然而，随着乡村社会现代化、城镇化、信息化的加速推进，乡村青壮年人口大量外流，城市文化强势入侵，乡村文化的断裂与边缘化、乡村文化设施匮乏等问题愈来愈严重。可以说，“现阶段乡村文化式微已成为不争的事实，是当前乡村振兴的最大制约因素”[①]。

随着现代化的推进，乡村文化赖以生存和发展的环境已经发生了根本的变化。因此，乡村文化振兴不是简单地回到乡村的“过去”，而是一种现代条件下的新生，是传统与现代的融合。简言之，乡村文化振兴不是对传统文化的复制，而是开启切合时代特点的“文化再生产”模式，是一个价值传承和文化再生产的动态过程[②]。乡村文化振兴要实现的是乡村优秀传统文化的传承与创新，更是一种乡村新人的培育和成长。[③]乡村教育既是乡村文化的组成部分和重要载体，也是乡村文化振兴的重要主体。乡村教育对于乡村文化的挖掘、保存、重构、建设及乡村民众思想观念的更新发挥着不可替代的重要作用。

首先，自从有了教育，人类的文化就主要通过教育来传播、保存和创新。作为一种教育形态的乡村学校教育具有同样的功能和使命，即具

---

① 李军明、向轼：《论乡村振兴中的文化重构》，《广西民族研究》2018年第5期。

② 参见范玉刚：《新时代乡村文化的复兴与现代性价值诉求》，《学术探索》2020年第5期。

③ 参见范玉刚：《乡村文化复兴与乡土文明价值重构》，《深圳大学学报（人文社会科学版）》2019年第6期。

有传承乡土记忆、传播乡土知识、重构乡土文化的基本功能。可以说，没有乡村学校教育，就没有乡村文化的延续和发展。特别是乡村学校的教师，他们接受过先进的科学文化知识教育，拥有先进的思想观念、一定的文化资本和话语权威，思维活跃，思想开放，乐于接受新鲜事物，而且富有创造力和开拓精神，是乡村文化的开掘者、传播者和转化者，在乡村文化的传承与创新中发挥着不可替代的重要作用。[①]2020年7月，教育部等六部门在《关于加强新时代乡村教师队伍建设的意见》中明确提出，要"注重发挥乡村教师新乡贤示范引领作用，塑造新时代文明乡风，促进乡村文化振兴"。乡村教师通过开发具有地域特色的乡土课程和开展形式多样的乡土教育，不仅有助于传播和重构乡村文化，而且使乡村学生在认识自己生长的土地的基础上，厚植了乡土情感，增强了乡土归属感和认同感。

其次，理想的乡村学校既是专门的教育机构，也是公共的文化活动空间，更是乡村民众心灵安顿和精神寄托的场所。除了学龄儿童在那里接受正规教育以外，其他的乡村民众也可以在那里交流思想、阅读书籍、休闲娱乐。乡村学校通过开拓和设计可感知的文化空间、丰富多样的课程内容，对身处其中的乡村民众进行潜移默化的文化滋养、渗透和影响，丰富他们的精神生活，增强其勤奋、协作、自力的精神，形塑他们的文化心理结构、价值观念、思维方式[②]，净化乡村社会风气，推动

---

① 参见邹太龙：《乡村教师助力民族地区乡村文化振兴：现实困囿、角色期待与行动路径》，《湖北民族大学学报（哲学社会科学版）》2022年第5期。

② 参见邬志辉、任永泽：《精神培育：新农村建设背景下农村教育的使命》，《东北师大学报（哲学社会科学版）》2008年第1期。

乡村文化振兴。

最后，除了乡村正规学校教育，乡村的社区大学、幼儿园、图书馆、艺术馆、陶艺馆、书院等非正规、非正式教育机构都具有振兴乡村文化的功能。这些教育、培训与文化机构挖掘、修复乡村文化资源，记叙历史积淀的乡土经验，并以此为基础开发乡村教育课程，开展乡村教育活动，引导乡村民众形成正确的乡村认知，提升他们的文化自信，营造良好的乡村风貌。例如，河南省辉县市西平罗乡的社区大学，利用当地的自然与文化资源为乡村民众开设了育儿、艺术、国学、保健等多种课程，每年举行老幼共同参与的庆典活动，实现了平民教育，改善了乡村百姓的精神生活。四川省成都市蒲江县明月村通过修复明月窑，开办明月讲堂、明月夜校、明月书馆，开展公益培训等社区教育活动，充分挖掘当地文化资源，保护延续社区共同历史文化，厚植人们的乡土文化情感。乡村民众还在文化挖掘和发展过程中获得了文创经营活动经验，培养了终身学习能力，推动了乡村永续健康发展。近年来，乡村图书馆参与乡村文化建设的实践也逐渐兴起，并取得了积极的效果。正如有学者所指出的，“一个美好的乡村图书馆建起来了，可以带动整个乡村的精神面貌发生改变”[①]。

---

① 王子舟、李静、陈欣悦等：《乡村图书馆是孵化乡村文化的暖巢——关于乡村图书馆参与乡村文化振兴的讨论》，《图书与情报》2021年第1期。

（四）乡村教育是乡村生态振兴的重要支柱

改革开放以来，伴随着工业化、市场化、城镇化的迅速推进，乡村出现了严重的土地撂荒、过度开发、资源浪费、环境污染等生态问题。在此背景下，习近平总书记提出乡村生态振兴，并把乡村生态振兴作为乡村振兴战略的重要任务之一。习近平总书记明确指出："实施乡村振兴战略，一个重要任务就是推行绿色发展方式和生活方式，让生态美起来、环境靓起来，再现山清水秀、天蓝地绿、村美人和的美丽画卷。"[①]绿水青山就是金山银山，"农村生态环境好了，土地上就会长出金元宝，生态就会变成摇钱树，田园风光、湖光山色、秀美乡村就可以成为聚宝盆"[②]。习近平总书记多次强调，人与自然是生命共同体。乡村生态振兴就是践行生命共同体理论的具体实践。事实上，当前中国乡村社会出现的种种生态问题反映出人与自然处于对立分离的状态。当前国内不少打着"乡村生态旅游"旗号的地方，往往成为垃圾遍野的污染重灾区。因此，要实现乡村生态振兴，必须转变人与世界对立分离的观念。乡村教育在重构人与自然的关系上具有重要作用，它通过开展生态教育、自然教育、绿色教育等种种改变天人分离观念的教育活动，使人们认识到人类也是生态系统的一部分，树立人与自然有机统一的生命共同体理念，从而实现人与自然共生共荣。

---

① 习近平：《论"三农"工作》，中央文献出版社2022年版，第250页。
② 习近平：《论"三农"工作》，中央文献出版社2022年版，第251页。

近年来，在生物多样性丧失、自然灾害频发、生态环境破坏日益严重的大背景下，世界各国与相关国际组织对生态教育、自然教育、绿色教育、环境教育等一系列涉及人与自然关系的教育活动的关注日益升温。虽然这些教育活动的名称不同，但是它们的核心理念是一致的，即培养人们天人合一的自然观念，使人们将自然环境的可持续发展与社会可持续发展、人自身的可持续发展结合起来。乡村学校在开展生态教育、自然教育、绿色教育等教育活动上具有先天的地理与资源优势，丰富的乡土资源和亲近自然的环境使乡村学校可以开发和开展多样化的教育活动。更为重要的是，由于参与乡村生态教育、自然教育等教育活动的主体不只是乡村教师、学生，还包括农民和乡村的工匠、泥瓦匠、医生、民俗能人、民间手艺人等职业和身份的民众，因此，这些教育活动不仅为乡村保留了多样化的自然环境，还培育了乡村学生“一方水土养一方人”的乡土归属感，形塑了他们天人一体的自然观念。

除了乡村基础教育，乡村的社区教育还通过营造保护生态环境的文化气氛来唤醒乡村民众的生态文明意识，引导他们自觉践行和传播绿色生产与生活方式，成为生态家园的守护人。例如，一些乡村社区运用人们喜闻乐见的口号、标语、版画、戏曲、村规民约等各种“以文化人”的方式，将生态文明教育融入乡村民众的日常生活，进而使他们形成资源节约、环境友好、生态文明的绿色理念，自觉践行绿色环保、低碳循环的生活方式。①还有一些乡村社区通过定期邀请环境生态等专业的专家学者开展生态与环保知识普及培训与讲座，组织生态环保教育活动，

① 参见张俊飚：《探索乡村生态振兴新路径》，《中国社会科学报》2022年4月15日。

使乡村民众切身感受到健康的生态环境对人类生存和发展的价值意义。例如，福建省围绕“生态福建”建设，组织基层社区学院、社区学校等社区教育组织机构开展热爱自然、绿色生态、低碳生活、环境保护等专题教育，提升乡村民众生态环境保护意识与可持续发展意识。此外，福建省还有计划、有组织地开展一些生态环境保护与产业发展相结合的教育活动，例如福安市社区学院开展生态葡萄种植培训、武夷山市社区学院开展生态茶叶生产与营销培训，不仅从认知上强化了城乡居民的环境保护观念，使他们注意人与自然和谐共生，而且促进了乡村经济与生态环境协调发展。[①]

职业学校、农民学校、农业技术推广服务中心等面向乡村的职业教育与培训机构通过造就注重环保的新型农民队伍、提供绿色技术服务等途径，推广可持续发展理念与生产方式，推动乡村迈向生态兴农的发展之路，实现乡村生态振兴。例如，黑龙江职业学院学生的创新创业项目《撬装式生活垃圾低温磁化裂解炉》于2019年在内蒙古自治区巴林右旗巴彦虎硕镇成功运行。该项目实现了当地生活垃圾源头化、无害化、减量化、资源化处理，造福当地民众，推动了当地环保事业发展，助力乡村生态振兴。[②]

---

① 参见吴盛雄：《扎根八闽大地 助力乡村振兴——福建开放大学社区教育赋能乡村振兴实录》，《中国教育报》2022年11月23日。

② 参见《黑龙江职业学院：为龙江振兴添砖加瓦 助乡村振兴生态新貌》，2022年11月18日，见https://www.hljp.edu.cn/info/1033/12912.htm。

（五）乡村教育是乡村组织振兴的基本方式

改革开放伊始，党和政府就认识到了乡村组织对于乡村建设的重大作用。党的十九大再次聚焦组织振兴，把组织振兴作为乡村振兴战略的重要内容，作为乡村治理现代化和乡村全面振兴的基础和保障。虽然党和政府对乡村组织建设历来都很重视，但是实际上乡村组织在乡村建设中的作用有限，有些地方的乡村组织甚至严重制约了乡村振兴战略的全面与可持续实施。究其原因，主要在于乡村组织普遍存在着人员文化素养低、组织自我发展能力低[①]等问题，作为乡村组织核心的基层党组织存在着组织力弱化、虚化、边缘化[②]，覆盖力萎缩、凝聚力弱化、执行力异化、服务力泛化[③]，思想政治素质不高，党性观念淡薄等问题。正如习近平总书记所指出的，“农村利益主体、社会阶层日趋多元化，各类组织活动和诉求明显增多。……农村基层党组织软弱涣散，公共管理和社会服务能力不强”[④]。

2018年3月8日，在全国“两会”期间，习近平总书记在参加山东代表团审议时针对乡村组织振兴提出了具有可操作性的措施，那就是

① 参见张明慧、王连花：《改革开放四十年党的乡村组织振兴思想与实践研究》，《理论建设》2019年第1期。

② 参见王韬钦：《乡村组织振兴的历史逻辑与现实思考——基于国家治理与基层自治的博弈关系》，《观察与思考》2019年第2期。

③ 参见林星、王宏波：《乡村振兴背景下农村基层党组织的组织力：内涵、困境与出路》，《科学社会主义》2019年第5期。

④ 习近平：《论“三农”工作》，中央文献出版社2022年版，第98页。

“要推动乡村组织振兴，打造千千万万个坚强的农村基层党组织，培养千千万万名优秀的农村基层党组织书记”[①]。从习近平关于乡村组织振兴的一系列重要论述可以看出，乡村教育在乡村组织振兴中大有可为，它可以提升乡村基层党组织成员的专业能力。另外，乡村组织是一个多元化、多领域的组织体系，不仅包括基层党组织、基层政权组织，还包括乡村民众的自治组织、农村经济组织和公益组织等，这些乡村组织的振兴同样离不开乡村教育在提升乡村民众综合素质方面功能的发挥。

实际上，早在20世纪三四十年代，梁漱溟就对乡村教育促进乡村组织建设和乡村社会治理的问题进行了深入探索。在梁漱溟看来，乡村建设中应该实现“政治、经济、教育三者合一”，其中教育“应居于最高位，领导一切”，“建设寓于教育”。为此，梁漱溟设计了既是基层社会组织、经济组织，也是教育组织的村学和乡学。而所谓村学和乡学的“教育”，重心在激发与培育乡村民众“生命本体”，所谓“读书明理”，“其理正在人生之理”[②]，以此构建新乡村社会秩序，实现乡村社会治理[③]。正如梁漱溟所言，“我们安排这套组织，其用意就在：使乡村里面的每个份子对乡村的事都能渐为有力地参加，使乡村有生机有活气，能与外面世界相交通，吸收外面的新知识方法；能引进新知识方法，则乡村自能渐渐地向上生长进步”[④]。

---

① 习近平：《论“三农”工作》，中央文献出版社2022年版，第269页。

② 转引自钱理群：《梁漱溟乡村建设思想及其当代价值》，《中国农业大学学报（社会科学版）》2016年第4期。

③ 参见唐智彬、郭欢：《作为乡村“治理术”的农村职业教育：内涵与路径》，《教育发展研究》2020年Z1期。

④ 《梁漱溟全集》第一卷，山东人民出版社1989年版，第720页。

目前，各地采取了诸如健全农村基层党组织规章制度、选优配强村党组织书记、加强教育培训等策略促进乡村组织振兴，乡村教育是其中最基本、最有效的方式。一些地方发挥县域内的广播电视大学、成人与职业技术学校更贴近乡村社会、更了解村干部学习需求的优势，通过开设短期脱产学习班或在线学习的方式，优化了乡村基层党组织成员的知识结构，提升了他们的专业能力。还有一些城市高等院校、职业学校鼓励和支持政治素质好、工作作风实、专业技能精的教师和干部下乡开展职业技能、专业知识、思想政治等各类教育讲座，传播先进的知识和理念，讲解国家方针政策，使村干部和乡村民众在学习过程中丰富了知识、增强了能力、开阔了眼界，同时提升了思想政治觉悟，坚定了理想信念。

近年来，还有一些省市政府充分发挥城市教育资源的优势，依托党校和高等院校开展面向乡村党组织成员的专题培训和学历教育，增强基层干部的文化水平、理想信念、党性修养，促进乡村组织振兴。例如，2018年，广州市实施“头雁”工程，开展“万名基层党组织书记大轮训”，在市委党校开办面向全市村（社区）党组织负责人的党建工作专题培训；同时，全力推动村干部上大学等工程，分批组织农村基层党支部书记到浙江大学等高校接受全脱产培训，参加培训后的乡村基层干部拓宽了工作视野、增强了执行能力，带领乡村百姓奔康致富。[①]

还有一些高校倡导师生直接进驻乡村，充分发挥高校专家学者、硕士博士等智库资源优势，为乡村组织全面振兴赋能，增强乡村组织在乡

① 参见黄克亮：《乡村组织振兴视域下增强农村基层党组织和党员内生动力的路径研究》，《探求》2018年第5期。

村振兴中的引领和保障作用。例如，西北农林科技大学马克思主义学院依托自身及学校其他相关专家力量，在新池镇北顺村正式成立“乡村组织振兴工作站”。工作站旨在充分挖掘北顺村在产业、人才、文化、社会组织等方面的现有资源，在开展教育、生产、政治、文化等各类活动中，逐步帮助北顺村在党组织、经济组织、社会组织、文化组织四大方面实现“组织振兴”。①

三、乡村教育振兴离不开乡村全面振兴

乡村教育与乡村社会是相互需要和互利共赢的关系。乡村振兴离不开乡村教育的努力。乡村教育为乡村振兴提供人才资源、文化环境等多方面的支撑，提升乡村人力资源水平，改善乡村风土人情，促进乡村经济产业发展。反过来，乡村社会是乡村教育振兴的强大依托与现实背景。乡村社会在不断发展的过程中，也能够“反哺”教育，助推乡村的学校、教师、课程等资源的更新进步。②

---

① 参见陈小文：《陕西合阳首家“乡村组织振兴工作站”在北顺村正式成立》，2022年6月21日，见 https://baijiahao.baidu.com/s?id=1736231399651933486&wfr=spider&for=pc。

② 参见李鹏：《促进共同富裕：乡村教育的责任、挑战与对策》，《民族教育研究》2022年第5期。

（一）夯实乡村教育的经济基础

“由于历史原因，改革开放前我国在城乡之间实行了区域界限分明、人员控制严格、产业分工清楚、管理方式迥异的体制，形成了所谓的城乡‘二元结构’”[①]，由此造成城乡各个方面的巨大差距。这种差距突出表现在教育领域，各级政府及教育主管部门实行了长期的城市教育优先发展战略，将有限的教育资源向城市学校倾斜，优先满足不断增多的城市学生的教育需求，而忽视了乡村教育的发展。改革开放以来，党和各级政府一直不遗余力地推动乡村教育的发展，特别是自2002年国务院办公厅下发《关于完善农村义务教育管理体制的通知》，确立“以县为主”的义务教育管理体制以后，党和政府把乡村教育的发展放到了重要位置，持续加大对乡村教育的资金投入力度，实施了一系列政策、启动了一系列项目来保障乡村教育发展。然而，在乡村教育发展的同时，城市教育也在快速发展。输血式的教育扶贫不仅无法从实质上缩小城乡教育的差距，而且使得不少地方的乡村学校养成依靠外部帮扶的习惯。为了大力发展乡村教育，中央和省级政府有责任进一步加大对乡村教育事业的经费投入力度。与此同时，乡村教育所需要的经费不能仅仅依靠中央和省级财政，“以县为主”的教育管理体制要求县级政府要推进乡村振兴战略实施，做强乡村产业，提高乡村经济发展活力，促进乡村经济高质量发展，以此夯实乡村教育的经济基础。

---

① 丁国光：《城乡二元结构的形成与突破》，《中国财政》2008年第16期。

首先，乡村产业作为乡村地区的主要收益来源，在乡村振兴战略中占据至关重要的地位，是促进乡村经济发展的关键。只有全力推动乡村产业振兴，包括扩大产业规模、优化产业结构和促进三产融合，才可能实现乡村经济高质量发展，改变以往乡村教育发展过程中的单向“输血”（单向输入资金）现象，从而提高乡村教育自身的建设能力。其次，在经济落后的乡村地区，有相当一部分家庭承受着较为沉重的教育负担。虽然国家出台了一系列学生资助政策，给予低收入家庭的学生以经济支持，但还是会出现一些乡村学生因过重的教育负担而辍学的现象。乡村产业振兴能为乡村人口提供更多的就业岗位，促进农民收入的增加，从而减轻乡村家庭的教育负担和各级政府发展乡村教育的经济压力，为乡村教育振兴奠定基础。最后，乡村产业发展过程中带来的高新技术、基础设施、先进理念和阶段性成果，不仅能成为乡村学校与培训机构宝贵的教育资源，而且可以调动人的学习积极性，激发人的实践能动性和科研创造性，促进乡村教育振兴。还有一些有实力的乡镇企业或者农业合作社，甚至可以直接参与乡村职业教育办学，大力推进校企合作、产教融合。它们在为乡村教育提供资金支持的同时，也促进了乡村产业转型升级。

共同富裕既包括物质生活富裕，也包括精神生活富裕。乡村产业振兴在让农民钱袋子鼓起来的同时，还能激发人们终身学习的需求，为乡村教育高质量发展创造宝贵的机遇。整体来看，乡村振兴战略实施以来，随着我国在乡村产业上持续的资金投入与政策支持，乡村地区特别是欠发达地区乡村的经济水平得到了有效提高，人们的物质生活水平得到显著提升，更多的乡村民众开始期望高品质的精神文化生活。所以，随着乡村经济的快速发展，切实满足人民群众对精神文化生活的追求自然而然成为各地乡村振兴工作的重要内容，这就需要建立相应的教育场所和提供更多的受教育机会、教育资源，让人们学有所教，学有所乐[①]。由此可以推断，在乡村振兴战略推进中，各地政府将更加重视老年教育、社区教育、家庭教育等乡村各级各类教育的发展，把乡村产业发展所创造的财政收入更多地投入乡村教育振兴。

（二）丰富乡村教育的教师资源

乡村教师是乡村教育的基石，建设一支稳定、高素质的乡村教师队伍是乡村教育振兴的重心所在。然而，由于很多乡村所处的地理位置偏僻、交通不便、经济落后、生活环境艰苦，乡村教师的工作环境、生活条件、福利待遇远远比不上城市教师，许多教师不愿意到乡村任教。即使是在任乡村教师，一旦有更好的学习或者工作机会也会放弃本岗位，由此导致乡村学校特别是偏远地区条件艰苦的乡村学校的教师数量不足、能力不强、结构不均衡。[②]相关调研结果显示，“十二五”期间，在广西农村义务教育小学阶段调研的12所学校中，只有语文、数学这两个传统学科是有专业教师讲授的。很多小学因缺少英语教师而导致无法开设英语课程，音乐、体育、美术、思想品德、信息技术等非升学考试

① 参见马建富：《乡村振兴战略实现的职业教育机会与应对策略》，《中国职业技术教育》2018年第18期。

② 参见刘善槐、朱秀红、王爽：《乡村教师队伍稳定机制研究》，《东北师大学报（哲学社会科学版）》2019年第4期。

课程因缺少专业老师导致非专业教师兼课现象普遍存在，或者有些课程根本没有开设过。师资匮乏导致农村学生难以与城市学生享有同样丰富的课程资源。[①]21世纪以来，我国高度重视乡村教师队伍建设，乡村教师数量逐年增多，可是乡村师资数量不足，尤其是缺乏优秀教师和英语、音乐、体育等学科专业教师的问题依然存在。这在很大程度上是因为乡村教师队伍建设离不开整个乡村社会的振兴，仅仅在“乡村教师”上做文章不可能使教师“下得去、留得住、教得好”。只有在乡村经济发展水平提升、乡村社会文化环境改善、乡村各类人才济济的情况下，乡村教师队伍才能得以稳定且不断发展。因此，国家实施乡村振兴战略，力图通过乡村全方位振兴，让更多的优秀教师投身乡村教育事业。

一方面，乡村经济的高速发展能够提升乡村生活水平，改善乡村学校教育环境，大幅增加教师收入，从而吸引和留住乡村教师。相关调查表明：“教师的月均收入和学校区位特征都能显著预测教师的离职意愿：月均收入越低，教师离职意愿越强；学校离县城越远，教师离职意愿越强。”[②]尽管乡村教师的收入、生活和工作条件与几年前相比有了较大改善，但是很多乡村教师的待遇仍然偏低，生活条件非常艰苦。两三位教师挤住在一间闲置学生宿舍或教室的现象仍然比较常见，一些特别偏远的小学，教师外出非常困难，日常出行只能到附近村里“请摩托”。[③]自

① 参见洪柳：《教育均衡发展视阈下广西农村义务教育课程实施现状、问题与对策》，《广西师范大学学报（哲学社会科学版）》2014年第4期。

② 王艳玲、闻正梅、张慧：《乡村教师离职意愿的实证分析——基于云南省5342位乡村教师的调查》，《教师教育研究》2022年第5期。

③ 参见王艳玲、闻正梅、张慧：《乡村教师离职意愿的实证分析——基于云南省5342位乡村教师的调查》，《教师教育研究》2022年第5期。

实施乡村振兴战略以来，许多乡镇有效地促进了乡村经济的发展，增加了乡镇财政收入，从而有足够的资金把曾经低洼窄小的村道改造为宽敞整洁的水泥路，把低矮的土房危房变成各式各样的人才公寓，把乡村薄弱学校升级为现代化智慧学校。随着乡村生活水平不断提高，基础设施不断完善，教育环境不断改善，依托宜人的气候和秀丽的湖光山色，乡村民众的幸福感、获得感将持续提升，必将吸引包括教师在内的各类人才向乡村聚集，并且积极参与教育事业，极大地丰富教师资源。

另一方面，乡村振兴战略实施以来，各地政府结合本地实际情况，制定了乡村人才振兴政策，提升了乡村教师的经济待遇和社会地位，增强了乡村教师的幸福感和获得感，从而优化和稳定了乡村教师队伍，为乡村教育振兴提供了强有力的人才支撑。如近年来，浙江省深入开展“两进两回”行动，抓住人才振兴这一核心要素，引导职业教育培养有文化、懂技术、会经营的复合型乡土技术技能人才，真正发挥了职业教育的多元育人优势，推动了一大批青年人才返乡就业创业，为农村地区包括教育在内的各项事业发展提供了新鲜血液。[①]广西崇左市宁明县建立了县—乡—村三级人才服务平台，持续做好人才“扎根”服务工作，开发人才资源，提升各类人才的能力素质。宁明县将教育系统工作人员及引进人才列为保障性住房购买对象，对急需的紧缺专业人才，如引进的省级重点师范类院校师范生和“双一流”院校本科毕业生给予安家费补贴，在人才子女入学和就医、配偶安置等方面提供全方位服务，全面落实人才带薪休假、工会疗养、节日慰问等制度，定期组织全县各类技

① 参见费汝海：《职业教育是乡村振兴战略的有力支撑》，《中国农业资源与区划》2022年第3期。

能人才、优秀人才开展健康体检，营造尊重人才、爱护人才的良好社会氛围，有效激发广大教师投身乡村教育事业的积极性。[①]

（三）优化乡村教育的社会环境

乡村教育振兴离不开良好的乡村社会环境，可是由于某些乡村基层政权组织薄弱、地方文化资源紧缺等原因，我国部分乡村地区的社会环境越来越差。一方面，与城市相比，农村地域广阔、管理难度更大，加之很长时间以来，我国乡村治理水平不高，由此出现了很多管理盲区，导致部分乡村社会环境的“灰色化”[②]，给乡村教育发展带来了巨大的阻力。例如，乡村林林总总的非法娱乐场所给学校教育与管理带来了巨大的挑战，严重影响留守少年儿童的身心健康，不利于其健康成长。在这种环境的“熏陶”下，有的留守少年儿童学会了打麻将，有的沉迷于网吧，有的甚至走上违法犯罪的道路，还有一些留守孩子受社会上不法之徒的引诱、教唆、强迫而加入非法团体，实施违法犯罪行为。[③]另一方面，乡村文化资源的紧缺也是导致乡村不良社会环境的重要原因。与城市丰富的文化资源相比，乡村缺少图书馆、文化馆、科技馆、博物馆

① 参见吴蕾、郑中生：《宁明县：念好“三字诀”以人才振兴助力乡村全面振兴》，2022年12月26日，见 http://www.gx.chinanews.com.cn/gxgd/2022-12-26/detail-ihchzvsr1166574.shtml。

② 参见周灵方：《论农村留守儿童“隐性违法”的伦理治理》，《吉首大学学报（社会科学版）》2009年第2期。

③ 参见毕菁：《民族地区农村留守儿童的教育问题及其对策》，《学校党建与思想教育》2011年第18期。

等文化资源。即便一些乡村拥有图书馆，也存在各种问题。要么书籍本身不够丰富多样，与村民的精神发展需求存在偏差；要么内部空间狭小局促、光线昏暗，不便于村民长久阅读和相互交流……由于没有充裕合适的文化资源，在节假日或者放学后，包括教师、青少年儿童在内的很多村民只能把打麻将、玩手机等作为日常的休闲娱乐，久而久之，这种不健康的乡村社会风气就影响到乡村教育的发展。

乡村教育振兴的关键在于形成良好的社会环境。近年来，随着各地持续加强农村基层党组织建设，一些地方乡村基层党组织树立了终身学习理念，开阔了视野，提升了领导力、发展力和服务力等能力，有情怀、有能力、有规划地建设学习型乡村，形成了积极进取、邻里互助、乐学好学的社会风气，为乡村教育振兴创造了良好的社会文化环境。例如，上海夏阳街道塘郁村注重党建引领，党总支书记、村委会主任徐月萍把学习型乡村作为教育在乡村社会的实践形态，为持续推进乡村振兴形成内在着力点，注重对村民终身学习思想观念的引导，紧扣村民学习需求，加快实施数字化基础设施建设，提供优质学习资源，搭建学习平台，拓展学习渠道等，培养一批善于学习且能调动全体村民共同参与的领头人，让老百姓愿意学、学得进。[①]

自实施乡村振兴战略以来，乡村公共文化服务体系建设的重要性日益凸显，其为推进乡村教育发展营造出浓郁的文化氛围。例如，近年来，浙江省德清县积极推进乡镇特色图书馆建设，将闲置老建筑改

① 参见张婧：《厉害了，青浦这个村登上第三批上海学习型乡村榜单!》，2022年11月28日，见https://sghexport.shobserver.com/html/baijiahao/2022/11/28/911471.html。

造成设计独特、藏书丰富、活动多彩的图书馆。[①]在党建统领下，河南省孟州市西虢镇莫沟村的废弃老窑洞已经改建成当地文化地标和村民的精神家园——老苗书馆。老苗书馆潜移默化地影响着村民的精神面貌，改变着村风民风。现如今，村里打牌打麻将的人少了，许多村民没事儿就来图书馆看书，逐渐培养起阅读的好习惯。[②]苏州常熟蒋巷村20年来共在文化教育设施上投入千万元，建起了幼儿园、农民剧场、科普馆、文广中心、远程教育中心、书画苑、卫生院、全国首家村级读书俱乐部、中国作家创作基地等，孝爱文化、法治文化、社会主义核心价值观的标牌和群塑随处可见。[③]江西省万载县的文宇阁图书馆，在当地政府的支持下，成为当地藏书量最大的乡村公益图书馆，吸引不少村民前来阅读，不仅优化了乡村教育的人文环境，而且缩小了城乡教育的“资源鸿沟”。[④]

（四）提升乡村教育的文化自信

乡村文化是乡村教育茁壮成长的土壤，为乡村教育振兴提供强大的精神动力和丰富的文化资源。伴随城镇化、工业化、市场化、网络化、

① 参见《特色图书馆助推乡村文化振兴》，2018年7月19日，见http://www.gov.cn/xinwen/2018-07/19/content_5307796.htm#1。

② 参见史林静：《河南孟州：乡野有书香》，2020年7月17日，见https://baijiahao.baidu.com/s?id=1672445455887847658&wfr=spider&for=pc。

③ 参见洪银兴：《探寻乡村振兴之路——苏州常熟蒋巷村调研的理论思考》，《红旗文稿》2019年第10期。

④ 参见王卫明、黄蓉：《赋能乡村振兴，努力缩小城乡“知识沟”》，2022年9月23日，见https://shiping.jxwmw.cn/system/2022/09/23/011585759.shtml。

现代化的快速发展，城市文化进入乡村，改变着农民原有的价值认同和文化追求。乡村文化的社会根基发生了动摇，乡村文化渐渐失去其影响力、吸引力和感染力。乡村文化被边缘化的现实，表面上是乡村文化的衰落，在深层次上反映的是农民对乡村生产与生活方式的疏离，对乡村文化的怀疑、否定和放弃。[①]乡村文化的日渐式微，造成乡村教育全面城市化。无论在教学内容、教学方式还是教学管理上，乡村教育都力争和城市教育一模一样。在城市化的进程中，乡村教育逐渐丧失其特色与自信，沦为城市教育的附庸。乡村教育培养青少年对乡村文化的认同与自信、传承和发展乡村文化的目标淡化，反而注重使青少年通过升学离开乡村，进入大城市工作和生活。在教育现代化的道路上，丧失了文化自信的乡村教育就像无根的浮萍，漂浮在茫茫的水面之上，不知路在何方。一方水土养育一方人，如果乡村民众不能建立对乡村文化的认同与自信，乡村教育将难以找到自己的发展道路。因此，提升乡村文化自信，这既是乡村教育的职责和使命，也是乡村教育发展的条件和基础。

乡村文化振兴是乡村振兴战略的重要内容。自国家提出乡村振兴战略以来，各地尝试通过“乡村旅游”“艺术乡建”“乡村数字化”“戏曲下乡”等多种方式实现乡村文化的复兴，使以农耕文明为核心的乡村文化在传承创新中延续，努力保护人类文化的多样性，为人们提供不同于城市文明的乡土文化景观，使人们能够感受、体验以至享受到人类文化的多样性，同时为时下城市文明、人类文明提供观照，从而满足人们日

---

① 参见吕宾、俞睿：《乡村文化自信培养困境与路径选择》，《学习论坛》2018年第4期。

益增长的精神文化需求。[①]各地的乡村文化振兴行动不同程度地传承、弘扬和发展了乡村的艺术、技艺、知识等，让乡村民众享有更多的文化获得感，增强了他们对乡村文化的认同感，坚定了他们对乡村文化的自信，从而逐渐修复和改善了乡村教育的文化土壤。

随着地方乡村文化的振兴，乡村教育逐渐提升了文化自信，一些乡村社区结合本土资源开设博物馆、图书馆等文化机构，探索乡村社会教育的特色化发展路径。例如，浙江省丽水市云和县石塘镇石塘村滩下自然村的瓯江船帮文化展示馆是丽水首个以“瓯江帆船”为主题的乡村博物馆。当地人把村里的宗祠改建成博物馆，面积约200平方米，收藏并展示了80余件与瓯江帆船技艺相关的物品。博物馆不仅收藏并展示了悠久船帮的文化物品，还成为村里孩子们直观地了解瓯江船帮文化发展历程的研学阵地，为乡村教育提供了宝贵的教育资源。2018年，石塘镇长汀村开办了一家农耕博物馆。馆内开设了乐器、生活用具、农具等展厅，对外展示古老的雕花大床、梳妆镜、老钟摆、婴儿摇篮、手电筒等1 000多件承载着历史的老物件。通过乡村博物馆建设，长汀村致力于打造融乡土文化展陈、文创产品展售、风物特产供应、拓展教育等于一体的多元文化枢纽，让文化反哺乡村建设和乡村教育。[②]

① 参见陈彪、曹晗：《乡村文化振兴的空间与进路——兼谈文旅乡建》，《社会科学家》2022年第8期。

② 参见云和县融媒体中心：《云和石塘镇乡村博物馆为乡村振兴注入文化力量》，2022年12月14日，见http://www.lsol.com.cn/html/2022/xssd_yh_1214/1570524.html。

在地方政府对乡村文化振兴的高度重视下，一些乡村学校积极深挖乡土文化资源，开展以学生为本的乡土教育，打造自身特色。例如，随着国家和政府对非物质文化遗产的重视，作为乡土文化的河阳剪纸在当地政府的保护与推广下得到了发展。当地政府除了采取基本的图文、影像资料的保护方式外，还给予政策和资金支持，并且在河阳小学校内成立了缙云剪纸传承基地。该基地作为乡村振兴背景下积极的文化实践，也是推进乡土教育的重要场所。“由于河阳小学位于河阳古民居内，依托景区和古村落，学校还会不定时将剪纸活动拓展到古村落里，在古祠堂进行剪纸课程，村里的剪纸老艺人也成为学生的老师。河阳小学的校园文化长廊里，挂着一幅幅古色古香的河阳传统剪纸、缙云婺剧脸谱、生活照片做成的剪纸作品，学生的优秀作品也会被装裱上墙，如此浓厚的氛围里，剪纸成了学生学习生活的一部分。河阳小学校内进行的周期性剪纸课程直观形象，激发了学生学习的兴趣，不定期的校外拓展活动开拓了学生的眼界，浓厚的剪纸氛围培养了学生的乡土情怀，这一切都提升了学生学习剪纸的兴趣，打造了良好的剪纸体验，河阳剪纸已经成为学校的一张名片。”[①]由此可见，乡村文化振兴不仅为乡村教育振兴提供了丰富的文化资源，而且提升了乡村学校与乡村教育组织机构的文化自信，使其有信心开发和利用地方文化资源，建设有特色的乡村教育。

---

① 胡琳遥、林敏霞：《非遗作为乡村振兴下的乡土文化实践——以缙云河阳剪纸为例》，见陈文华主编：《非物质文化遗产研究集刊》第十四辑，浙江工业大学出版社2021年版，第229页。

（五）改善乡村教育的生态环境

拥有良好自然环境的乡村，不仅是乡村学生的学习场域，也是城市学生研学旅行的好地方。20世纪80年代之后，随着我国农业和农村经济的快速发展，我国乡村付出了惨重的自然环境代价，乡村教育的生态环境遭到严重破坏。除了大量生活污水及携带残留农药等化学合成物的灌溉废水随意排放之外，城镇化的无序扩张，造成镉、汞、砷等重金属不断向水土渗透，工业“三废”日益向农村蔓延，对乡村生态环境造成严重破坏。21世纪以来，随着大批青壮年农民进城务工，在乡村生活居住的农民越来越少，由此造成耕地（农田）大量撂荒，村庄杂草丛生，一片荒凉。[①]改革开放数十年经济高速增长，乡村生态环境在很大程度上未能与这一进程保持同步和谐发展，进而导致诸如土壤质量退化、水资源遭受污染及生活垃圾处理不当等生态环境问题日益凸显。[②]由于乡村自然环境遭遇严重的破坏，乡村学生不能去亲近已经遭遇污染的泥土、田野、河流、绿植，这严重影响了乡村教育环境的质量。

如今，在国家乡村振兴战略的指引下，在一系列生态保护政策的支持下，乡村逐渐认识到良好生态环境的重要性，通过主动治理污染、增加绿化面积、提高居民生态意识等措施，有效地改善了自然生态环境。

---

① 参见黄国勤：《论乡村生态振兴》，《中国生态农业学报（中英文）》2019年第2期。

② 参见李桂花、杨雪：《乡村振兴进程中中国农村生态环境治理问题探究》，《哈尔滨工业大学学报（社会科学版）》2023年第1期。

据中国生态环境部的统计数据，2020年全国生态环境质量明显改善，“与2018年相比，810个开展生态环境动态变化评价的国家重点生态功能区县域中，生态环境变好的县域占22.7%”[①]。良好的乡村自然生态环境不仅能让当地村民生活在田园山色的美景之中，增加村民的收入，还能为乡村学生创造天然的成长空间和丰富的学习资源，真正实现产业兴旺、生态宜居和教育发展的有机统一。

例如，福建省泉州市安溪县山都村乘着乡村生态振兴的东风，依托石钟溪、两塔一土楼、裴氏文化、艺术公园、休闲山庄等本地特色，促进教育、旅游、农业等产业融合，大力发展生态研学旅游服务业，打造“研学基地+研学生态观光旅游”项目，开拓了乡村教育空间。[②]近年来，四川省各地积极将中小学研学旅行与乡村生态农业、民俗文化产业、休闲旅游产业等有机结合。一些乡村依托并深入挖掘当地山水林田湖草等自然资源，结合农业资源保护利用、农村生态文明建设、农耕文化传承和节能减排固碳，打造了一批乡村研学基地，并且配套推出一系列农事生产、节气物候、自然课堂、健康养生等方面的科普教程，激发青少年认知自然、保护自然的热情，促进乡村生态建设和生态教育。[③]

习近平总书记深切关注并深刻理解乡村教育与乡村振兴之间的紧密关系和相互促进作用，把乡村教育视为乡村振兴战略的重要支撑，并将

---

① 中华人民共和国生态环境部：《2020年中国生态环境状况公报（摘录）》，《环境保护》2021年第11期。

② 参见朱淇齐、刘育铭：《安溪山都村：以生态之笔绘就乡村振兴好景图》，2022年12月27日，见http://city.ce.cn/news/202212/27/t20221227_7354398.shtml。

③ 参见任啸：《推动研学旅行与乡村振兴同频共振》，《中国旅游报》2022年6月16日。

乡村教育振兴视为乡村振兴的应有内容。我们应按照习近平总书记的重要指示精神，不仅要高度重视乡村教育对于推动乡村振兴的独特价值和深远意义，更要明晰乡村教育赋能乡村振兴的原理，即乡村教育通过直接育人和跨界融合的方式，能够全面提升个体的知识结构、技能水平、人文素养和精神风貌。具体而言，乡村教育致力于培养全面发展的人才，通过对个体理性思维的启迪、知识体系的丰富和完善、心灵世界的滋养及高尚品格的塑造，使其具备促进乡村发展、推动乡村进步的能力。这样的个体不仅能够积极推动乡村经济社会各项事业的发展，还能在实践中提升自身的生命质量，实现人生价值的最大化。同时，蓬勃发展的乡村社会为乡村教育振兴提供了肥沃的土壤和鲜活的实践舞台。随着乡村现代化进程的加快，乡村社会蕴含了更为丰富的教育资源和教育需求，这种潜在的“回馈”机制有力地加速了乡村学校硬件设施的升级，促进了教师队伍的专业成长，推动了更具时代性和针对性的课程内容创新，从而实现了乡村教育资源的迭代更新。在这个意义上，乡村教育与乡村社会形成了相辅相成、共生共荣的良好互动关系，为实现乡村振兴的伟大目标奠定了坚实的基础。

第三章

乡村教育促进乡村振兴的实践困境与政策因应

深入了解乡村教育促进乡村振兴的实践困境是探寻乡村教育促进乡村振兴有效策略的重要基础。中华人民共和国成立后，在中国共产党的坚强领导下，在广大乡村民众的共同努力下，乡村教育事业取得了令世人瞩目的成就，为乡村建设提供了强有力的支持。但是总的来说，长期以来，在城乡二元体制、乡村教育资源匮乏、乡村教育日趋离土化、“教育无用论”的传统观念及“急于见成效”的传统思维等多重因素的制约下，乡村教育促进乡村振兴依然存在着能力不强、动力缺乏、支持不足、功能弱化等实践困境。因此，新时代以来，党和政府出台了一系列重大政策，着力破除乡村教育历史积弊，推进乡村教育与乡村建设协调发展。

一、中华人民共和国成立后乡村教育发展的历史成就

在迈向第二个百年奋斗目标的重要历史节点，总结中华人民共和国成立后乡村教育发展的历史成就，既有助于我们把握长久以来乡村教育

发展的薄弱之处，也能使我们更加清楚未来乡村教育应该如何发展才能促进乡村振兴。中华人民共和国成立后，乡村教育发展的历史成就可以从不同维度进行归纳与分析，这里仅从义务教育、办学经费、办学条件、师资队伍四个成就最为突出的维度进行分析。

（一）义务教育全面普及

"旧中国80%以上的人是文盲，农村中文盲的比重更大。全国学龄儿童入学率通常在20%左右。"[①]中国共产党特别注重提高人民的文化水平，中华人民共和国成立后就提出"实行普及教育"的主张。可是中华人民共和国成立初期财政经费极端紧缺，政府无力普及教育，因此确立了"城市教育国家办、农村教育农民办"的办学方针。虽然这相当于把办学的任务交给了农民，但是由于农村历来有办学传统，因此，广大的农民群众出于对接受文化知识的渴求，在农村建立起大量的民办小学、简易小学、半日制小学等教育机构。在一些经济发达的省份，如江苏省，到了1965年，全省耕读小学发展到了三万余所，贫下中农子女入学率达到了91%。[②]虽然"文化大革命"的十年，我国义务教育经历了一些曲折，但是有学者统计，到了1976年，我国已经达到初步普及小

① 杨卫安：《中国城乡教育关系制度的变迁研究》，东北师范大学出版社2015年版，第146页。

② 参见张乐天：《新中国成立以来农村教育政策的回顾与反思》，北京师范大学出版社2016年版，第108页。

学教育的水平，初中阶段的教育也得到一定程度的普及。[①]

改革开放之后，我国农村教育掀开了新的篇章。20世纪80年代中期，《中共中央关于教育体制改革的决定》明确提出要“实行九年制义务教育”。1986年，《中华人民共和国义务教育法》的颁布，使实施九年制义务教育获得了法律地位，我国正式建立起了义务教育制度。20世纪90年代之后，普及九年制义务教育成为教育发展的“重中之重”，教育主管部门加大了规范和指导乡村义务教育的力度。[②]到了20世纪末，我国义务教育事业取得显著成绩。普及九年制义务教育的地区人口覆盖率达到了85%，“普九”验收的县（市、区）总数达到2 541个（含其他县级行政区划单位156个），11个省市已按要求实现“普九”，如期实现了党的十四大所提出的“基本普及九年义务教育”的目标。[③]

总体来看，经过不断的努力，乡村义务教育全面普及已经卓有成效，义务教育开始向着城乡优质均衡发展的新阶段迈进。截至2010年底，全国2 856个县（市、区）全部实现“两基”（基本普及九年义务教育、基本扫除青壮年文盲），全国“两基”人口覆盖率达到100%。小学学龄儿童净入学率达到99.70%，初中阶段毛入学率达到100.1%。[④]这些数据表明国家“普九”攻坚工作顺利完成，实现了全面普及义务教

① 参见廖其发：《新中国70年义务教育的发展历程与成就——兼及普及教育》，《西南大学学报（社会科学版）》2019年第5期。

② 参见廖其发：《新中国70年义务教育的发展历程与成就——兼及普及教育》，《西南大学学报（社会科学版）》2019年第5期。

③ 参见教育部：《2000年全国教育事业发展统计公报》，2001年6月1日，见http://www.moe.gov.cn/jyb_sjzl/sjzl_fztjgb/tnull_843.html。

④ 参见教育部：《2010年全国教育事业发展统计公报》，2012年3月21日，见http://www.moe.gov.cn/srcsite/A03/s180/moe_633/201203/t20120321_132634.html。

育。[①]从2019年底到2022年底，严峻复杂的国内外形势特别是新冠疫情在全球的扩大蔓延给我国教育发展造成了严重的冲击。在这艰难的三年中，教育系统坚持以习近平新时代中国特色社会主义思想为指导，积极推进教育事业发展，义务教育普及与巩固水平仍旧实现了进一步提高。《2021年全国教育事业发展统计公报》显示：2021年，小学阶段在校生为1.08亿人，比上年增加54.58万人，增长0.51%；毕业生1 718.03万人，比上年增加77.71万人，增长4.74%。全国共有初中5.29万所（含职业初中9所），比上年增长0.12%。初中阶段在校生为5 018.44万人，比上年增长2.12%；毕业生1 587.15万人，比上年增长3.38%。全国九年义务教育巩固率达95.4%。[②]

（二）办学经费持续增长

中华人民共和国成立以来，中国乡村教育经费投入体制经历70年的改革与发展，特别是2012年教育总经费投入占国内生产总值（GDP）比例超4%以来[③]，投入机制逐步健全，支出结构不断优化，中西部和乡村教育经费投入持续增长，成效非常显著，有力地推动了乡村教育事业

---

① 参见廖其发：《新中国70年义务教育的发展历程与成就——兼及普及教育》，《西南大学学报（社会科学版）》2019年第5期。

② 参见教育部：《2021年全国教育事业发展统计公报》，2022年9月15日，见http://www.gov.cn/xinwen/2022-09/15/content_5710039.htm。

③ 参见《国务院办公厅关于进一步调整优化结构提高教育经费使用效益的意见》，2018年8月27日，见http://www.gov.cn/zhengce/content/2018-08/27/content_5316874.htm。

的发展。

据统计，“十三五”时期中央财政累计安排教育补助经费达7 495亿元，其中，用于农村地区的教育经费占比保持在90%左右，用于中西部地区的教育经费占比保持在80%以上。“全国每年约1.57亿学生免除学杂费并获得免费教科书，2 500多万家庭经济困难学生获得生活补助，约1 400万进城务工农民工随迁子女实现生均公用经费基准定额和‘两免一补’经费可携带，营养改善计划惠及约3 200万贫困地区学生。”[①]《中国农村教育发展报告2020—2022》一书对农村义务教育经费投入进行了详细的调查分析，结果显示近年来农村义务教育经费投入持续增长。“2020年全国普通小学生均一般公共预算教育事业费支出达11 654.53元，较2015年的8 838.44元增长31.86%。其中，农村为11 178.71元，较2015年的8 576.75元增长30.34%”，“2020年，全国普通初中生均一般公共预算教育事业费支出达16 633.35元，较2015年的12 105.08元增长37.41%。其中，农村为15 112.10元，较2015年的11 348.79元增长33.16%”。[②]

（三）办学条件不断优化

良好的办学条件是实现乡村教育高质量发展的前提。自中华人民共

① 林焕新：《中央财政下达城乡义务教育补助经费1 739.3亿元 着力推动义务教育均衡发展和城乡一体化》，《中国教育报》2021年5月19日。

② 邬志辉、秦玉友等：《中国农村教育发展报告2020—2022》，科学出版社2022年版，前言第vii页。

和国成立以来，我国乡村学校办学条件相关政策依次历经从“能上学”“有学上”“办好学”到“上好学”的阶段演进。尤其是近年来，相关政策内容越来越多元，办学条件相关标准越来越清晰，更加贴合乡村教育发展的实际，有力保障了乡村教育稳定、有序、健康的发展。①时至今日，乡村教育已经从20世纪90年代的“泥屋子、土台子”，没有粉笔就用树棍在地上写画，到现在即使是不富裕的村庄，“最漂亮的建筑准是学校”，乡村办学条件发生了翻天覆地的变化。②

1. 乡村学校标准化建设不断加强

乡村中小学校大规模翻建、改建与新建，乡村学校标准化建设不断加强，城乡差距持续缩小。自2013年起，国家启动了县域义务教育基本均衡发展督导评估认定工作。“基本均衡督导的重要内容之一，就是以标准化建设为抓手，推进义务教育薄弱学校办学条件改善。”③根据对相关数据的计算，在普通小学标准化建设达标情况上，“2016—2018年城乡之间的差距较大，明显呈现出‘城优于镇、镇优于乡’的梯形状分布态势。但自2018年起，逐渐呈现出‘镇优于城、城优于乡’的分

① 参见陈坤、秦玉友、李慧：《农村义务教育学校办学条件政策演进及其价值理路》，《湖南农业大学学报（社会科学版）》2020年第3期。

② 参见庄电一：《无边光景一时新——西部大开发为教育强本固基巡礼》，《光明日报》2010年7月3日。

③ 教育部教育督导局：《全国县域义务教育均衡发展 国家督导评估认定有关情况介绍》，2022年6月21日，见http://www.moe.gov.cn/fbh/live/2022/54598/sfcl/202206/t20220621_639114.html。

布态势”[①]。在初中标准化建设方面，“从城乡的比较来看，城镇和乡村初中在2016—2020年各项指标总体上均呈逐年递增趋势，自2018年起，城乡初中的差距明显缩小，标准化建设成效显著，逐渐呈现出‘镇优于乡、乡优于城’的分布态势”[②]。如今，“在中西部广大农村地区，义务教育学校校舍大都是当地最漂亮、最牢固的建筑，成为一道道靓丽风景”[③]。

2. 乡村学校信息化建设不断加强

信息化建设是扩大优质教育资源覆盖面、促进城乡教育一体化、赋能乡村教育振兴的有效举措。2016—2020年，从城乡比较来看，乡村小学和初中在“生均图书册数”“生均计算机数”“信息课生师比”这三个指标上均有优势，只是在“建立校园网学校比例”这一指标上存在劣势。[④]我国各省市都非常注重推进教育信息化建设，具体措施包括颁发教育信息化建设的总体规划与指导意见、制定相应的建设标准、加大资金投入等。例如，“2022年，淄博市周村区投资700余万元，为所有中小学和幼儿园配备了1 345块电子班牌，进一步提升了全区教育信息化

---

① 邬志辉、秦玉友等：《中国农村教育发展报告2020—2022》，科学出版社2022年版，第62页。

② 邬志辉、秦玉友等：《中国农村教育发展报告2020—2022》，科学出版社2022年版，第63页。

③ 教育部教育督导局：《全国县域义务教育均衡发展 国家督导评估认定有关情况介绍》，2022年6月21日，见http://www.moe.gov.cn/fbh/live/2022/54598/sfcl/202206/t20220621_639114.html。

④ 参见邬志辉、秦玉友等：《中国农村教育发展报告2020—2022》，科学出版社2022年版，第69页。

整体水平”[①]。

（四）师资队伍稳步提升

中华人民共和国成立以来，为了使乡村青少年儿童能够享有优质教育，中央和地方各级政府一直积极推进乡村教师队伍建设。总体来看，目前乡村教师的总量持续增长、学历显著提升、年龄结构较为合理。

1. 乡村教师总量持续增长

长期以来，我国乡村师资方面最突出的问题就是乡村中小学师资数量严重不足，最为直接的表现是2000年以前我国存在数量巨大的民办教师、代课教师。这两类教师在乡村地区，特别是在偏远贫困乡村地区的教师队伍中占比很大。进入21世纪以后，随着制度供给的持续改进，乡村师资数量持续增长。在小学阶段，2001年城乡师生比分别为1∶19.21、1∶22.07，随后城乡师生比差距不断缩小，2006年之后，师生比乡村始终优于城市。到2020年，城乡小学师生比分别为1∶21.92、1∶17.75。在初中阶段，2001年城乡师生比分别为1∶16.67、1∶19.84，随后城乡差距不断缩小，2010年之后，师生比保持在乡村优于城市的状态中。2020年，城乡初中师生比分别为1∶13.04、1∶12.54。师生比乡村优于城市，说明现阶段我国大力支持乡村教师供给，乡村教师总量

---

① 魏海政、何晋翔、郑燕飞：《山东淄博周村区多措并举着力提高教育信息化水平——以信息化赋能乡村教育振兴》，《中国教育报》2023年2月20日。

持续增长。[①]

2. 乡村教师学历显著提高

“2020年，全国小学专科及以上学历数师的比例为97.9%，较2015年提高了6个百分点，其中，城市小学为99.3%，农村小学为97.1%，城乡小学教师学历差距由7.6个百分点缩小到2.2个百分点。全国初中本科及以上学历教师的比例为88.6%，比2015年提升了8.4个百分点，其中，城市初中为93.8%，农村初中为85.4%，尽管城乡仍相差8.4个百分点，但与2015年相比已经缩小了4.7个百分点。”[②]从城乡教师学历差距越来越小的趋势可知，乡村教师学历显著提高。

3. 乡村教师年龄结构较为合理

通过计算城市和农村内部各年龄段教师人数所占比例发现，小学阶段，“在34岁及以下的年轻教师中，城市教师比例为41.11%，农村教师比例为38.26%；在35—49岁的中年教师中，城市教师比例为46.70%，农村教师比例为43.77%；在50岁及以上的年长教师中，城市教师比例为12.19%，农村教师比例为17.97%。……整体来看，农村小学教师年龄结构较为合理，但是与城市相比，农村小学教师的老龄化

① 参见邬志辉、秦玉友等：《中国农村教育发展报告2020—2022》，科学出版社2022年版，第273—274页。

② 邬志辉、秦玉友等：《中国农村教育发展报告2020—2022》，科学出版社2022年版，前言第vi页。

较为严重，尤其是艰苦偏远地区的小规模学校教师”[①]。初中阶段，“在34岁及以下年轻教师中，城市教师比例为32.79%，农村教师比例为32.74%；在35—49岁中年教师中，城市教师比例为48.36%，农村教师比例为48.68%；在50岁及以上的年长教师中，城市教师比例为18.85%，农村教师比例为18.57%。……农村初中教师的年龄结构较为合理”[②]。

二、乡村教育促进乡村振兴的实践困境

（一）乡村教育促进乡村振兴的能力不强

乡村教育能否赋能乡村振兴，首先取决于乡村教育自身的能力。然而，从现实来看，当前乡村教育促进乡村振兴的能力不强，突出表现在乡村教师服务乡村振兴的能力有限和乡村教育培养的人才与乡村振兴需求存在差距。

---

① 邬志辉、秦玉友等：《中国农村教育发展报告2020—2022》，科学出版社2022年版，第277—278页。

② 邬志辉、秦玉友等：《中国农村教育发展报告2020—2022》，科学出版社2022年版，第278—279页。

1. 乡村教师服务乡村振兴的能力有限

（1）现代化使乡村教师的知识权威日渐式微

自秦设郡县以后的两千多年，县级政府成了国家权力的最末端。县级以下的广大乡村，国家并没有设置行政机构，乡村不受国家直接控制。而县级政府也只是负责乡村基本的税收和徭役等，对于乡村社会的治理则交由有能力、威望、知识、财富的乡绅[①]，即“皇权不下县，县下靠乡绅”。在中国古代社会，“生于斯，长于斯”的乡村塾师，除了具备科举考试的应试知识之外，还熟知乡村社会中各种实用的风俗习惯、农业知识、生活技能和礼俗文化等。广博的知识使乡村塾师既承担着教育的本职工作，还担当着重要的乡贤角色，是乡绅群体中的重要成员。除了教书育人以外，在乡村的冠、祭、祝、会、誓等礼仪活动中，在断案定理、宣传政策、签订契约文书等法律、政治、经济活动中，我们都可以看见乡村塾师活跃的身影。可以说，古代社会乡村塾师的作用不仅限于“传道、授业、解惑”的范畴，他们积极参与乡村社会建设，或指导乡民礼仪生活、调节乡民生活矛盾，或为民申冤、代官化民等。[②]总之，乡村塾师不仅仅是文化知识方面的教育者，更是乡村治理的协助者、乡村礼教的承担者。[③]

① 参见殷民娥：《培育乡贤“内生型经纪”机制——从委托代理的角度探讨乡村治理新模式》，《江淮论坛》2018年第4期。

② 参见刘晓东：《“君师治教”与明代塾师的社会角色——兼及中国近世士人职业群体整合的内在障碍》，《社会科学辑刊》2010年第2期。

③ 参见肖正德：《传统乡村塾师的乡贤角色及当代启示》，《社会科学战线》2020年第11期。

在中国古代社会，乡村教师之所以能够凭借自身的智识更多地参与乡村社会建设，主要是因为乡村文化的“荒漠化”。在古代，整个社会的文盲率非常高，乡村社会能够读书识字的人更是不多。据统计，1949年中华人民共和国成立时，我国的文盲率还高达80%。因此，识字的、有文化的人士很容易成为乡贤。从1912年到中华人民共和国成立，乡村教育运动的起点也正是缘于乡村文化的“荒漠化”，不论乡村教育运动各派的理念存在何种差异，推进“文字下乡”“除文盲、作新民”都是各派主张的重要内容。而中华人民共和国成立后，随着我国在乡村大力开展“扫盲”运动和普及教育运动，乡村社会文盲充斥的状况已不复存在。[①]改革开放之后，随着现代化的加速推进和市场经济的发展，大量的农民进入城市工作、学习与生活。经过多年的磨砺，进城务工的农民群体获得了丰富的工作经验，其眼界更加开阔，思想观念更加开放。可以说，他们所拥有的知识不一定比乡村教师狭窄和落后。当前，随着互联网、计算机及手机等移动通信设备的全面普及，乡村的农民也不再需要依靠乡村教师，而是通过网络就可以获取农业生产、商品买卖、法律法规、就业指导、时尚风潮等各种知识，在线学习各类课程。因此，乡村教师所具备的知识已难以满足乡村民众的生产生活需要，其自身也难以引领一方文化发展，他们的知识权威日渐式微。

（2）专业化削弱了乡村教师的乡村建设能力

在强调融通和中庸的中国传统文化的影响下，我国古代的知识分类比较笼统，文史哲基本不分。所谓的经史子集是一种将宗教、政治、文

① 参见刘秀峰、蔡莹桥：《乡村教师成为新乡贤的困境与限度》，《教育与教学研究》2022年第7期。

化理念融为一体的文化模式，它们浑然一体、难分难离。[①]因此，古代的教师既拥有自然知识、乡土知识，也拥有人文知识、社会知识、政治知识。通过《论语》这部记述孔子及其弟子言行的儒家经典著作就可以看出，被誉为“万世师表”的孔子拥有哲学、政治、教育、经济、自然等多种知识。事实上，不仅仅是孔子、孟子、老子等至圣先师如此，在中国古代的历史发展中，乡村教师也是一群把各种各样知识集于一身的人。正因为乡村教师拥有广博的知识，他们才能够以一种具有影响力的身份参与乡村社会的建设与发展，并得到乡村民众的认同与信任。

文艺复兴运动之后，人类把作为一个整体的自然界分解为各个部分，逐渐产生了对自然进行分门别类研究的各种自然科学。到了17、18世纪，物理学、天文学、生物学等许多自然科学相继从哲学母体中分化出来，成为独立的科学，形成了严密的科学体系。这一分化使人类原有的统一的知识结构发生了根本的变化，以前那种包罗万象、浑然一体的知识再也维持不下去了。[②]与科学密切相关的是学科与专业，其中不同的学科就是不同的科学知识领域，不同的专业又以不同的学科为基础，是学科在社会实践中的具体化。进入近代社会之后，在社会分工的驱动下，学科越分越细、每门学科的知识越来越多，不同职业领域的人专注于各自的领域而无暇他顾。[③]由于每一门学科只是从某个视角、以某种方法所形成的对这个世界的认识，因此，职业高度专业化不仅造成专业

① 参见袁曦临：《学科的迷思》，东南大学出版社2017年版，第79页。

② 参见曹兴：《哲学净化与绝对的合理对话》，民族出版社2005年版，第127页。

③ 参见张德昭：《通识教育与现代性批判》，上海三联书店2021年版，第21—22页。

之间的隔阂，即某一专业领域的人很难对非本专业领域的问题发表意见、作出贡献，而且个人职业发展也将因为知识的局限性而受到制约。

从某种意义上来说，社会现代化的过程也是各种职业不断专业化的过程。教师职业的发展也是如此，也同样存在专业化的问题。教师专业化的重要支柱是知识专业化，具有完善的专业知识是专业化教师的典型标志。毫无疑问，乡村教师专业化对于提升乡村教育质量，缩小城乡教育差距具有重要意义。但是，随着知识日益分化，专业化特征日益明显，当前乡村教师的知识面相对狭窄。同时，许多专家学者、乡村学校、地方教育行政机构过于强调教师的专业发展维度，以乡村教师的学科知识、教学技能作为评价教师的重要标尺。这就很可能导致乡村教师片面追求专业化发展，缺失了在面对乡村社会公共领域中许多非专业问题时发表意见的知识基础。①

目前乡村教师服务乡村振兴能力不足还突出地表现在缺乏基本的乡土知识，没有能力参与乡村社会各种活动。虽然许多乡村教师从小生活在乡村，但是通过现代教育的培育，尤其是接受高等教育之后，不少乡村教师更熟悉、更向往的是城市文化，乡土知识被淡化。乡村教师的“城市化”倾向使他们与乡村民众、乡村社会隔离开来，他们既没有意愿，也没有能力参与乡村建设。此外，近年来，国家通过教师交流轮岗政策、免费师范生政策等鼓励城市教师或者大学生毕业后长期在乡村从教。可是，这些来自城市的“乡村教师”不熟悉乡村的自然、人文与社会知识，因此无法充分参与乡村社会公共生活。

---

① 参见蒲阳：《教师知识分子特征的失落与复归——教师专业化背景下的反思》，《教育发展研究》2010年第6期。

除了社会公共领域，教师职业过于专业化也会导致乡村教师无法为乡村建设培养出全面发展的人。我国著名教育家叶澜先生明确表示，不赞成简单地提“教师专业发展”，而应提“教师发展”。在她看来，目前教师对专业发展太看重了，忽视了自己作为一个全人发展的问题。乡村教师在学生面前呈现的是全部的人格，学科教学需要乡村教师对多种知识进行多层次、创造性开发、转换与复合才能完成。[①]因此，乡村教师仅仅具备专业知识，仅仅作为专业技术人才，对于乡村建设肯定是不够的。

2. 乡村教育培养的人才与乡村振兴需求存在差距

乡村教育是培养乡村人才的基本途径。进入新征程，乡村振兴对乡村人才的需求呈现出更加广泛多样、更加综合系统的新特点。[②]然而，目前无论是人才类型、人才能力还是人才规模，乡村教育的人才供给与乡村振兴的人才需求都存在较大差距，乡村教育促进乡村振兴的能力显得非常不足。

（1）乡村教育人才培养类型不合理

在乡村振兴背景下，乡村教育应立足乡村，为乡村的全面发展需求提供匹配的人才。然而，目前无论是东部发达地区还是西部落后地区，乡村职业院校的专业设置与乡村本地的产业、文化、生态等各方面发展

① 参见叶澜、王枬：《教师发展：在成己成人中创造教育新世界——专访华东师范大学叶澜教授》，《教师教育学报》2021年第3期。

② 参见崔芮铭、郭立亚：《深化乡村振兴人才需求教育》，《中国农业资源与区划》2022年第11期。

的方向都存在偏差，培养目标、教学内容、教学方法等存在问题，由此导致所培养的人才不能充分满足乡村振兴的需求。

乡村产业振兴必须要有一批高素质的农业科技人才，而这类人才的培养主要依靠各类型、各层次的职业院校，特别是农业教育学校。可是目前一些地区的农业教育没有面向区域农村经济建设的实际情况设置专业，由此出现了院校之间专业设置重复度高，与现代农业的需求相差较远等问题，最终造成培养的人才不适应乡村振兴的现实需要。例如，2021年，在政协云南省第十二届委员会第四次会议上，“云南省政协农业和农村委员会在一份集体提案中指出，目前，云南农业职业院校‘农’的特色有所淡化，专业设置与农业产业发展契合度不够深，院校之间专业重合度较高”[①]。还有一些学校农科类专业仍然以传统农业为主，并且缺乏地域特色，跟不上当地乡村振兴的步伐，不能满足农民对提高农业生产、加工、经营等各种技能的需求。[②]

广西、云南等西部地区的乡村虽然经济水平较为落后、地形地貌复杂、宜耕地面积有限，但是当地非常丰富的自然生态资源为乡村产业振兴创造了契机。如果当地乡村职业教育的专业设置能够立足本地乡村，完全可以充分发挥乡村教育赋能乡村产业振兴的作用。可是西部一些乡村职业院校的专业设置未能根据当地产业发展与资源优势进行布局，未能及时向乡村输送急需的人才。如有研究者调研了云南、广西边境民族

① 张文凌：《云南省政协委员指出：农业职业院校“农”特色淡化》，2021年2月1日，见https://edu.youth.cn/wzlb/202102/t20210201_12691591.htm。

② 参见宋华明、余柳、单正丰：《现代农业发展与农业科技人才分层培养：问题与对策》，《南京农业大学学报（社会科学版）》2014年第4期。

地区的14所县级农村中等职业学校，具有地域优势的农产品开发与加工、中药材等相关专业均未开设；对应第三产业的专业占比最高，可是与乡村特色和优势产业实际需求的匹配度不高，能够带动地区特色文化产业发展的专业偏少。[①]

（2）乡村教育人才培养能力普遍不强

还有一些乡村职业院校、农林高校在人才培养的能力上存在问题，由此导致人才质量不高，严重影响了乡村振兴的人才供给。在培养模式上，目前乡村职业教育以学历教育为主，轻视非学历教育，并且学历教育与非学历教育之间存在明显的界限，而非学历教育对于切实提高劳动者素质、助力乡村振兴具有非常重要的意义。在培养对象上，按照职业院校的惯例，属于正规教育的课程体系仅向农村适龄学习者开放。事实上，年长一代的农民群体具有更深厚的乡土情怀，是振兴乡村不可忽视的坚实力量，而那种短期性的培训课程很难切实提升他们的专业知识与技能素养。[②]在培养方式上，乡村职业院校和农林高校的教育实践性很强，在人才培养中需要大量对口的实习实践。可是目前两类学校缺乏面向农业、农村发展的人才培养思维，过分注重课堂理论学习，轻视在实践中研究与学习，严重抑制了人才实践能力的提升。[③]在办学条件上，农职院校普遍存在实训基地面积狭小、动植物品种少、技术落后等问

① 参见李丽、杨如安：《乡村振兴背景下边境民族地区农村职业教育的困境与路径》，《云南师范大学学报（哲学社会科学版）》2020年第4期。

② 参见王扬、乐晶：《技能资本：农村职业教育助力乡村振兴的内在机理与行动逻辑》，《中国电化教育》2022年第5期。

③ 参见陈良超、周杰、周天山：《乡村振兴背景下农林人才实践能力培养的困境与出路》，《高等农业教育》2022年第4期。

题，个别农校虽然开设了养殖和种植专业，但没有一只活体实验动物和一块试验田，完全不能支撑高质量的实验实训课程，严重影响农业人才质量。[1]《中国农村教育发展报告2020—2022》显示，农村职业教育生均办学条件与职业技术培训机构生均办学条件差距继续扩大。[2]此外，很多职业院校（机构）的实践培训基地集中在城市或者县城，学生几乎没有实地了解农村、农业的实践学习机会，这也是造成人才实践能力比较薄弱的原因。总之，乡村职业院校（机构）、农林高校的人才培养能力不强，由此造成乡村人才能力不强，影响乡村教育服务乡村振兴的水平。

培养乡村人才，不仅仅是乡村职业院校、农林高校的责任，也是乡村中小学、乡村幼儿园的责任。让乡村青少年儿童在中小学甚至幼儿园阶段学习乡土知识，掌握一些乡村生产与生活的知识与技能，有助于较早地建立起他们与乡村社会的联系，更有可能使其成人之后为乡村建设作出贡献。在当前的教育改革中，越来越多的幼儿园和学校注重利用乡土资源，开发校本课程。然而，有些乡村园过分热衷于乡土特色课程，这种“为了特色而特色”的课程反而抑制了儿童的创造性。[3]还有相当一部分幼儿园和中小学教师不善于把乡土资源转化为教育资源，由此导致乡土课程内容浅显粗疏，没有发挥出乡土教育应有的育人作用。

---

① 参见禤美琦、贾红杰：《广西中等农业职业学校“留农”与“离农”发展问题研究》，《教育与职业》2021年第14期。

② 参见邬志辉、秦玉友等：《中国农村教育发展报告2020—2022》，科学出版社2022年版，第154页。

③ 参见杨柳：《乡村园不能一味追求乡土特色课程》，《中国教育报》2023年12月3日。

（3）乡村教育人才培养规模偏小

我国职业院校的数量和在校生的体量庞大，但院校规模大并不代表为乡村培养的人才规模大。目前，乡村教育促进乡村振兴的能力不足还突出体现在乡村教育培养的乡村人才规模偏小，无法满足乡村振兴对人才的数量需求。

根据《中国教育统计年鉴（2012—2020年）》的数据计算，2012—2020年，我国农村职业教育机构数量显著下降，农村中等职业教育招生数量持续下降，高中阶段农村职业教育的招生数和毕业生数量呈下降态势，普通高等学校本科、专科的农学科毕业生数的增幅程度显著低于总体水平。[①]邬志辉等学者通过对相关数据的计算发现，在2012—2020年间，虽然农村职业教育师资存量显著不足，但是中等职业学校（机构）生师比还是得到不断优化，其主要原因就在于，农林牧鱼类学科在校生数量大幅减少。[②]

与城市相比，乡村在经济、教育、交通、医疗等方面都比较落后，乡村社会和乡村家庭对个体在乡村发展的认可度不高，人们也更向往城市的工作与生活，种种原因导致乡村教育更倾向于为城市而不是乡村培养人才。目前，无论是乡村基础教育，还是乡村职业教育，我国乡村教育普遍将目标定位于为城市经济与社会发展培养人才，乡村教育严重的城市化取向使其培养的乡村人才数量严重不足。例如，根据陕西某县的

① 参见邬志辉、秦玉友等：《中国农村教育发展报告2020—2022》，科学出版社2022年版，第154—161页。

② 参见邬志辉、秦玉友等：《中国农村教育发展报告2020—2022》，科学出版社2022年版，第156页。

经济发展特点，当地职业教育完全可以依托其特色农业产业开设专业、开发课程。可是为了保障就业率，迎合家长和学生的就业需求，全县三所职业学校立足于沿海地区企业的用工需求，将大量的精力用于为城市经济发展培养合格的劳动力。据调查，三所学校80%的毕业生都选择或者“被选择”在大中型城市的私企或者工厂工作，许多学生毕业后成为制造业流水线上的城市工人。[①]有研究者通过调查云南边境地区某县的职业高中毕业生就业率发现，“应产生‘蓄水池’效应的农村职业教育却产生了‘抽水机’效应，把边境人才抽向了城市”。据统计，在2014年至2018年的五年间，虽然县职高毕业生就业率均超过96%，但是平均就业率省外高于省内，这意味着乡村教育没有为本地乡村振兴培养足够数量的人才。[②]

（二）乡村教育促进乡村振兴的动力缺乏

1. 现代乡村教育深陷“离农”的现实困境

在古代社会，私塾、社学、义学、庙学等多种形式的乡村教育机构是乡村社会的中心。这些教育机构一般由当地有学识的塾师私人创办或者乡村民众、宗族集体建立，其教育内容、教育地点、教育时间、教育目的紧密联系乡村生产生活的实际情况，服务着乡村社会发展。例如，

① 参见李延平、陈鹏、祁占勇：《我国当代农村职业教育研究》，陕西师范大学出版总社2018年版，第182—183页。

② 参见李丽、杨如安：《乡村振兴背景下边境民族地区农村职业教育的困境与路径》，《云南师范大学学报（哲学社会科学版）》2020年第4期。

在元代，社学作为乡村教育的一种办学形式，含有很浓的职业教育成分，旨在恢复与发展乡村经济。社学的教师除了教授经史子集等典籍外，也要传授农桑耕种等农业生产知识，且规定“社长专以教劝农桑为务”，教材使用的是大司农司编印的《农桑辑要》一书。[①]古代乡村学校一般有农忙假，也称“田假”，每年农历五月，麦子成熟，出身农家的子弟可以休假一个月回家干农活。[②]即便有些学校没有这种假期，古代乡村学校的上课与放假时间也可以依据乡村生产、家庭需要等原因而灵活变动，如家境贫寒的孩子遇到农忙时节就要回家帮忙，这时父母完全可以和塾师商量放假的时间。

从1905年废科举、兴学堂开始，中国教育的现代化起步了，乡村教育也开启了离土化进程。在清政府的引导下而形成的各级新式学堂的地理分布、新式学堂的教学内容、各专业学堂所占比例，都体现出新式教育远远地疏离了乡村社会，受新学教育的启蒙、现代西方文化的熏陶，一些乡村精英义无反顾地涌向城市学习、工作与定居[③]。不过，辛亥革命之后，中华人民共和国成立之前，由于战争频发、国民党对广大乡村的管理缺位，与乡村社会相互隔膜的新式学校并没有普遍建立起来，乡村社会的私塾教育仍然十分盛行，遍布各地。中华人民共和国成立之后，在“城市教育国家办、农村教育农民办”的城乡二元教育制度

① 参见李森、崔友兴：《社会变迁中的乡村教育》，福建教育出版社2017年版，第54—55页。

② 参见李沈阳：《传道授业：中国传统教育》，山东大学出版社2017年版，第24页。

③ 参见郝锦花、王先明：《清末民初乡村精英离乡的“新学”教育原因》，《文史哲》2002年第5期。

下，现代学校在乡村社会真正建立起来。由于农民承担了办学的大部分责任，包括建立校舍、聘用教师、购买教材、配备教学基础设施等，参与了乡村学校建立与发展的整个过程，因此乡村教育获得了乡村民众广泛而深切的认同，乡村学校融于乡村社会中。值得注意的是，这一时期，由于当时城乡社会环境的差距没有那么大，城乡之间的联系和信息交流也没有那么紧密，因此作为乡村教育的主体，乡村师生并没有刻意通过教育离开乡村。比如，一些报考师范学校的农村学子之所以选择师范院校，是希望早日回到家乡，挑起家庭经济的重担。也就是说，农村学子通过师范院校实现了从农民到教师的职业转变，既以自己的收入补贴家庭的生活，又以自己的知识服务农村社会的发展。①

改革开放之后，国家出台了一系列改善与促进乡村教育的政策，其中最重要的一项政策就是2001年“以县为主”的教育管理体制的确立。这项政策在减轻农民教育负担，促进教育公平的同时，也带来了乡村教育“离农”的问题。因为这一政策的实质是“把城乡义务教育的发展纳入到一个共同的制度框架中，运用相同的发展目标与评价方式”②。乡村学校的教育内容、教育方法、教育目的都以城市学校为榜样，致力于为城市培养人才，乡村学校与乡村社会越来越疏远。

自20世纪90年代中后期开始，随着我国农村学龄人口数量不断下降，原有的“村村办小学”格局逐渐难以为继。因此，2001年出台的

① 参见单丽卿、王春光：《离农：农村教育发展的趋势与问题——兼论“离农”和“为农”之争》，《社会科学研究》2015年第1期。

② 单丽卿、王春光：《离农：农村教育发展的趋势与问题——兼论“离农”和“为农”之争》，《社会科学研究》2015年第1期。

《国务院关于基础教育改革与发展的决定》提出，“因地制宜调整农村义务教育学校布局”。可是，在“撤点并校”的过程中，许多地方政府采用“一刀切”的办法，将农村教学点大规模合并，而不顾这些教学点的消失可能对当地教育发展造成的消极影响。根据21世纪教育研究院的调查，“2012年，38.5%的市、县所辖乡镇中心小学已很少或没有教学点，25.9%的市、县所辖乡镇已很少或没有初中”[①]。学者邬志辉将撤点并校的进程视为乡村学校与乡村社区关系的第二次断裂，并且提出“如果乡村学校脱离了乡村社区，我们还能称之为乡村学校吗?”[②]这一尖锐的问题。

如果说“撤点并校”政策所造成的影响主要是乡村学校教育的“离农”，那么差不多同一时期，乡村家庭教育也开启了“离农”的进程。在传统的农耕时代，儿童是家庭劳动力的必要构成。因此，和学校教育一样，家庭教育作为乡村教育的重要组成部分，也是嵌入乡村社会之中的。在中华人民共和国成立前后相当长的一段时间，为了保障军需民食、分担家庭经济重担，乡村家庭教育以学做农事为主。在农业劳动中，年轻一代从年长一代那里学习了放牧、养殖、耕种、观测气象等各种乡土知识与技能。20世纪90年代，随着市场化改革的加速推进及东南沿海城市群经济的快速发展，成千上万的农民涌向广东、福建等省的沿海城市务工。进入21世纪之后，在国家大力推动城镇化、工业化的

① 21世纪教育研究院:《农村教育向何处去 对农村撤点并校政策的评价与反思》，北京理工大学出版社2013年版，第13页。

② 邬志辉:《当前我国城乡义务教育一体化发展的核心问题探讨》，《教育发展研究》2012年第17期。

背景下，流动人口剧增，农民由最初的独自外出务工逐渐过渡到举家外出务工。随之而来的是跟随务工父母进城接受教育的农村子女数量逐渐增多。[①]近年来，为了子女送城读书，一些经济状况较好的农民家庭选择在城镇买房定居下来，还有一些农村家庭为了不让孩子输在起跑线上，选择在城镇孩子所在学校附近租房陪读，形成了“陪读”热潮这一独具特色的现象。有研究者发现，那些陪读的年轻女性受到城市文化浸染，很快学会了城市人的着装打扮和生活方式，这无疑深深地影响着子女的观念。[②]从陪读现象可以看出，当前乡村家庭教育正在进行一种非正常的城市化转型。此外，即便仍然在乡村生活的家庭，父母也会利用周末、节假日等休息时间带子女进城游玩，而不是享受乡村的自然风景，乡村家庭教育已经与乡土渐行渐远。

与乡村家庭教育密切相连的还有乡村社会教育。在进入21世纪之前，中国乡村仍保持着浓厚的乡土性，乡村社会教育面向农业、农村、农民，与乡村建设的实际需求结合得非常紧密。从20世纪二三十年代的乡村建设运动就可以看出，乡村社会教育与乡村建设是合二为一的。诚如梁漱溟所说：“我们原初虽不想办教育，但往前探求我们的途径，到今日来已不觉走上社会教育一条路。试看我们推进乡村建设的机关，同时亦即为乡村组织的‘乡农学校’、‘乡学’、‘村学’，不是个例证么。

① 参见魏广文：《进城务工人员子女教育问题的研究——以北京市石景山区麻峪小学为例》，博士学位论文，中央民族大学管理学院，2012年，第2页。

② 参见雷望红：《阶层流动竞争与教育风险投资——对甘肃宁县“陪读”现象的解读》，《中国青年研究》2018年第12期。

好像两道河流，上游不是一个源头，而下游则彼此汇合为一流的。”[①]然而，今天伴随着乡村社会“离土”“离农”的加速推进，无论在数量还是内容上，乡村文化教育活动与公共文化设施都不能很好适应乡村民众生活与乡村建设的实际需求。乡村社会教育正在逐渐丧失乡土性。

从乡村教育发展的历史沿革可以看出，清末民初之后近一百年的时间里，乡村教育虽然开始出现离土化的倾向，但是没有与乡土分离。从整体上说，直至20世纪90年代，乡村学校教育仍然是乡村文化的中心，乡村的学校教育、家庭教育、社会教育与乡村生产、生活相互映照、相互嵌入，维持着浓厚的乡土特质。正如有学者所写到的，“虽然学校教育当中包含着众多城市元素，并在价值层面上为农村儿童输入了‘离农’的意识，但是农村儿童的日常生活经验没有因学校教育而发生很大改变”[②]。进入21世纪，在城镇化、工业化、网络化、教育改革等多种因素的综合作用下，乡村教育的“离农”倾向越来越强，从教育内容、地理空间、价值取向等方面全方位脱离乡村社会。应该说，乡村教育正在“告别”乡村社会，乡村社会正在“失去”乡村教育。

2.“离农”的乡村教育缺乏振兴乡村的动力

“离农”的乡村教育由于不了解乡村社会发展的实际需求，难以对乡村社会的经济、文化等各方面发展作出重要贡献，自然得不到当地民

---

① 北京师联教育科学研究所主编：《梁漱溟乡村建设理论与教育文论选读》，中国环境科学出版社、学苑音像出版社2006年版，第174页。

② 单丽卿、王春光：《离农：农村教育发展的趋势与问题——兼论“离农”和“为农”之争》，《社会科学研究》2015年第1期。

众与当地政府的认可，久而久之，乡村教育便缺乏振兴乡村的动力。

广西中等农业职业学校曾为广西基层农业人员培养和技术推广作出很大的贡献。但是进入21世纪以来，广西各农校受城乡二元结构等种种因素影响，在办学定位、人才培养等方面呈现出“离农”的发展态势，由此造成无法应对广西农业发展人才需求的变化，得不到当地企业与政府的认可，逐渐丧失振兴乡村经济的积极性。2019年，广西农业职业教育教学指导委员会对三百多家农业企业进行人才需求调查。调查结果显示，随着广西农业产业化发展，农业企业对人才学历层次要求呈现不断上升的趋势，高职生在基层农业一线起到中坚作用，企业对中职生的需求越来越少。在实际工作中，企业对高职生满意度为73.72%，对中职生满意度只有38.96%。从企业的角度来看，与高职生相比，中职生的理论知识、操作技能、吃苦耐劳精神、沟通协作意识等职业素养与核心能力相对偏弱，只能完成一般操作性的任务，能力提升空间有限。[①]现如今，难道曾经对广西农业发展作出重要贡献的中职生真的不如高职生吗？实际上，中职生能力薄弱的问题反映出广西中职农校缺乏与广西乡村经济发展的互动，没有适时根据农业产业化发展水平和农业企业需求及时调整办学形式、教育目标、教育内容等，由此导致中职生越来越得不到当地农业企业的认可，中职农校更是得不到乡镇政府的重视。在这种情况下，乡村教育服务乡村振兴的动力何在？

乡村教育的“离农”突出表现在教育主体的“离农”。在乡村教师、乡村学生、乡村家长都渴望进城的情况下，他们必然不会关心乡村振

① 参见禤美琦、贾红杰：《广西中等农业职业学校“留农”与“离农”发展问题研究》，《教育与职业》2021年第14期。

兴，乡村教育缺乏振兴乡村的动力。

首先，执教于乡野的古代儒者怀有“教化民众”的责任感与“修齐治平”的情怀。随着现代文明的发展，越来越多的乡村教师在心理上和空间上疏离乡村。今天，尽管中央和地方制定了各种向乡村教师倾斜的政策，特别是在工资待遇和职称评聘方面，但是依然转变不了他们的“离农”意愿。也正因为乡村教师强烈的“离农”意愿，有条件的教师在入职之初便“进城安家”，工作时间也只是活动于学校围墙之内，一到周末和假期便立即回到城里。因此，他们很少参与邻里乡亲的婚丧嫁娶，也不认同乡土文化、风土人情，有些教师甚至对乡村教育毫无信心和兴趣，只想早日调回城里工作。个别乡村教师完全是无法融入、也不想融入乡村的“暂居者”与“边缘人”。有调查发现，47.6%的特岗教师认为“除了学校，我不太熟悉村庄”[①]。有的老师直言不讳自己一直有离开乡村的想法，一直在参加公务员或者教师招聘考试，寻找调到县城的机会。由此可见，当前相当一部分乡村教师缺乏对乡村教育的认同感和责任感，缺乏对乡村社会的归属感和公共情怀，更加缺乏以乡村教育促进乡村振兴的动力。

其次，20世纪90年代之前，大多数乡村青少年儿童并没有意图通过乡村教育逃离乡土，至少这不是他们人生的主要目标。毫不夸张地说，如今，“离农”意识已深深地刻在乡村青少年儿童的心里，他们极度渴望逃离乡村，到国外或者国内大城市，至少是县城进行学习、工作与生活。2019年，上海财经大学的“千村调查”项目团队对江西省铅山

① 姚岩、郑新蓉：《走向文化自觉：新生代乡村教师的离农化困境及其应对》，《中小学管理》2019年第2期。

县鹅湖村的教育情况展开调查。在调研过程中，让研究者印象最为深刻的就是孩子极为强烈的“离农”愿望。一位初中女生在接受采访中说的第一句话是：“感觉江西东部这边相比其他地方好落后呀！”在被问到将来想去哪里生活时，女孩回答：“想去大城市，北京啊上海啊之类的，离这里（指鹅湖村）越远越好。”当被问及是否想回到村里时，女生斩钉截铁地回答：“不想。”还有一些甚至连外省都没去过的孩子，坚定地表示以后想去巴黎、北京、上海等大城市发展，定居在那里，不再回来。村里的一些高年级学生留在大城市的想法更加坚定，他们尽量考到县里的公立高中，几乎都已经决定考往外省的大学，并且毕业后留在大城市，没有人有回鹅湖村甚至铅山县的打算。那些实在考不上高中的学生，会选择去学费相对贵一些的县里的中专，也有初中毕业之后直接去外省务工的，没有什么人会回村里工作。[①]由此可见，在一些乡村青少年儿童的心里，乡村落后破败、城市五光十色，进城发展是他们的首要目标，他们既不关心乡村教育，也不关心乡村发展，缺乏振兴乡村的动力。

最后，在“农村教育农民办”的时代里，几乎所有的乡村民众都深切地关心乡村教育。尤其是那些有孩子的家庭，父母举全家之力助力教育，供孩子上学，让孩子通过教育获得发展，为家庭和乡村作出贡献是他们推动教育发展的不竭动力。进入21世纪之后，那些完成身份与家庭城市化转型的乡村家长，也永远失去了发展乡村教育的动力。即便是仍在乡村生活的民众也很少关心乡村教育的未来，也不让孩子参加农业生产劳动。对他们来说，让孩子进入城市读书与工作才是最为重要的事

① 参见许涛主编：《2019年中国乡村教育发展报告》，上海财经大学出版社2020年版，第278—279页。

情。仍然以鹅湖村为例，通过对当地村干部、村民和教师的采访发现，近年来，村里小学生数量不断减少、招生越来越困难。即使村小学设施整体较新，教师数量也比较充足，村民还是倾向于让孩子从一开始就进入附近的中心小学或县城的小学接受教育。[①]总之，乡村居民无论在乡村还是城市生活，他们都缺乏以教育振兴乡村的动力，在强烈的“离农”愿望的驱使下，他们最关心的是如何让子女进入城市教育系统，如何在城市更好地生活，而不是如何使乡村教育更好地发展，更不是乡村教育如何促进乡村振兴。

（三）乡村教育促进乡村振兴的支持不足

乡村教育要想发挥促进乡村振兴的基础性、先导性作用，不仅自身要有强大的内在动力，还必须具备充分的内外部支持。可是在小农意识、“教育无用论”的传统观念、“急于见成效”的功利性思维、不健全的沟通机制等因素的作用下，乡村民众（乡村家长、乡村教师、乡村学生）、地方政府、企业、高校及城市的职业院校、中小学校对乡村教育促进乡村振兴的支持尚不充足。

1. 乡村民众：心理支持不足

中国古代社会是小农社会，延续几千年的小农经济广泛存在于我国

---

① 参见许涛主编：《2019年中国乡村教育发展报告》，上海财经大学出版社2020年版，第279页。

农村地区。不像城市里的手艺人、商人、工人等可以择地而居，对于农民而言，土地是他们的全部世界和内核要素，也给予他们安全感和确定感。[①]他们不愿离开土地，“对土地的依赖，加之小农经济所具有的高度的自给自足性将中国农民的基本交往方式打上了深深的封闭主义烙印”[②]。生活在这种封闭的交往圈子里也就使得农民形成了重实用经验而轻科学技术、倾向于安于现状而反对变革创新的思想意识。改革开放之后，现代市场、现代农业冲击着农民的小农意识，但是这种意识仍然较强地支配着我国部分地区的乡村百姓。无论是乡村普通教育，还是乡村职业教育，虽然它们具有乡土性特质，但是它们在教育内容和教育方式上必须反映当前快速发展的科学知识与技术，必须强调开放进取的精神。但由于小农意识的制约，一些农民选择性排斥与传统地方知识相悖的现代化的知识与技术，或者说那些外生的非传统生产经验在乡村社会没有良好的实践条件，由此导致乡村民众对那些强调新技术、新知识的现代乡村教育与培训的认同感和接纳度较低。

从前文分析可知，长期以来，乡村教育的离农化倾向导致乡村民众对乡村教育的漠不关心。一些“一去不复返”的乡村民众还因“鲤鱼跃农门”、相互攀比、“人往高处走，水往低处流”等思想作祟而产生“排斥”“厌弃”“看不起”乡村教育的心理，甚至认为乡村教育终究会走向没落，无法促进乡村振兴。毫无疑问，与城市教育相比，无论是校园环

① 参见汤美娟：《现代教育观念的乡村遭遇》，南京师范大学出版社2019年版，第96页。

② 周晓虹：《传统与变迁：江浙农民的社会心理及其近代以来的嬗变》，生活·读书·新知三联书店1998年版，第75页。

境、硬件设施，还是师资力量、教学质量，目前乡村教育都比较落后。为了不让孩子输在起跑线上，越来越多的家长想方设法让子女进城读书。有条件的父母在城市买房，举家迁入更好的学区，没条件的家长就只能专职进城陪读。从“进城陪读”“农村教育移民潮”等主题的学术研究和新闻报道中可以清晰地看到目前乡村家长对于城乡教育态度的显著差异及其缘由。人们普遍把考上大学当作“鲤鱼跃农门”的重要途径，而就读城市学校是实现这种愿望的最佳选择。即便有些孩子在进入城市学校之后成绩没有提高，也没有考入理想的大学，甚至最终不得不退回到乡村职业学校，乡村家长也高度认同、称赞、追求城市教育，他们对乡村教育的未来没有信心。[①]

在乡村场域中，另一种根深蒂固的极端思想，就是“读书无用论”。虽然当下越来越多的农民已经认识到接受教育的重要性，但是这种重要性在他们心中的位置是不稳固的。一旦读书不能使子女获得体面的工作或者给家庭带来经济回报，他们就认为读书是没用的。在一项关于农民对“读大学是否有用”看法的田野调查中，一位农民坦言，“现在这个社会不读书是肯定不行的，至少要读到初中毕业。早点打工可以早点挣钱，而读书要花不少钱，……很多人毕业后工资还不如打工的，感觉几年的钱白花了，还少赚了不少钱”[②]。随着二十多年的高校扩招，高等教育进入普及化阶段，乡村学生考上好大学、好专业的需求更为迫切。

① 参见维扬书生：《对农村“教育移民潮”的冷思考》，2018年2月27日，见 http://szb.bozhou.cn/bzk/html/2018-02/27/content_772784.htm。

② 刘焕然、朱新卓：《读大学“有用”还是“无用”——新时期农民高等教育价值观的扎根理论研究》，《高等教育研究》2021年第10期。

但不少研究显示，在低层次的高职高专类高校，大多数学生为农村青年[1]，而在重点大学，农村学生的比例不高，并且随着本硕博学历的进阶，农村学生比例呈现逐渐下降的态势[2]。因此，一些农民受限于经济实力、子女学习能力等因素，把上学视为性价比较低的选择，认为子女与其在乡村学校按部就班地读书，还不如早点进城务工挣钱。在这种两极对立的教育价值观下，乡村民众对乡村教育促进乡村振兴的心理支持之小可想而知。

乡村教师、乡村学生对乡村教育促进乡村振兴也缺乏足够的心理支持。在中国社会现代化进程中，强势的城市文明与资源催生了城市教育的"优越性"，使得乡村教师盲目模仿甚至照搬城市教育，对乡村教育的独特优势重视不够。然而，由于主客观条件的限制，城市化的乡村教育始终无法达到城市教育的水平，乡村教师也因此陷入对自己、对乡村教育的深深怀疑之中。很多乡村教师对自身身份的认同度极低，觉得自己根本没有能力提升乡村教育质量，比不上城市教师。一些乡村教师对乡村教育的怀疑还体现在对乡村校长领导力和其他乡村教师能力的怀疑上。相关学者的调研显示，一些乡村教师认为乡村校长工作缺失视野，缺乏魄力，思路不明晰，不擅长与外界交往，缺乏拓展资源的能力，教育专业知识和理论水平不高，无法统领学校和指导教师发展。与此同时，他们对同事的教学能力也缺乏信心，认为那些教学能力比较优秀的

① 参见李春玲：《"80后"的教育经历与机会不平等——兼评〈无声的革命〉》，《中国社会科学》2014年第4期。

② 参见杨东平：《高等教育入学机会：扩大之中的阶层差距》，《清华大学教育研究》2006年第1期。

教师肯定不会留在乡村。[1]在乡村教师对自己、对校长、对同事的能力都缺乏信心的情况下，乡村学生对乡村教师和乡村教育信心不足。他们认为乡村教师不如城市教师优秀，乡村教育赶不上城市教育。综上，乡村师生在振兴乡村的实际能力有限的情况下，在心理上也较少深入考虑如何通过不同的形式给予乡村振兴有力的精神支持。

2. 地方政府：政策支持不足

乡村教育发展是一种政策主导下的发展。中华人民共和国成立以来，乡村教育的发展受到种种因素的影响，其中最重要的一个因素莫过于教育政策。[2]乡村教育的发展离不开资金、设施、人才等各种资源的支持。而政府在资源配置中居于重要地位，教育政策充分反映出政府对乡村教育的重视程度。如果政府高度重视乡村教育，就会加大对乡村教育的政策倾斜力度，乡村教育也就会得到充分的资源支持。党的十八大以来，在习近平新时代中国特色社会主义思想的指导下，党和政府出台了一系列支持乡村教育的政策。如，党的十九大报告提出要“城乡融合发展”，“推动城乡义务教育一体化发展，高度重视农村义务教育”[3]，2019年2月中共中央、国务院印发的《中国教育现代化2035》明确提出

① 参见鲍传友：《农村薄弱学校的信心缺失与信任重建》，《中国教育学刊》2017年第3期。

② 参见张乐天：《新中国成立以来农村教育政策的回顾与反思》，北京师范大学出版社2016年版，前言第2页。

③ 习近平：《决胜全面建成小康社会 夺取新时代中国特色社会主义伟大胜利——在中国共产党第十九次全国代表大会上的报告》，《人民日报》2017年10月28日。

“基本公共教育服务均等化”，要求“推进城乡义务教育均衡发展”，推动乡村教育现代化建设。可是，受“急于见成效”的功利性思维的影响及一些地方政府的有限能力的制约，我国一些基层地区仍然存在着重城市教育轻乡村教育、重经济建设轻教育发展的现象。

近年来，基层政府制定各种政策在补助、奖励、职称评聘、师资培养与流动等方面向乡村教育倾斜，然而，从统计数据来看，基层政府依然存在严重的轻视乡村教育的倾向。有统计数据显示，整体来看，城乡间生均公用经费支出和基建支出差距扩大，2016年以来生均公用部分的城乡差距扩大趋势更加明显，2013年以来中西部地区生均基建部分的城乡差距持续扩大。此外，一些财力较充足的地区在基础性生均公用经费的基础上增加了发展性公用经费，进一步拉大了东西部和城乡学校公用经费水平的差距。例如，郑州市对市本级学校除了给予基础性的学校公用经费之外，还根据学校办学发展规律安排了专项运转经费、发展经费、教师素质提升经费三类项目支出。又如杭州市西湖区在省定普通小学将基础性公用经费提高至小学每生每年880元、初中每生每年1 140元，此外，西湖区还安排了发展性公用经费，校长对发展性经费有一定的自主权，可以用于开发素质拓展课程等。[①]就对乡村产业发展具有重要作用的职业教育来说，有研究者发现，目前一些地方政府对城市职业院校的关注远远大于对乡村职业院校的关注，将高质量的教育资源向城市区域集中，很多地方的农职院校因经费缺乏、设备陈旧、师资薄弱等

① 参见魏易、朱蕾娜、季楚煊：《我国义务教育生均经费支出水平城乡差距分析报告》，见北京大学中国教育财政科学研究所：《中国教育财政政策咨询报告2022年》，第8—9页。

陷入困境，难以运转，几乎形同虚设。[①]这些数据与案例充分反映出无论是财政经费投入还是公共教育资源供给，一些基层政府依然重视城市教育，忽视乡村教育，实行向城市倾斜的教育政策。

政绩观是领导干部对政绩的认识，直接决定了他们的行为选择，充分反映出他们的价值取向。党的十八大以来，习近平总书记反复强调中国共产党人的政绩观不是片面的政绩观，而是全面的政绩观，即不仅是经济发展的成绩单，更应该是全面反映各项事业发展的成绩单。[②]但是，一些基层政府仍然片面强调发展经济，缺乏对教育的应有重视。在他们心中，一方面，教育对经济增长的贡献具有时滞性，教育的经济计量非常困难；另一方面，有了“钱”才有“教育”，经济搞好了才去搞教育，这无疑是绝对正确的。因此，地方政府最为注重的是那些能够快速刺激经济发展的事情。即便是那些经济发展水平较高的乡村，一般也都是在有了多余的钱之后，才去关注乡村的教育文化事业。乡村学校、培训机构、文化公园、图书馆、健身园地，以及老年大学、社区大学等，都只是被视为经济发展的附属产品，而不是发展乡村的主体。针对乡村教育与乡村建设关系的问题，一些基层政府领导及工作人员的看法令人深思。“正像一位乡镇官员说的那样：‘乡镇工作的重点是经济建设，我们精力有限，不仅人手少，而且资源有限，根本不可能过多关注这些问题。再说，依靠教育（学校）解决不了这些问题。在学校里对孩子们讲

① 参见王扬、乐晶：《技能资本：农村职业教育助力乡村振兴的内在机理与行动逻辑》，《中国电化教育》2022年第5期。

② 参见张齐、姜迎春：《习近平关于树立和践行正确政绩观的重要论述研究》，《党的文献》2021年第3期。

这些，要等很长时间才会有效果。做这些是没有什么用处的。而且，现在的农村孩子比他们的父母更向往城市，这是没有办法的事情。’”[①]他们的回答体现了一些地方政府对乡村教育的忽视。在这种情况下，基层政府不能给予乡村教育充分的政策支持，乡村教育促进乡村建设也得不到充足的人财物资源支持。

3. 企业与城市学校：师资支持不足

乡村教师是乡村教育的基石。可是目前包括职业教育、义务教育等在内的乡村教育都面临师资短缺的困境。一方面，城乡社会各个方面的差距使乡村教育难以“引得来”与“留得住”优秀教师；另一方面，由于政策、机制、制度等方面的问题，企业、科研机构、城市的中小学校、职业学院、高校等对乡村教育的师资支持严重不足，没有为乡村教育发展提供一支高质量的教师队伍。

校企合作既有利于职业院校的人才培养，也有利于为企业输送更多高素质的人才。然而，乡村职业院校和企业在合作开展人才培养上呈现出对立态度，二者的距离非常遥远。乡村职业院校“双师型”教师匮乏、学生缺少到企业实训的机会。[②]乡村职业院校对联合培养人才的愿望非常强烈，但是企业作为经济理性的个体，以追求利润最大化为目标。在校企合作的问题上，由于缺乏外部政策的激励和财政的支持，企

① 薛晓阳：《乡村教育与乡村建设的政策隔离及问题——以农村教育的文化责任和乡村义务为起点》，《清华大学教育研究》2018年第2期。

② 参见徐平利：《从学校到企业：路有多远——兼论新时期职业教育的几个热点问题》，《职教论坛》2014年第25期。

业能否获利还存在极大的不确定性，学生实习期间，企业需要承担的义务多而收获少，再加上生产秩序与安全方面的考虑，企业显得积极性不高，不愿意为乡村职业院校提供校外导师团队。[①]

高校与乡村学校之间的协同合作既有助于乡村师资的培育，又有助于高校的教学、科研与社会服务功能的有效发挥。为了发挥高等教育助力乡村教育发展的作用，教育部、财政部于2010年开始全面实施“国培计划”，让农村中小学教师有机会以线上线下、脱产研修或者集中培训的方式接受高校的师资培训，提高乡村教师的专业化水平。此后，各省市又陆续制定“省培计划”，充分发挥省内外知名的高等师范院校和综合性大学赋能乡村教师发展的作用。可是参加培训的部分高校教师对乡村教师的实际需求与乡村教育的实际情况了解得不够充分，还有一些教师因为自身教学与科研工作任务较重，无法进入乡村学校，缺少与乡村教师的充分交流沟通，也没有足够的精力多次参与乡村师资培训。所以，高校在培养乡村教师方面虽然发挥了一定的作用，但仍存在不足之处，没能更加有效地促进乡村教师专业发展。

城乡教育一体化是促进教育公平、缩小城乡教育差距的抓手和目标。城乡教育一体化是把城乡教育作为一个有机整体，实现教育资源在城乡之间的合理流动、共享共生。然而，目前乡村学校与城市学校之间仍然缺乏充分的合作与沟通。特别在师资方面，进入21世纪以来，我国政府出台了多项指导城市教师支援乡村教育工作的政策，如2006年《教育部关于大力推进城镇教师支援农村教育工作的意见》指

① 参见曾永卫、易兵：《如何解决校企合作“一热一冷”问题》，《中国高等教育》2015年第18期。

出“以推进城镇教师支援农村教育为重点”，2012年《国务院关于深入推进义务教育均衡发展的意见》提出“建立和完善鼓励城镇学校校长、教师到农村学校或城市薄弱学校任职任教机制”，“城镇学校教师评聘高级职称原则上要有一年以上在农村学校任教经历”。随后，地方政府也相继制定了各种促进城市教师流向乡村的政策，有些地方甚至把中央“由城到乡”的流动经历这个意见作为城镇教师晋升高级职称的硬性规定。可是很多城市教师仍然不愿流动到乡镇等偏远地区的薄弱学校，一些城市学校也不愿让骨干教师流动。在这种情况下，一些城市学校和城市教师利用私人关系“打招呼”“走门路”等，想办法不流动或者流动到期望的学校。

目前一些省市实行的“送教下乡”“顶岗交流”“县管校聘”等政策的核心依然是“送”与“支”，且具有明显的单向性与不深入性的特质。这造成了被送教或支教的城市教师的主人翁意识不强，很难真正融入学校，教学质量难以保证。同时，这些政策举措也没有激活被送教或支教的乡村学校的教师发展的内动力，没能从根本上解决乡村学校教师数量不足、教学能力薄弱、师资结构不良等问题。由此可见，无论在数量上还是质量上，城市学校都没能有效地为乡村教育发展提供充足的师资。①

---

① 参见李松：《县管校聘教师管理体制存在的问题及优化》，《教学与管理》2016年第36期。

（四）乡村教育促进乡村振兴的功能弱化

“乡村教育是实现乡村振兴的基础性、先导性、内源性要素”[①]，承担着促进乡村的经济发展、人才培养、文化传承、生态保护、组织建设等重要功能。然而，目前一些地区的乡村教育由于能力不强、动力缺乏、支持不足等因素，导致促进乡村振兴的功能弱化。

1. 经济发展功能弱化

乡村教育作为促进个体成长与社会发展的一种活动，能够直接和间接地促进乡村经济发展。从20世纪80年代到世纪之交，我国在农村地区努力推行九年义务教育的同时，还改革了农村中等教育结构，实施了一场持续时间较长、规模较大的“农村教育综合改革”。这一系列举措使农村普通教育、职业教育与成人教育得到较大发展，农业、科技与教育紧密结合，培养了大批新型农村建设者，充分发挥出农村教育的经济功能。[②]然而，现如今在广大的乡村地区，职业教育、成人教育的缺位，普通教育从空间到内容的“逃离”，致使乡村教育促进经济发展的功能严重弱化。

① 顾建军：《让乡村教育与乡村振兴良性循环》，《光明日报》2022年4月8日。

② 参见张乐天：《新中国成立以来农村教育政策的回顾与反思》，北京师范大学出版社2016年版，第64—66页。

乡村经济发展最需要的人才，无疑是符合乡村产业发展需求的专业技术人才，因此，与普通中小学教育相比，乡村职业教育在振兴乡村经济上的作用更为显著。然而，近年来乡村职业教育的萎缩速度很快，一方面，是由于乡村学生被学校、被家庭教育要考上好大学，逃离乡村；另一方面则是由于乡村产业发展落后，发展职业教育缺乏根基，调查显示，中国中西部地区很多县市的普职比为8∶2，有的县就只有一所甚至没有中职学校。[①]除了乡村职业教育学校数量不足，目前在乡村和面向乡村的职业教育学校教授的知识体系都以现代城市文化为主导，由此导致其所培养的乡村人才不了解乡村社会经济、文化、生活等各个方面的特点，严重制约了乡村教育促进乡村经济发展功能的发挥。例如，在乡村振兴背景下，建筑改造不仅能够提升乡村民众的生活质量，而且还能带动乡村旅游、文化等产业发展，为乡村经济发展创造新的途径。可是有调研发现，现有的大部分从事乡村建筑的专业人员，他们从学习环境到知识体系都以现代城市文明为导向。哪怕是土生土长的乡村建筑人才，他们接受教育的知识体系也几乎是城市教育的翻版，不仅缺乏乡土元素的知识，更缺乏对乡土文化和传统建筑艺术的根本认同。[②]在这种“离土化”的乡村职业教育背景下，加上目前乡村职业教育专业设置与乡村产业发展需求不匹配，乡村职业学校学生数量减少，乡村职业教育难以充分发挥对乡村经济发展的重要作用。

---

① 参见袁瀚：《21世纪教育研究院院长熊丙奇：县域职中适合培养本土产业实用人才》，《南方农村报》2022年10月8日。

② 参见陈文胜、瞿理铜、李珺：《乡村振兴不能盲目“现代化”》，《乡村振兴》2022年第7期。

除了乡村职业教育，乡村成人教育、乡村社区教育等非正规教育也比较欠缺。随着乡村青壮年人口进城务工和升学，目前乡村社会以中老年人口居多，他们也是乡村经济建设的主体。可是，目前乡村的成人教育、老年教育、社区教育非常不健全，相关教育与培训资源缺失，这就造成乡村人力资本无法得到充分的开发，甚至出现大量浪费的现象。一些本可以通过教育与培训成长为新型农民的中老年人，却因缺少受教育的机会与条件，而只能在麻将桌上、电脑游戏中度过时光。由此可知，乡村教育促进乡村经济发展的功能还没有充分实现。

2. 人才培养功能弱化

乡村教育主要是通过培养人才来推动乡村全面振兴，实现个人与社会的协同发展。然而，在服务乡村振兴的过程中，由于乡村教育的价值取向存在偏差，加之乡村教育自身的能力不强、动力不足等因素制约，造成乡村教育促进乡村振兴的人才培养功能弱化。

在中国教育现代化的进程中，乡村教育与乡村社会的关系发生了翻天覆地的变化。在古代社会，传统私塾或社学等乡村教育机构内生于乡村社会，乡村塾师出自本村，是乡村社会的一分子，并且他们的生活及他们所培养的人扎根于乡村。即便一些乡村学子通过科举考试进入城市任职，但是绝大部分官员都希望落叶归根，选择在告老还乡之后，执教于乡野。保障乡村教育的“乡土”特性，促进传统乡土社会秩序的延续与再生产，实现乡村教育与乡土社会的相互滋养是传统社会乡村教育的价值诉求。清末新政之后，城市取向的新式学堂在乡村社会的强势渗透，不仅造成乡村人才外流、乡村文化衰败，还导致乡村教育与乡村社会之间出现裂痕。中华人民共和国成立后，特别是进入21世纪以来，在城市中心主义的发展取向下，同时受人口流动加剧、交通与通信条件改善、市场经济发展等因素的影响，乡村教育与乡村社会的关系从“嵌入”走向“悬浮”。[①]在这种格局下，乡村教育“向城性”的价值定位愈加明确。乡村教育不再安于扎根乡土、服务乡土，而是想方设法地帮助大量的乡村人才通过考学制度“走出乡土”，完成从“农民”到“市民”的身份转变。正如陶行知在20世纪的乡村建设运动中所言，“中国现在的乡村学校，老实说起来，确实不能适应乡村的需要”[②]，“他叫人离开乡下向城里跑；他叫人吃饭不种稻，穿衣不种棉，做房子不造林；他教人羡慕奢华，看不起务农”[③]。

除了乡村学校教育，乡村家庭教育的人才培养功能也在逐渐弱化。乡村教育城市化的价值取向加剧了乡村民众把乡村学校看作是获得文凭的场所、进入城市的阶梯的观念，致使一些没有条件定居城市的乡村父母不让子女参与和升学无关的一切活动，特别是耕种、养殖、种植、家务这类非常宝贵的活动。乡村家庭教育从孩子在与父母、兄弟姐妹的共同劳作中了解农业、农村、农民，转变为家长引导子女专心读书，努力考上城镇中学，进入城市大学，早日离开乡村。因此，在乡村家庭教育的影响下，许多乡村学生不仅缺乏建设乡村的知识与能力，而且也没有对乡土社会的眷恋，不愿意回到乡村工作与生活，乡村教育促进乡村振

① 参见姚荣：《从“嵌入”到“悬浮”：国家与社会视角下我国乡村教育变迁研究》，《清华大学教育研究》2014年第4期。

② 《陶行知全集》第二卷，四川教育出版社2005年版，第291页。

③ 《陶行知全集》第一卷，四川教育出版社2005年版，第85页。

兴的人才培养功能进一步弱化。

3. 文化传承功能弱化

振兴乡村，扶志扶智，传承与发展农耕文明，复兴乡土文化，都离不开乡村教育。然而，在过去十几年间，城镇化、信息化使得乡村社会形态发生了深刻变化，传统乡土性的加速消解使乡村教育失去了传承乡土文化的土壤。同时，乡村教育在信息技术的支持下更加“方便”“全面”地模仿城市教育，致使其文化传承功能逐渐弱化。

党的十八大以来，以习近平同志为核心的党中央提出“推进以人为核心的新型城镇化”[①]，强调要让现代文明成果惠及全民，更加注重环境宜居和历史文脉传承。习近平总书记在云南考察时特别强调，要“遵循乡村自身发展规律，充分体现农村特点，注意乡土味道，保留乡村风貌，留得住青山绿水，记得住乡愁”[②]。然而，一些地方政府把城镇化错误地理解为农村生活向城市生活转变、农民身份向市民身份转变的过程，按照“农村变城市”“农民变市民”的理念，将城市建设完全复制到乡村。有学者调研发现，近年来，不少村庄整体风貌、房屋建筑、道路设施因照搬城市设计而完全城市化，多样化的乡土文化几乎被标准化的城市文化所替代。由于缺乏对各类传统建筑、文化遗址遗迹的有效保护，很多代表村庄记忆的文化元素被破坏了。有调研发现，除了偏远山区和少数

① 《中共中央关于制定国民经济和社会发展第十四个五年规划和二〇三五年远景目标的建议》，2020年11月3日，见http://www.gov.cn/zhengce/2020-11/03/content_5556991.htm。

② 《习近平在云南考察工作时强调 坚决打好扶贫开发攻坚战 加快民族地区经济社会发展》，《人民日报》2015年1月22日。

民族地区还保留不少地域和民族特色外，很多村庄尤其是经济发达地区的村庄已经越来越缺乏地域特色、乡土特色，城市、城镇与乡村的差别越来越小，有些乡村在现代化气息方面更胜于城市。[①]在乡村失去乡土特色的同时，乡村教育随之失去了传承、发展乡土文化的环境和土壤。

除了乡村社会的乡土性淡化，乡村教育的文化传承功能弱化还与其自身的城市化取向密不可分。在强势的城市教育影响下，“城市学校有什么，乡村学校也要有什么”几乎成为乡村学校发展的唯一愿景。乡村学校不仅在校园环境上照搬城市学校建设，而且在课程内容、教学目标、教学方法等教育的各个方面都追随着城市学校。正如有学者所言，乡村学校去掉“乡村”二字，感觉和城市学校没有区别。加上“乡村”二字，便令人困惑了，因为它一心一意地只向城市学校看齐。[②]在乡村学校或主动或被动地跟随城市学校的过程中，乡村教育与乡村文化渐行渐远，这一现实问题突出表现为对乡土教材的淡忘。乡土教材与其他教材最典型的区别在于它所反映与传播的是本乡本土的文化精神。[③]目前乡土教材不受乡村学校重视的原因很多，包括政策不明朗、资金不足、专业师资匮乏、内容单一等。但是，其中不可忽视的一个重要原因就是乡村教育的城市化。具体来说，就是相关部门把评价城市学校的陈旧的、过时的方式套用在乡村学校上，即仅用分数、升学率来评价乡村学

① 参见陈文胜、瞿理铜、李珺：《乡村振兴不能盲目“现代化”》，《乡村振兴》2022年第7期。

② 参见耿涓涓：《乡村教育研究的转向》，《广西师范大学学报（哲学社会科学版）》2015年第2期。

③ 参见石鸥、周美云：《试论乡土教材在乡村振兴战略中的意义与价值》，《华东师范大学学报（教育科学版）》2019年第1期。

校，乡村学校的工作也紧紧围绕着分数和升学率，而乡土教材由于其非学科性显然无助于学生学习成绩和教师工作绩效的提升，也无助于学校在县域、地市及全省的评比，因此乡土教材这一重要的传承和发展乡村文化的载体被淡化、遗忘了。

4. 生态保护功能弱化

生态振兴是乡村振兴战略的重要方面，乡村学校是生态振兴的主阵地。乡村学校通过生态文明教育提升学生的生态文明素养和生态保护意识，为乡村生态振兴储备人才力量。然而，由于当前人们对生态文明教育的认识不足，加上乡村社会和乡村学校的城市化倾向严重，致使生态文明教育没有受到乡村学校应有的重视，乡村教育促进生态保护的功能弱化。

生态文明教育作为促进人与自然和谐共生的综合性教育活动，要跨越不同学科、课程、专业之间的边界，渗入全部知识领域、全部教学过程和全部生活场景。目前，我国生态文明教育在不少乡村中小学校、乡村职业学校的课程中都有所体现，但是由于一些教育者对生态文明教育的认识存在偏差，导致生态文明教育的课程体系单一化、教学安排碎片化、教材内容过浅、教学方法简单、教学模式陈旧等诸多问题，没能有效发挥乡村教育促进生态保护的功能。例如，生态文明教育既需要在课堂上进行专业知识的讲授，还需要组织学生参加课外实践活动，让学生在参与生态环境保护活动中深刻体会人与自然一体的关系，养成生态文明建设的思想自觉和行为自觉。但是，目前乡村学校的教师更偏向于课堂授课，这让乡村学生丧失了体验自然的机会，导致乡村学生要么无法充分认识到生态文明之于人类的重要性，要么认为生态文明就是掌握一些环境保护知识，要么无法把生态文明知识转化为生态文明行动，最终削弱了乡村教育促进生态保护的功能。

如前文所述，在城镇化进程中，“千村一面”现象十分普遍。很多村镇千百年来传承的自然风景被“克隆”的城市景观所替代，致使乡村学校失去了开展生态文明教育的环境，这无疑制约了乡村教育促进乡村生态保护功能的发挥。此外，当下应试教育思想还有不小的市场，教育功利性倾向还会长期存在，无论是乡村教师，还是乡村学生、乡村家长，都不太重视生态文明教育，而是紧紧盯着“成绩”“升学率”，把大部分的精力与时间都放在了与升学考试有关的课程上面。在一些乡村学校中，生态文明教育的匮乏造成乡村学生的生态文明素养不高、生态文明意识不足。由此可见，在种种因素的影响下，目前乡村教育在保护生态环境、促进可持续发展方面的功能还没有完全实现。

5. 组织建设功能弱化

乡村教育机构不仅是乡村组织的重要组成部分，也是推动乡村组织建设的主体和资源。乡村教育机构通过培育既熟悉乡土民情，又掌握农产品加工与营销、财务管理、村务治理、法律法规等技能及知识的复合型人才来服务乡村组织建设。然而，由于乡村学校在助推乡村组织振兴的过程中存在动力不足、能力不行、支持不够等问题，导致乡村教育促进乡村组织建设的功能弱化。

如前文所述，目前一些偏远地区的乡村学校在乡村社会中处于一种“脱嵌”和“边缘”的状态，大多数乡村学校的领导者和教育者注重学业知识的传授，对于乡村的公共事务和公共生活既缺乏了解，又缺少兴趣。这就造成大多数乡村教育与培训机构很少甚至不开设与乡村治理相关的课程。即便一些乡村学校参与乡村治理人才的培养，但是教师不了解学情和村情，学校也没有定期举办乡村干部的培训活动，由此导致乡村治理人才的培养成效甚微。有调研发现，当前乡村干部以农民居多，由于乡村事务繁杂且工作量大，培训内容更要求讲求实际性和可操作性。然而，一些乡村职业学校因与乡村基层组织的联系不紧密，缺乏对培训需求的敏感性，其所提供的培训内容和培训方式无法满足乡村干部的学习需求，导致这些乡村职业学校对乡村治理人才培养的效果不佳。[①]

乡村组织结构体系不仅包括基层党组织，还包括乡村民间组织、村民自治组织、集体经济组织和社区组织等多种类型。实际上，与正规学校教育相比，乡村社区学习中心、县域成人教育中心等非正规教育机构在教育与学习上的灵活性和成员上的多样性决定了其在助力乡村经济组织与乡村社会组织建设上具有更加重要的作用。然而，目前受一些地方政府不重视、民众认知不足、当地经济落后等因素的影响，乡村非正规教育机构的教师资源匮乏、基础设施落后、学习资源不足，诸如此类的种种原因最终造成乡村非正规教育促进组织建设的功能弱化。例如，有调研发现，与青岛、苏州等经济发达的城市相比，那些经济落后的城市所辖乡村社区的非正规教育比较落后，主要包括社区教育基础设施简陋、学习资源供给不足、社区教育师资队伍匮乏并且整体素质不高、课

---

① 参见谯欣怡、覃红羽：《农村职业教育服务乡村振兴的教育逻辑、实践困境与发展对策》，《成人教育》2022年第11期。

程同质化严重、与农民的实际需求存在一定的差距等。[①]在这种情况下，乡村社区教育机构显然不能有效提高乡村民众民主参与的意识与能力，也难以有效提升他们组织管理的能力，乡村教育促进乡村组织建设的功能弱化。

三、乡村教育促进乡村振兴的政策因应

在历史、经济、制度等多重因素影响下，全国各地在乡村教育促进乡村振兴上都不同程度地面临一系列现实困境。党的十八大以来，党和政府围绕如何办好“有质量的乡村教育”颁布了一系列重大政策文件，旨在多措并举解决乡村教育发展难题，多路并进推动乡村教育深化改革，为乡村全面振兴奠定坚实基础。

（一）强调乡村教育地位，激发教育振兴乡村的内在动力

党的十九大报告提出实施乡村振兴战略，同时指出“必须把教育事业放在优先位置”，“推动城乡义务教育一体化发展”，尤其要“高度重

① 参见聂玉霞、汪圣：《乡村振兴视域下农村社区教育的实践理路、现实困境及优化策略》，《教育与职业》2022年第10期。

视农村义务教育”[①]，党的十九届五中全会也提出了“优先发展农业农村，全面推进乡村振兴”[②]，“这就将农村教育提升至国家高度，更加成为党和人民热切关注的事业”[③]。党的十九大报告指出，“农业农村农民问题是关系国计民生的根本性问题，必须始终把解决好‘三农’问题作为全党工作重中之重”，要“培养造就一支懂农业、爱农村、爱农民的‘三农’工作队伍”。[④]乡村教育是培养“三农”工作队伍的重要抓手，必须落实好这个战略先手棋。《中共中央国务院关于实施乡村振兴战略的意见》强调了农村教育事业的优先发展地位，并从教育发展机制、基本办学条件、学生资助制度、营养改善计划等多个方面对各级各类乡村教育提出了指导性意见。2021年，第一部以乡村振兴命名和指导乡村振兴的法律《中华人民共和国乡村振兴促进法》开始施行，其对各级政府加强乡村教育工作的一系列规定表明，乡村教育对于乡村振兴的实际成效具有重要影响。2022年，党的二十大报告强调，“教育是国之大计、党之大计”，“教育、科技、人才是全面建设社会主义现代化国家的基础

① 习近平：《决胜全面建成小康社会 夺取新时代中国特色社会主义伟大胜利——在中国共产党第十九次全国代表大会上的报告》，《人民日报》2017年10月28日。

② 中共中央党史和文献研究院编：《十九大以来重要文献选编》中，中央文献出版社2021年版，第801页。

③ 王运召：《优先发展农村教育助力乡村振兴》，《农民日报》2022年1月8日。

④ 习近平：《决胜全面建成小康社会 夺取新时代中国特色社会主义伟大胜利——在中国共产党第十九次全国代表大会上的报告》，《人民日报》2017年10月28日。

性、战略性支撑”。[①]乡村教育作为教育的重要组成部分，在乡村振兴、民族复兴和国家富强上具有重要的地位。总的来说，党和政府通过一系列战略性政策文件反复强调乡村教育在乡村振兴中的重要地位，力图激发教育振兴乡村的内在动力。

（二）完善教师支持政策，提升教育振兴乡村的关键能力

提升乡村教育促进乡村振兴能力的关键在于构建一支数量充足、素质优良、结构合理、扎根乡村的教师队伍。党的十八大以来，党和政府制定了《乡村教师支持计划（2015—2020年）》《中共中央国务院关于全面深化新时代教师队伍建设改革的意见》《教育部等六部门关于加强新时代乡村教师队伍建设的意见》等专项性和综合性政策文件，从完善教师补充机制、创新教师发展机制和健全教师补偿机制三个方面支持乡村教师队伍建设。

1. 完善教师补充机制

通过实施义务教育教师“县管校聘”“银龄教师计划”“特岗计划”等政策措施，完善乡村学校教师补充机制，改善乡村师资结构性短缺状况。例如，2021年，《教育部办公厅财政部办公厅关于做好2021年银龄讲学计划有关实施工作的通知》指出，“2021年计划招募4 500名讲学教

① 习近平：《高举中国特色社会主义伟大旗帜 为全面建设社会主义现代化国家而团结奋斗——在中国共产党第二十次全国代表大会上的报告》，《人民日报》2022年10月26日。

师”，“重点向国家乡村振兴重点帮扶县、原‘三区三州’等深度贫困地区倾斜”。2016年，《国务院关于统筹推进县域内城乡义务教育一体化改革发展的若干意见》提出“全面推进教师‘县管校聘’改革”，“统筹调配编内教师资源，着力解决乡村教师结构性缺员和城镇师资不足问题”。2024年，《中共中央国务院关于学习运用“千村示范、万村整治”工程经验有力有效推进乡村全面振兴的意见》再次强调，“实施教师‘县管校聘’改革”。

2. 创新教师发展机制

通过实施“名师名校长培养计划”“农村学校教育硕士师资培养计划”“优师计划”“强师计划”“定向培养计划”等政策措施，创新教师发展机制，加快提升乡村教师素养能力。2020年，《教育部等六部门关于加强新时代乡村教师队伍建设的意见》要求，抓好乡村教师培训，构建各级教师发展机构、教师专业发展基地学校和“三名”工作室五级一体化的乡村教师专业发展体系。

3. 健全教师补偿机制

通过生活补助、医疗救助、住房优惠、职称（职务）评聘、荣誉授予等政策措施，健全教师补偿机制，提升乡村教师的职业吸引力和社会地位，不断提高乡村教师的幸福感和获得感。2020年，《教育部等六部门关于加强新时代乡村教师队伍建设的意见》从加大荣誉表彰力度、强调工资待遇落实、完善绩效工资、落实生活补助、逐步完善乡村教师住房和医疗救助体系等多个方面提出意见，来保障乡村教师地位和待遇的提高。

（三）加大经费投入力度，保障教育振兴乡村的经费支持

从前文分析可知，乡村教育发展落后在很大程度上是由于乡村教育经费不足。随着我国公共财政体制的不断完善及国家财力的逐年增强，党和政府不断制定加大乡村教育经费投入的政策，乡村教育发展经费有了保障。

在乡村学前教育方面，近年来，“中国多个重要政策文件都明确了政府在学前教育投入上的责任，提出要确保财政投入在学前教育投入上的主渠道作用”[①]。2018年，中共中央、国务院印发《关于学前教育深化改革规范发展的若干意见》。该文件明确提出“要把发展普惠性学前教育作为重点任务”，“大力发展公办园，充分发挥公办园保基本、兜底线、引领方向、平抑收费的主渠道作用”，“大力发展农村学前教育，每个乡镇原则上至少办好一所公办中心园”，“逐年安排建设一批普惠性幼儿园，重点扩大农村地区、脱贫攻坚地区、新增人口集中地区普惠性资源”。2019年，中共中央、国务院印发的《中国教育现代化2035》提出“普及有质量的学前教育”。从这些重要的政策文件可以看出，公益性和普惠性是学前教育发展的基本方向和重点任务。而要实现公益普惠的乡村学前教育，政府必然会加大对乡村学前教育经费的投入力度。

在乡村义务教育方面，2015年，国务院颁发的《关于进一步完善城

① 邬志辉、秦玉友等：《中国农村教育发展报告2020—2022》，科学出版社2022年版，第45页。

乡义务教育经费保障机制的通知》提出，“建立城乡统一、重在农村的义务教育经费保障机制”，强调要“继续加大义务教育投入”，“重点向农村义务教育倾斜”。为加强城乡义务教育补助经费管理，提高资金使用效益，2016年，财政部、教育部两部门印发《城乡义务教育补助经费管理办法》，对城乡义务教育补助经费管理作出详细规定，并且明确提出补助经费管理遵循的原则之一就是“城乡统一、重在农村”。为了进一步巩固贫困地区义务教育薄弱学校基本办学条件工作成果，2019年7月8日，教育部、国家发展改革委、财政部联合发布《关于切实做好义务教育薄弱环节改善与能力提升工作的意见》。在保障经费方面，该文件规定在继续安排农村义务教育学校校舍安全保障长效机制、教育现代化推进工程等资金的基础上，中央财政通过安排义务教育薄弱环节改善与能力提升补助资金，支持中西部地区和东部部分困难地区。乡村小规模学校和乡镇寄宿制学校（统称“两类学校”）是乡村义务教育的重要组成部分。党和政府高度重视“两类学校”的发展。2020年6月19日，教育部等十部门联合发布《关于进一步加强控辍保学工作健全义务教育有保障长效机制的若干意见》，要求各地要统筹利用义务教育各类工程建设项目，大力改善农村特别是贫困地区义务教育办学条件，重点加强乡镇寄宿制学校和乡村小规模学校建设，着力打造乡村温馨校园。2020年12月16日，中共中央、国务院印发《关于实现巩固拓展脱贫攻坚成果同乡村振兴有效衔接的意见》，指出进一步提升脱贫地区公共服务水平，继续改善义务教育办学条件，加强乡村寄宿制学校和乡村小规模学校建设。这些文件体现了党和政府不断地将教育经费向乡村地区倾斜，推进乡村学校办学条件的改善。

在乡村职业教育方面，2016年，教育部等六部门印发的《教育脱贫攻坚“十三五”规划》提出，在人口集中和产业发展需要的贫困地区建好一批中等职业学校，省级统筹中央资金和地方相关资金，重点支持贫困地区建设好符合当地经济社会发展需要的中等职业学校（含技工学校）。2019年，国务院印发《国家职业教育改革实施方案》，其中强调，健全经费投入机制，经费投入要注重向中西部、贫困地区和民族地区倾斜，进一步扩大职业院校助学金覆盖面，落实经济困难学生的倾斜政策，加大对民族地区、贫困地区和残疾人职业教育的政策和金融支持力度等。

随着国家对乡村教育的政策倾斜，乡村教育的资金投入将不断加大，乡村教育的质量及乡村人才的能力与数量也将随之得到提升。

（四）明晰乡村教育职能，增强教育振兴乡村的实际成效

从2015年脱贫攻坚战开始，《中共中央国务院关于打赢脱贫攻坚战的决定》《教育脱贫攻坚“十三五”规划》《深度贫困地区教育脱贫攻坚实施方案（2018—2020年）》等相关政策相继出台，反复强调教育肩负着服务区域经济社会发展和脱贫攻坚的职能。随着“三农”工作的重心全面转向乡村振兴，乡村教育在促进乡村建设上的职能更加具体清晰。2021年，《中共中央国务院关于全面推进乡村振兴加快农业农村现代化的意见》明确提出，乡村教育是提升乡村基本公共服务水平的重要举措，要求通过增加教育资源供给、改善办学条件、开展耕读教育、加快网络教育及深化产教融合等，多管齐下深化乡村教育改革，探索乡村教

育发展创新模式，高位推进中国特色乡村教育优质发展。《中华人民共和国乡村振兴促进法》在第三章《人才支撑》和第六章《组织建设》中，对地方各级人民政府开展教育与培训工作作出明确规定，这表明要充分发挥乡村教育在人才支撑和组织建设方面的积极作用。从脱贫攻坚到乡村振兴，随着一系列政策文本对乡村教育职能的明晰，教育振兴乡村的实际成效也将随之增强。

自中华人民共和国成立以来，我国乡村教育在推进义务教育普及、加大办学经费投入、持续改善学校硬件设施和稳步提升师资队伍水平等方面取得了显著的成效。特别是在实现基础教育全民覆盖的目标方面，乡村地区的适龄儿童入学率大幅提高，学校的基础设施建设日新月异，教师队伍的数量和质量也有了明显提升。然而，多重因素在一定程度上制约了乡村教育改革向深度和广度拓展。乡村教育在促进乡村振兴上依然存在着多重实践困境。新时代以来，以习近平同志为核心的党中央深刻认识到破解乡村教育难题对于实现乡村振兴的重要性，党和政府出台了一系列旨在全面提升乡村教育质量的重大政策文件，从顶层制度设计出发，直面乡村教育的历史遗留问题与现实困难，并为解决这些问题采取了优化资源配置、强化师资力量、深化教育教学改革及引导社会力量参与等多维度的措施。这些重大举措有力地推动了乡村教育事业的进步与发展，为全面振兴乡村奠定了坚实的人才基础，提供了有力的智力支持，也为我国教育公平与均衡发展开辟了新的道路。

第四章

乡村教育促进乡村振兴的价值取向与实施策略

乡村振兴必先振兴乡村教育。在习近平关于乡村教育促进乡村振兴的重要论述指导下，学术界围绕当前乡村教育促进乡村振兴的现实困境与突出问题，以一种整体性思维，从价值取向与实施策略两个维度勾勒乡村教育促进乡村全面振兴的未来图景。

一、确立“三位一体”的乡村教育价值取向

习近平总书记在党的二十大报告中明确了全面建设社会主义现代化国家的奋斗目标，对乡村建设提出了更高的要求。必须看到，乡村社会依然是推进中国式现代化的一块短板，如果没有乡村社会的现代化，就会造成木桶效应，导致整个国家的现代化难以实现。注重均衡发展是习近平总书记一以贯之的治理理念，因此当前迫切需要通过乡村教育促进乡村全面振兴。可是现实的情况是，乡村教育促进乡村振兴存在能力不够、动力不足等突出问题，在一定程度上导致了乡村人口空心化、乡村文化城市化、乡村产业单一化等现实困境。而这些问题与困境的出现归

根结底是因为乡村教育价值取向存在问题，因为乡村教育价值取向反映的是人们对“乡村教育到底为了谁”这一核心问题的认识，直接决定着乡村教育的功能。可以说，在中国社会现代化和教育现代化的历程中，由于乡村教育的价值取向定位不清晰，一定程度上使乡村教育的发展受到制约，导致乡村教育在服务乡村社会全面振兴中未起到应有的作用。有鉴于此，全面准确地厘清乡村教育的价值取向是促进乡村教育发展，实现乡村振兴的必要前提。

（一）乡村教育价值取向的内涵阐释

我国学者对于教育价值的认识是建立在价值概念的基础上的，大致可以分为三类：一是需要—属性说，即认为教育价值是人的需要与教育的属性之间的特定关系。如学者王坤庆认为：“所谓价值，是指作为主体的人的需要与作为需要对象的客体的属性之间的一种特定的关系。对这种关系的不同认识和评价便构成了人们的价值观，这种观念一旦参与人们的行为实践活动则构成了人们的价值取向或价值选择。”[①]二是主体需要说，主体需要说中有各种不同的派别和观点，其本体论基础是唯心论，共同之处在于从教育价值是作为主体的人的需要之满足这一前提出发，认为需要是因人而异的，对同一物体或事物的价值，不同的人会有不同的看法，因此教育价值是主观、相对和因人而异的。三是客观属性说，即认为教育价值是能够满足人的主观需要之教育活动的各种属性。

① 王坤庆：《教育哲学新编》，华中师范大学出版社2010年版，第160页。

这种观点在中外教育史上非常盛行。比如20世纪教育哲学舞台上所流行的永恒主义流派就认为，经过历史筛选的古典名著具有永恒的教育价值，因此大力倡导在中小学进行系统化的名著教育。[①]

除了这三种阐释“教育价值”概念的角度外，叶澜先生对价值的阐释让我们对“价值”概念有了一个更为系统的认知，为我们探究乡村教育价值取向提供了一个新的视角。叶澜先生认为：“任何事物，其价值的性质与大小至少取决于三个方面。首先是事物本身的构成及其属性，它决定了价值的可能性空间；其次是人对这一事物的认识及自己想从中获取什么样的需求的认识，它决定了人对某一事物的价值取向，划出了人对某一事物价值的期望空间；其三是该事物之外的条件，它决定了价值实现的现实空间。”[②]

乡村教育价值取向问题非常复杂、争议不断，不同学者站在不同的学科立场、从不同的研究视角常常得出截然相反的结论。例如，一些学者从乡村经济发展的角度出发，提出乡村教育价值导向上一定要和乡村经济发展相适应，乡村教育不能造就一批“鲤鱼跃农门”的城市精英，要增加乡土文化和乡村职业教育的课程内容。有的学者则不以为然，认为过于重视乡村教育的“为农”价值，尤其是过分强调为乡村经济发展服务的工具性价值，不利于学生个人的全面发展，剥夺了乡村学子通过教育改变个人命运的机会，从而导致城乡青少年两种截然不同的命运，

① 参见桑新民：《呼唤新世纪的教育哲学——人类自身生产探秘》，教育科学出版社1993年版，第146—148页。

② 叶澜：《试论当代中国教育价值取向之偏差》，《教育研究》1989年第8期。

进而造成城乡社会阶层的固化。[①]因此，为了跳脱出这种非此即彼的价值取向格局，我们借鉴叶澜先生所构建的价值概念分析框架，把乡村教育价值问题置于可能空间、期望空间和现实空间这三维立体空间中来认识，从国家、社会、个体三个层面构建一个综合性的乡村教育价值体系。

（二）国家层面：建成社会主义现代化强国，实现中华民族伟大复兴

把中国建成现代化强国，实现中华民族伟大复兴，是近代以来中国人民矢志不渝的奋斗目标，是中华民族近代以来最伟大的梦想。中国共产党自成立以来，团结带领全国各族人民所进行的艰辛探索，就是为了全面建成社会主义现代化强国，实现中华民族伟大复兴。[②]中华人民共和国成立后，中国共产党领导人民进行了社会主义改造，确立了社会主义基本制度，实现了中国历史上最为深刻和伟大的社会变革。这一变革不仅为当代中国的发展打下了根本的实践基础、理论基础和制度基础，而且为新发展阶段全面建设社会主义现代化国家消除了障碍、开辟了道路、创造了条件。在中国共产党的坚强领导下，经过七十多年的不懈努力和接续奋斗，我国社会主义现代化建设取得了巨大成就，我们的国家发生了翻天覆地的变化，中华民族迎来了从站起来、富起来到强起来的

① 参见肖正德、谷亚：《农村教育到底为了谁？——农村教育价值取向研究述评》，《教育研究与实验》2019年第6期。

② 参见黄一兵：《奋力谱写全面建设社会主义现代化国家崭新篇章》，《人民日报》2022年8月17日。

伟大飞跃。[①]

2021年7月，在庆祝中国共产党成立100周年大会上，习近平总书记庄严宣告，“经过全党全国各族人民持续奋斗，我们实现了第一个百年奋斗目标，在中华大地上全面建成了小康社会，历史性地解决了绝对贫困问题，正在意气风发向着全面建成社会主义现代化强国的第二个百年奋斗目标迈进”，“今天，我们比历史上任何时期都更接近、更有信心和能力实现中华民族伟大复兴的目标”。[②]在中国特色社会主义新时代，在中国式现代化、教育强国、科教兴国、人才强国等战略引导下的乡村教育振兴，一定是以建成社会主义现代化强国、实现中华民族伟大复兴为必然路向和价值旨归。

（三）社会层面：全面推进乡村振兴，实现农业农村现代化

乡村教育处于乡村社会中，其存在的价值之一是要满足特定时代背景下乡村社会发展的需求。中华人民共和国成立后，为了实现农村的社会主义改造，迫切需要提高人们的文化水平，尤其是需要培养具有政治素养的干部，因此农村教育的价值取向比较突出政治性。党的十一届三中全会之后，在整个社会发展的重心转向社会主义经济建设的背景下，农村教育的价值取向也随之转向要满足农村经济建设的实际需要。20世

---

① 参见庄文城：《全面建设社会主义现代化国家关键在党的坚强领导》，2022年11月18日，见https://export.shobserver.com/baijiahao/html/552028.html。

② 习近平：《在庆祝中国共产党成立100周年大会上的讲话》，《求是》2021年第14期。

纪80年代中叶之后推出的“燎原计划”“星火计划”“丰收计划”，就是通过改革和发展教育，为农村当地培养人才，增强农村运用科学技术的能力，促进农村经济与社会发展。进入21世纪以来，党中央提出建设“社会主义新农村”的构想，即要建设“生产发展、生活宽裕、乡风文明、村容整洁、管理民主”的新农村。在新农村建设背景下，乡村教育的价值取向显然与20世纪末强调的为乡村经济发展服务不同，它指向的是农村的经济、政治、文化、自然、教育、卫生等全方面的发展。

2021年，在完成打赢脱贫攻坚战和全面建成小康社会的历史任务、实现第一个百年奋斗目标之后，全面推进乡村振兴和加快农业农村现代化成为乡村社会发展的新需要。乡村振兴与新农村建设在思维、视域和内容方面都有本质的区别。具体来说，在思维上，党的十九大报告提出“乡村振兴”而不是“农村振兴”，虽然仅为一字之差，但是代表着党中央对乡村建设与发展的一种新思维。在哲学上，这是一种系统性、整体性思维，它强调把乡村还原为“一个携带着中华民族五千年文明基因，且集生活与生产、社会与文化、历史与政治多元要素为一体的人类文明体”[①]。因此，在字面和内容上，虽然乡村振兴也是政治、经济、文化及治理等各方面的振兴，但是这几个方面并不是孤立的，它们相互联系并且相互作用。此外，乡村振兴战略对乡村社会各个方面的发展提出了更高的标准和期待。在视域上，乡村振兴是一种超越村庄层面的县域全面振兴，包括县城和集镇。《乡村振兴战略规划（2018—2022年）》提出，乡村振兴的远景目标是“到2035年，乡村振兴取得决定性进展，

① 张孝德、丁立江：《面向新时代乡村振兴战略的六个新思维》，《行政管理改革》2018年第7期。

农业农村现代化基本实现”。因此，当前乡村教育在社会层面的价值取向是全面推进乡村振兴，基本实现农业农村现代化。

（四）个体层面：塑造个性自由全面发展的人

中国共产党是一个以“人民生活幸福”为价值追求的使命型政党，党领导的乡村教育实践始终代表最广大人民的根本利益，始终把人民的教育需要能否被满足及被满足的程度作为其价值尺度。近年来，随着农村宽带等通信基础设施建设越来越完善，集互联网、云计算、大数据和智能技术于一体的农业生产方式与科学的管理制度的结合越来越紧密，现代农业生产正在全面实现实时监控、精准管理、溯源管理、远程控制和智能决策。当信息化、智能化极大地提高了农业生产率，缩短了农民的劳动时间，增加了农民的闲暇时间，丰富了就业形态之后，乡村民众就会在这种跨越中对个人发展有了更高和更多样化的期待。据调查，许多农民希望通过学习信息化技术，完成从单一的农业生产者向有文化、懂生产、会经营、善管理的新型农民的转变。许多农民对丰富的精神文化生活有强烈的需求，对丰富其精神文化生活的方式、内容有更开放的设想。还有一些农民的公民意识正在觉醒，希望成为能够参与公共生活的现代公民。乡村民众不再仅仅满足于提高技术技能、提升物质生活水平，也不再满足于通过上网、看电视和打麻将等进行消遣，而是希望通过终身学习和终身教育实现潜能发挥、思想自由、人性健全，即成为个性自由全面发展的人。因此乡村教育必须关注和回应乡村民众个人发展的新需要，转变功利性价值取向。

二、以乡村振兴为航标建设乡村教育体系

不同的教育类型在乡村社会的不同领域发挥作用的范围、强度等有很大的差别。有些教育类型，既可以促进乡村三类产业的相互渗透与深度融合发展，也可以促进高素质的技术技能人才振兴，如职业教育；有些教育类型更多的是和当地“乡风文明”建设密切联系在一起，如社区教育和家庭教育；还有的是为人的终身发展打基础的教育，不能因为地域的不同而有所差别，如学前教育和义务教育。我们应该促进不同类型的教育在乡村社会发展起来，构成完整的乡村教育体系，提升教育促进乡村振兴的能力，以最大限度地发挥各种类型教育的功效，实现乡村教育为乡村振兴服务的目的。①

（一）全面振兴农村小规模学校

农村小规模学校是指学生数量远低于教育部门规定标准的学校，主要分布在偏远的农村。从20世纪90年代末开始，十余年的“撤点并校”导致大量农村学校被撤并，农村教学点、村小等小规模学校成为

① 参见杨卫安、邬志辉：《城镇化背景下中国农村教育发展的路向选择》，《社会科学战线》2015年第10期。

撤并的重点。由此带来的严重问题是，大量的乡村青少年儿童因上学距离过远、路途危险而纷纷辍学。2012年，国务院办公厅发文叫停“撤点并校”，《国务院办公厅关于规范农村义务教育学校布局调整的意见》要求，“已经撤并的学校或教学点，确有必要的由当地人民政府进行规划、按程序予以恢复”，“对保留和恢复的村小学和教学点，要采取多种措施改善办学条件，着力提高教学质量”。近年来，伴随城镇化进程的推进及学龄儿童的减少，部分有经济条件的乡村学生可以进城上学。然而，不可忽视的是，依然有相当一部分乡村学生因家庭经济条件、个人身心状况等原因无法或者不愿意进城上学。即便一个村庄仅有十几个学生，也应当创设相应的教学点保障每个儿童的受教育权。因此，农村小规模学校不仅为无法进城上学的乡村边缘和弱势群体提供受教育的机会，而且是社区能力建设、乡村社会风气净化、信息聚集与传播、公序良俗与行为示范的重要资源和支撑。[①]可以说，振兴农村小规模学校是乡村振兴的重要举措，既寄托着乡村民众的教育期待，也肩负着乡村教育现代化的重要使命和提高中华民族整体素质的重大责任。[②]

1. 转变传统的办学观念

中华人民共和国自成立以来，长期都是全球人口数量最多的国家，

---

① 参见雷万鹏：《城镇化进程中农村小规模学校发展》，《全球教育展望》2014年第2期。

② 参见段兆兵：《农村小规模学校全面振兴：攻坚难点与路径选择》，《教育科学研究》2021年第9期。

而教育资源又极为紧缺，因此人们习惯于大规模学校和大班额教学。实际上，小班小校才是现代教育的发展趋势和重要形态。21世纪教育研究院的资料显示：印度偏远、人口分散的农村地区，单一教师学校的比例占31%；1990年，马来西亚规模在150人以下的小学占小学总数的37%。[①]进入21世纪，随着互联网与信息化设备的普及和人工智能、大数据等技术的发展，美国迅速发展起了基于信息技术的“微型学校”（MicroSchool）。这是科技时代背景下教育改革实践者对个性化教育的一种新型尝试，引领了未来教育发展的新方向。如不同于普通学校的奥尔特学校（AltSchool），每个班级学生数控制在30人以内，爱克顿学院初建时全校仅有十几个学生。[②]因此，人们需要尽快转变“大型学校才是好学校”的传统观念。

2. 制定保护和支持农村小规模学校的政策措施

在现代教育发展进程中，为了保护小规模学校，美国、韩国等国家制定了专门的法律：美国在2000年12月出台了第一项专门针对农村教育的联邦政府拨款法案，即“农村教育成就项目”，其中包括“小型农村学校成就项目”；韩国曾出台《偏远地区、岛屿学校振兴法》，旨在通过立法，为处于交通不便地区的人们提供均等的受教育机会。[③]有鉴于

① 参见21世纪教育研究院：《农村教育向何处去——对农村撤点并校政策的评价与反思》，北京理工大学出版社2013年版，第91页。

② 参见郭少青：《个性化教育的新方向：美国微型学校的发展与启示》，《现代教育管理》2018年第4期。

③ 参见21世纪教育研究院：《农村教育向何处去——对农村撤点并校政策的评价与反思》，北京理工大学出版社2013年版，第91页。

此，我国应聚焦乡村教育发展中的难点与痛点，从办学条件、教师编制等多维度构建农村小规模学校振兴政策体系，通过乡村学校教育激活乡村内生动力，让乡村焕发出勃勃生机。

3. 借助信息技术创新教学模式

微型学校因学生人数少具有开展个性化教学的天然优势。美国大部分的微型学校都研发了线上学习模块，建立了以任务为驱动的教学模块和数字化学校管理系统，以此实现个性化教学，挖掘学生潜能。[①]因此，我们需要充分利用计算机与互联网的优势，学习先进的教育理念和教学模式，创新教育信息化背景下的教学方法与模式，提升农村小规模学校的教育质量，不断推动农村小规模学校在乡村振兴中发挥作用。

（二）强化职业教育与乡村全面振兴的关联

1. 宏观层面：促进乡村职业教育体系转型升级

“构建与经济社会发展相适应的现代职业教育体系，是我国教育领域始终追求的目标。”[②]新时代以来，国家层面一直都非常重视职业教育，包括乡村职业教育在社会发展和教育战略中的重要地位，并一直在围绕如何构建现代职业教育体系进行总体规划。2014年，教育部、发展

---

① 参见郭少青：《个性化教育的新方向：美国微型学校的发展与启示》，《现代教育管理》2018年第4期。

② 车华玲、张珍：《农村职业教育服务西南民族地区脱贫振兴研究》，光明日报出版社2021年版，第194页。

改革委、财政部等六部门联合组织编制并印发《财政现代职业教育体系建设规划（2014—2020年）》，明确提出，“到2020年，形成适应发展需求、产教深度融合、中职高职衔接、职业教育与普通教育相互沟通，体现终身教育理念，具有中国特色、世界水平的现代职业教育体系”。党的二十大报告提出，“统筹职业教育、高等教育、继续教育协同创新，推进职普融通、产教融合、科教融汇，优化职业教育类型定位”[①]，这是新时代深化现代职业教育体系建设改革的三个重大战略举措。2022年，中共中央办公厅、国务院办公厅印发《关于深化现代职业教育体系建设改革的意见》，明确提出，“建立健全多形式衔接、多通道成长、可持续发展的梯度职业教育和培训体系，推动职普协调发展、相互融通，让不同禀赋和需要的学生能够多次选择、多样化成才”。

从党和政府发布的这些重要政策文件可以看出，现代职业教育体系更加注重服务人的全面发展，更加注重服务经济社会发展，其改革方向至少应包括以下几个方面：产教融合、科教融汇、学历教育与培训并重及不同教育类型的优势互补、相互融通。乡村职业教育体系作为现代职业教育体系的组成部分，其总体设计既要满足地方需求、具有地方特色，又要符合国家战略和现代职业教育体系的要求。因此，我们认为乡村职业教育体系转型升级的方向应该是：能够满足乡村振兴战略、农业农村现代化、中国式现代化对人才的需求，满足人的全面发展需求，实现城乡一体、产教融合、中职高职衔接、普职沟通的乡村职业教育体系。

① 习近平：《高举中国特色社会主义伟大旗帜 为全面建设社会主义现代化国家而团结奋斗——在中国共产党第二十次全国代表大会上的报告》，《人民日报》2022年10月26日。

2. 中观层面：优化乡村职业学校专业与课程体系

乡村职业教育是与地方经济发展联系最为紧密的一种教育类型。当前，我国不同地区产业发展结构存在较大差异，即便是同一省份，不同县域产业结构的异质性都很大，这就要求不同县域的乡村职业教育在专业设置与课程设计上应有所不同。因此，地方政府和职业学校应与地方企业、高校、科研院所构建乡村职业教育共同体，多方共同根据当地经济发展需要和教育发展的现状，科学分析区域内产业结构对职业教育的诉求，依此打造对接产业的乡村职业教育专业与课程体系。实际上，广西、云南等地的政府部门已经对优化乡村职业专业结构提出了指导意见，有力地调动了乡村职业学校的积极性，促进了乡村职业学校专业的差异化设置。如2017年，广西壮族自治区人民政府办公厅发布的《关于中等职业学校布局调整和专业结构优化的指导意见》明确提出，职业学校要聚焦“现代农业、民族文化产业等领域”，优化专业布局，“鼓励学校特色化发展，专业差异化设置”，“每所中等职业学校应重点建设一至两个与区域重点产业、特色产业发展相适应的主干专业或专业群”。任何一门专业都由相应的一系列课程构成，因此专业体系的调整必然要求课程体系发生相应的改变。在调整专业体系的同时，要根据每个专业的培养目标，分析培养这些能力和素养需要教授什么样的知识与技能，以及设计什么样的学习活动。此外，专业体系与课程体系的重构不是凭借学校一己之力就能完成的，乡村职业学校要积极争取乡镇企业、高校、公益组织等内外部力量的支持。

3. 微观层面：创新乡村职业学校人才培养模式

乡村职业教育服务乡村振兴的落脚点在人才培养模式创新。[①]而人才培养模式的创新又不能局限于乡村社会，必须与整个时代发展相结合。随着新一轮科技革命的迅猛发展，全球已经进入数字经济时代。当前，农业、工业、服务业等各行各业都加速朝着数字化方向转型，新技术不仅通过变革工作世界对职业教育人才培养模式创新提出了要求，也作为技术手段为这种创新提供了支持。[②]因此，乡村职业教育不能与数字化转型的变革实践相脱节，要加速推动人才培养模式的数字化转型。

借助互联网、计算机、虚拟现实、增强现实等技术手段，乡村职业教育人才培养模式的创新策略应该围绕“在哪培养”“怎么培养”“谁来培养”三个核心问题进行整体性思考。首先，利用信息技术搭建在线教学平台，推进“同步课堂”实践，以此打破城乡教育在空间上的隔阂，使乡村职业学校学生“足不出户”地享受城市“名师课堂”，开阔眼界，提高成绩。其次，相对于普通教育，职业教育具有更强的实践性，因此应充分发挥人工智能、虚拟现实等数字技术具有的可视化、交互性、沉浸感等优势，在乡村职业学校建设一批虚拟现实课堂、智能化种植大棚等实验室或者实训基地，使乡村学生能够不受时空限制进行反复操作训

---

① 参见张慧青、邵文琪：《乡村振兴背景下职业教育人才培养：模式构建与路径选择》，《中国职业技术教育》2021年第22期。

② 参见石伟平、林玥茹：《新技术时代职业教育人才培养模式变革》，《中国电化教育》2021年第1期。

练，远程实时掌握各种数据，包括智能大棚中的环境信息和农作物的生长信息等。这种远程或者虚拟教学方式在大大减轻了教师教学负担的同时，还能增进学生对知识的理解，激发学生的学习兴趣。最后，还要警惕为技术而技术和过度依赖技术的问题。数字技术并非万能灵药，它只是一种技术手段，乡村职业教育人才培养必须突破“数字牢笼”，回归育人本质。

（三）全面振兴乡村非正规教育

乡村振兴战略目标的实现离不开乡村非正规教育，尤其是家庭教育和社区教育。非正规教育具有教育内容贴近生活与生产实际、教育对象广泛、教育时间灵活且与正规教育互通等优势，有助于激活乡村振兴的内在动力和潜在资源，促进乡风建设和乡村治理。因此，必须全面振兴乡村非正规教育。

1. 建立政府行动与社会行动相结合的推进机制，充分发挥社会组织的作用

乡村非正规教育是否得到充分发展，以及能否充分发挥其在乡村振兴中的作用，与基层政府的重视程度和社会的参与程度息息相关。一般情况下，政府的重视程度越高，非正规教育的成效就越明显。与此同时，现代公共管理改革又要求政府成为有限政府，明确政府部门的职责边界和权力范围，不能将教育完全纳入政府的工作范畴，必须发动社会力量积极参与。事实上，非正规教育也不可能完全依赖政府，没有各种

各样社会组织的参与，非正规教育难以可持续发展。[①]因此，必须建立政府行动与社会行动相结合的推进机制，促进政府和社会的良性互动，充分发挥社会组织在振兴乡村非正规教育中的作用。[②]为实现这一目标，其一是要建立对家庭教育、社区教育等负责的组织管理机构，其二是要将社会组织参与方式项目化。

2. 充分挖掘乡村社会的教育资源，实现县域教育资源的最优化整合

丰富和有质量的教育资源是乡村非正规教育振兴的关键。有研究者统计，在“撤点并校”于全国范围内广泛铺开的十年间，平均每天就要消失63所小学、30个教学点、3所初中，几乎每过1小时，就要消失4所乡村学校。[③]随着乡村学校的消失、乡村教师和学生的外流，构成学校基础的校舍、场地、设备等被搁置起来。然而，这些学校的资产可能是经过几十年甚至上百年的时间才得以形成的，凝聚着本乡本土人民的汗水和心血，蕴含着悠久的历史文化。如何使这些被搁置的教育资源重获新生，为县域教育发展服务，是摆在我们面前的一个重要课题。[④]与此同时，如梁漱溟所言，“乡村是中国文化有形的根”。还有很多宝贵的

① 参见李骏修：《学习型社会背景下推进社区教育的实践与探索》，《教育发展研究》2008年第17期。

② 参见杨东：《困境与启示：从乡村教育实验看当代社区教育实验》，《远程教育杂志》2012年第3期。

③ 参见21世纪教育研究院：《农村教育向何处去——对农村撤点并校政策的评价与反思》，北京理工大学出版社2013年版，第5页。

④ 参见张黎、余志君：《城镇化进程中县域教育资源整合新探》，《教育发展研究》2007年第12期。

中国优秀传统文化包括戏剧、歌谣、故事等尚未被遗忘和丢失，依旧保存在乡村社会里，亟须收集和研究，并转化为独特的教育资源。为此，应充分利用汇聚了智库资源及有着显著的地缘和人缘优势的地方学校的资源，为乡村教育文化资源的开发和整合提供专业力量和人才保障。[①]

3. 完善乡村教育制度，促进多元主体参与共建共享

当前县域内教育资源的共享不仅非常不足，而且共享的范围很窄，基本局限在义务教育学校内。导致县域内教育资源共享不足的一个重要原因是，建立在二元分离、个体主义思维模式基础上的乡村教育制度无法将过去分离的、不平衡的教育资源整合为一个相互补充、相互促进、不断演进、灵活开放的教育资源体系，也难以加强人们把教育视为一项共同利益的观念。有鉴于此，县域政府与教育部门应立足于终身教育的观念和生态整体主义思维完善乡村教育制度，打破县域内社区教育、远程教育、义务教育、职业教育及图书馆、博物馆等各类教育文化机构之间的壁垒，确保这个网络中的每个主体都能通过资源共享实现个体的发展并促进整体的发展，逐渐形成内在的共建共享观念与自觉的行为，促进县域内交往氛围的形成，亦促进县域内非正式学习氛围的形成。

① 参见朱旭东、薄艳玲：《农村留守儿童全面发展及其综合支持系统的建构》，《北京大学教育评论》2020年第3期。

三、以一体共生发展取向推动乡村教育振兴

改革开放以后，随着国家经济实力的不断增强，为了改变乡村教育的落后状况，政府加大了对乡村教育的投入力度，出台了义务教育“两免一补”政策，财政投入以更大力度向乡村教育倾斜。虽然这些政策措施使我国乡村教育得到了进一步发展，但是城乡教育差距依然很大。这是因为造成乡村教育落后的根本问题没有解决，即城乡教育二元结构没有消除。中华人民共和国成立后，由于支持工业和城市发展，在城乡之间形成了二元结构，使有限的资金和资源倾向城市。长期失衡的城乡关系和由此形成的城乡教育二元结构，导致了城乡教育间的差距拉大，使乡村教育陷于落后、弱势的困局。因此，要实现乡村教育振兴，首要问题便是要改变二元对立、分离的城乡教育格局，走向“有差别的统一”的城乡教育格局，即实现城乡教育一体化。[①]

进入21世纪以来，特别是党的十六大以来，我国陆续出台一系列改革城乡二元结构的政策措施，逐步推进城乡一体化。2002年，党的十六大提出了“统筹城乡经济社会发展”的思想。2007年，党的十七大提出要“形成城乡经济社会发展一体化新格局”，这是中央层面首次提出“城乡一体化”。2008年，党的十七届三中全会审议通过的《中共中央关

① 参见苏刚：《城乡教育一体化：从“二元对抗”走向“有差别的统一”》，《上海教育科研》2013年第10期。

于推进农村改革发展若干重大问题的决定》对城乡一体化进行了进一步阐述，即“我国总体上已进入以工促农、以城带乡的发展阶段，进入加快改造传统农业、走中国特色农业现代化道路的关键时刻，进入着力破除城乡二元结构、形成城乡经济社会发展一体化新格局的重要时期”[①]。自此，城乡一体化成为加快推进现代化建设的重大战略抉择。城乡一体化自然包含和要求城乡教育一体化，为此，城乡教育一体化也迅速成为教育发展战略的重要选择。2010年，国务院发布的《国家中长期教育改革和发展规划纲要（2010—2020年）》正式提出“建立城乡一体化义务教育发展机制”。此后，党的十九大报告、党的二十大报告、《中国教育现代化2035》等重要文件都对城乡教育一体化作出明确要求。特别是2022年中央一号文件《中共中央国务院关于做好2022年全面推进乡村振兴重点工作的意见》，强调要“扎实推进城乡学校共同体建设”。城乡教育一体化是党和政府为破解乡村教育发展困境而作出的重大决策，对于实现乡村振兴、教育现代化、中国式现代化具有重大意义。

（一）理念创新：确立城乡教育一体共生发展理念

厘清“一体化”发展理念的准确涵义是促进城乡教育一体化发展的首要任务。学者褚宏启指出，城乡教育一体化既不是城市中心主义取向，也不是通过城区简单向乡村提供资金、人才等做法来支持乡村教育

① 《中共中央关于推进农村改革发展若干重大问题的决定》，《人民日报》2008年10月20日。

加快发展，而是在发掘乡村教育的特色、优势和需要的基础上，通过加大城乡资源整合和对接力度，充分发挥城乡教育双方的优势，逐步消除城乡二元教育结构格局和逐步缩小城乡之间的教育差距，实现教育促进城乡共同发展的目的。[①]然而，近年来一些地方大力推动的城乡教育一体化实践，进一步确认和加速了乡村教育城镇化之路。[②]毫无疑问，乡村教育城镇化改善了乡村教育的环境和质量，但是这种改善是以乡村教育被城市化、被边缘化为代价的。所以，当前一些学者提出城乡教育一体化不是同一化，而是差异互补、平等交流、共同进化的一体共生。

“共生”（symbiosis）一词源自生物学，最早由德国生物学家德贝里于1897年提出，是指“不同生物密切生活在一起（Living Together）”[③]，体现了生物体之间不可分割的联系。生物学者深刻体会到生物间相互利害关系的复杂性，明确地揭示了个体或群体成功的奥秘就是“共生”，即彼此密切联合的能力，而不是强者压倒一切的“本领”，自然界如此，人文科学中的共生哲学原理亦可如此理解。[④]随着生物学、社会学等学科领域专家对“共生”概念的研究，“共生”理论不断深化，为许多研究领域提供了新的认识视角。简单来说，共生可以理解为不同的生命利用对方和自己的特性共同存在和发展，它们相互依赖、相互促进，构成

① 参见褚宏启：《城乡教育一体化：体系重构与制度创新——中国教育二元结构及其破解》，《教育研究》2009年第11期。

② 参见李涛：《中国乡村教育发展路向的理论难题》，《探索与争鸣》2016年第5期。

③ 李万源：《物理与生物医学的哲学新论》，中国传媒大学出版社2011年版，第230页。

④ 参见洪黎民：《共生概念发展的历史、现状及展望》，《中国微生态学杂志》1996年第4期。

不可分离的有机整体。

根据共生原理，城乡教育一体共生首先强调乡村教育的独特性，乡村教育不是以城市教育为参照的“条件落后”“质量低下”的教育的代名词，而是一种与城市教育有别的独特的教育形态。简言之，城乡教育一体化不是以城市教育作为参照同化乡村教育，不能以牺牲乡村教育的独特性为代价，而是要坚持乡村教育自身的文化和特色。[①]其次，一体共生强调城乡教育的相互合作和互惠互利。既然乡村教育是不同于城市教育的独特存在，那么构成城乡教育共生体的不同资源，完全应该通过平等交流的方式进行整合，实现城乡教育的优势互补，为城乡孩子们提供富有自然气息、个性化、现代化的教育内容。[②]这样也就实现了城乡教育一体共生发展理念的最终目标，即城乡教育的共同进步。因此，当下城乡教育一体化应从注重“同一性”向注重“一体共生”转变。

（二）政策优化：实现城乡教育资源双向流动

在一体共生发展理念下，发挥教育对实现乡村全面振兴的战略支撑作用，形成乡村建设与乡村教育的“一潭活水”，迫切需要制定并落实系统而富有针对性的倾斜性政策予以保障，实现人才、课程、设施、信

① 参见冯建军：《从同一性到差异性：重构乡村教育的正义之维》，《探索与争鸣》2021年第4期。

② 参见吴易雄、王桐：《共生理论视域下城乡教育一体化发展的困局与突破》，《中国电化教育》2022年第11期。

息等教育资源在城乡之间的双向流动[①]。乡村振兴，教育为本；教育振兴，教师为本。面对以“逃离”乡村为特征的教师“单向流动”格局，当前最需解决的资源流动问题就是如何通过系统化的政策安排，稳定乡村教师队伍，实现教师资源城乡双向流动。

1. 制定补偿性的政策

乡村教师“下不去、留不住、教不好”是由工资收入总体较低、工作与生活条件艰苦、专业成长和职业发展受限、住房问题解决不好、社会保障不足、子女教育困难等多重因素综合所致。因此，制定乡村教师的补偿性政策，必须避免单一维度或者特定方面政策突出而其他维度保障不足的问题。为了提升乡村教师职业吸引力，着力弥补城乡教育一体化目标下乡村教育短板中的短板——乡村师资短缺，助力乡村振兴战略推进，应构建乡村教师综合待遇保障制度，主要措施包括五个方面(见表1)。[②]

表1　乡村教师综合待遇保障制度的主要措施与内容维度

序号	乡村教师综合待遇保障制度的主要措施	乡村教师综合待遇保障制度的内容维度
1	健全乡村教师工资收入增长保障机制	教师作为社会劳动者的基本保障性待遇政策
2	强化乡村教师岗位职称的倾斜性制度创新	服务于教师专业成长的职业发展性待遇政策

① 参见杜育红、杨小敏：《乡村振兴：作为战略支撑的乡村教育及其发展路径》,《华南师范大学学报（社会科学版）》2018年第2期。

② 参见庞丽娟、杨小敏、金志峰等：《构建综合待遇保障制度 提升乡村教师职业吸引力》,《中国教育学刊》2021年第4期。

续表

序号	乡村教师综合待遇保障制度的主要措施	乡村教师综合待遇保障制度的内容维度
3	推动乡村教师社会保障制度体系的持续完善	服务于教师社会地位、师道尊严和身份认同的奖励激励性待遇政策
4	建立健全乡村教师定期体检和疗养制度	
5	落实乡村教师子女入学的规范性优待政策	

也有研究发现，“每月增加1 000元收入，将可以吸引大批教师下到村小和教学点；如果能在现有基础上增加1倍，则绝大多数教师愿意长期扎根乡村”[①]。这表明在当前影响乡村教师职业吸引力的众多因素中，经济收入依然是最为重要的因素，也是各项政策举措中最能迅速取得实效的方面。因此，就当前阶段而言，乡村教师综合待遇的相关政策举措还是应该向经济待遇方面倾斜，促进乡村教师收入“倍增”，为稳定乡村教师队伍提供切实物质保障。

2. 制定弹性化的政策

目前城乡教师难以实现双向合理流动的原因就在于大多数乡村教师考虑到职业发展前景、薪酬待遇和生活环境，不愿意终身留在乡村学校，一些流动到城市学校的乡村教师“逃离”乡村的意愿更为迫切。有调查显示，当前地方师范院校的大部分公费师范生合约期满后，在乡村从教的意愿逐渐减弱，愿终身在乡村学校从教的比例较低。[②]实际上，

① 庞丽娟、金志峰、杨小敏：《新时期乡村教师队伍建设政策研究》，《中国行政管理》2017年第5期。

② 参见蒋蓉、李新、黄月胜等：《地方师范院校公费师范生乡村小学从教意愿调查》，《教育研究与实验》2019年第6期。

不只是教师，对于各行各业的人来说，只有发自内心地对于生活和工作有期待、有信心，才可能在稳定中发展。因此，想解决乡村教师结构性缺编的问题，提升乡村师资队伍的质量和稳定性，要让乡村教师拥有向城市学校流动、向更高层次发展的机会。

（1）实行教师乡村任教的弹性化工作年限制度

对于那些追求更好发展机会的青年教师，如果不给予或者很少给予他们发展的机会，那么即使他们在乡村学校待上五年或者十年，也很难认真钻研教学，更不要说主动提升教育能力。因此稳定乡村教师队伍不能靠“堵”，而应靠“通”，应增加教师在乡村学校任教时间的弹性，让他们在发展上有二次选择的机会。也只有为个体增加人生选择的机会，让个体看到发展的出路和希望，其才能安心从教。因此，有研究者建议政策设计“应回归教师个体的决策理性，增强政策的弹性，构建动态轮换机制，减少每个教师在乡村的任教年限，让乡村教师队伍在供需平衡中保持总量稳定”①。还有研究者建议，政策设计应将长期要求与短期要求相结合，构建灵活的弹性化政策机制。②比如，可以为大学毕业生和城市教师设计“以半年或者一年为起点的短期教师下乡活动”+“以3—5年为一个长时间段的教师下乡服务”，并且实施基于下乡学校的工作条件、工作时间、工作内容等因素的补偿政策。无论是半年、一年还是三年、五年，由于这种弹性化工作年限制度尊重下乡教师的意愿和选择，教师在乡村任教期内便会安心从教，积极

① 朱秀红、刘善槐：《乡村青年教师的流动意愿与稳定政策研究——基于个人—环境匹配理论的分析视角》，《教育发展研究》2019年第20期。

② 参见白亮：《乡村教师激励政策优化》，《教育研究》2021年第12期。

参与乡村教育建设。

（2）探索建立城乡教师编制动态调整机制

实现城乡教师双向流动不仅要有稳定的乡村教师队伍，也要有稳定的城市和城镇教师队伍。近年来，在新型城镇化、生育政策调整等因素综合影响下，我国学龄人口呈现从乡村地区向城市和城镇地区加速流动的趋势，形成了乡村学校“生少师多”和城市学校“生多师少”的窘境。而这些乡村学校过剩的教师，又无法从学龄人口流出地区有效转移到城市和城镇地区，由此导致学龄儿童数量快速增长的城市和城镇学校不得不大量编外用工。有研究者发现，目前城镇中小学编外用工现象越来越严重，并且编外教师的工资待遇低导致其流动性大，教师队伍极不稳定。[①]因此，政府部门应全面分析学龄人口的变化趋势和分布状况，并据此判断城乡学校适宜的数量和规模，科学预测城乡教师的需求状况，建立教师编制动态调整机制。[②]

（三）制度重构：突破城乡教育分离对立的制度瓶颈

当前的许多教育问题，追根溯源都是制度问题，在城乡教育关系问题上尤其如此。因此，推进城乡教育一体化，就必须重视教育制度、教育体制机制的重构，通过体制和制度的调整与创新，消除城乡教育之间

① 参见黄浩：《城镇中小学教师编制短缺亟待破局》，《中国教师报》2022年3月9日。

② 参见朱秀红、刘善槐：《乡村青年教师的流动意愿与稳定政策研究——基于个人—环境匹配理论的分析视角》，《教育发展研究》2019年第20期。

的制度性落差，构建起城乡一体的教育制度体系。[①]

大多数研究者都认为困厄城乡教育一体化的根源是教育管理制度的问题。为了减轻农村和农民的教育负担，2001年发布的《国务院关于基础教育改革与发展的决定》确立了“在国务院领导下，由地方政府负责、分级管理、以县为主”的管理体制，规定县级政府对农村义务教育负有主要责任。但是县级财政薄弱成为义务教育免费政策实施及缩小城乡教育、区域教育差距的最大障碍。为了解决这一问题，2006年，中央政府设计了“中央和地方分项目、按比例分担”的新机制，对农村义务教育实行“经费省级统筹、管理以县为主”的制度，即由省级政府负责统筹落实省以下各级政府应承担的经费，制定地方各级政府的具体分担办法，完善财政转移支付制度。这次改革虽然彻底结束了我国农村义务教育“自给”的历史，但是也引发出一系列新问题。例如，有研究者发现，由于县级政府教育事权不明晰，一些地方形成了地方政府以财力不足为由向中央“要钱”的倒逼机制，结果在使中央政府成为农村义务教育投入的主要承担者的同时，也没能调动县镇提高农村义务教育质量的积极性，甚至在某种程度上使得农村义务教育的基层社会载体虚化。[②]也有研究者通过调研发现，我国农村义务教育投入主体仍然是县级政府，经费负担重心在地方而非中央的格局没有实质性改变。[③]研究者提

---

① 参见于月萍：《区域推进城乡教育一体化发展的理论及战略研究》，辽宁人民出版社2012年版，第210页。

② 参见张丽华、汪冲：《解决农村义务教育投入保障中的制度缺陷——对中央转移支付作用及事权体制调整的思考》，《经济研究》2008年第10期。

③ 参见陈静漪、宗晓华：《实施“新机制”后农村义务教育发展机制分析》，《教育发展研究》2011年第11期。

出，之所以造成这些问题，是因为在制度层面，“新机制”及其后续改革没有突破分级办学、分级管理、以县（区）为主的义务教育经费投入与管理体制框架，仍然是一种城乡分立的制度设计，偏离了城乡一体化发展的国家战略目标。[①]

在如何设计一体化制度上，有研究者提出，城乡教育一体化的目标和价值追求是实现城乡教育公平，缩小城乡教育质量差距，因此“公平”和“质量”应成为城乡教育一体化制度设计需要遵循的基本原则。有研究者把城乡教育一体化涉及的制度依照“公平”和“质量”向度分为两大类进行了重新设计：一是体现公平的教育制度，包括教育管理制度、办学制度、入学招生制度、教育投入制度；二是体现质量的教育制度，包括教师人事制度、学生培养制度和教育质量评价制度。[②]也有学者认为，关乎城乡教育一体化的制度主要表现在三个方面，即教育管理制度、教育投入制度、教师管理制度。[③]还有学者认为，实现城乡教育一体化的关键在于体制、机制创新和制度突破，主要包括建立与服务型政府相适应的城乡教育一体化财政与管理体制，建立与双向城乡教育一体化相适应的教育制度体系。[④]

---

① 参见陈静漪、宗晓华：《从城乡分立到城乡一体化——中国农村义务教育供给机制演进路径分析》，《西南大学学报（社会科学版）》2012年第5期。

② 参见于月萍：《区域推进城乡教育一体化发展的理论及战略研究》，辽宁人民出版社2012年版，第244页。

③ 参见张旺：《城乡教育一体化：教育公平的时代诉求》，《教育研究》2012年第8期。

④ 参见邬志辉：《城乡教育一体化：问题形态与制度突破》，《教育研究》2012年第8期。

（四）技术赋能：创新城乡教育一体化发展模式

《乡村振兴战略规划（2018—2022年）》提出，优化发展农村教育事业，要“实现县域校际资源均衡配置”。由于“数字技术具有互联互通、即时高效、动态共享的特征，能够快速高效地把分散的优质资源聚合起来，突破时空限制，跨学校、跨区域、跨国家传播分享”[①]，让那些身处乡村学校的师生也能够平等地获得教育资源，有利于从根本上消除由于地区之间经济发展的不平衡所产生的教育水平差距[②]，因此教育信息化成为推进城乡教育一体化的重要手段。2014年，教育部、财政部、国家发展改革委等五部门联合发布的《构建利用信息化手段扩大优质教育资源覆盖面有效机制的实施方案》倡导，通过“三个课堂”（“专递课堂”“名师课堂”和“名校网络课堂”）扩大优质教育资源的覆盖面。2020年，教育部发布的《关于加强“三个课堂”应用的指导意见》进一步重申，到2022年，全面实现“三个课堂”在中小学校的常态化按需应用。在国家政策引导下，借助信息技术的“三个课堂”因其在扩大优质教育资源共享范围上的独特优势，成为推动城乡教育一体化的重要举措，在学科研讨、教师研修、课题沙龙等场景广泛应用，受到乡村学校和教学点的青睐。

① 怀进鹏：《数字变革与教育未来——在世界数字教育大会上的主旨演讲》，《中国教育信息化》2023年第3期。

② 参见宋乃庆、杨欣、李玲：《以教育信息化保障城乡教育一体化》，《电化教育研究》2013年第2期。

“三个课堂”是以信息化技术为手段、以课堂为载体，有效促进教育公平的实践活动。[①]其中“专递课堂”主要解决乡村学校开不出、开不足、开不好国家规定课程的问题，通过同步直播或网上专门开课的方式，实现优质师资共享，帮助乡村学校和薄弱学校开齐、开足、开好国家规定课程；“名师课堂”主要针对乡村教师专业发展水平不高的问题，通过互联网将不同学校和区域的教师联系起来，构建网络研修共同体，以名师、优师的智力资源赋能乡村教师专业发展；“名校网络课堂”主要针对区域、城乡、学校之间教育质量存在差距的问题，以优质学校为主体、以网络学校和网络课程等形式，系统性、全方位地推动优质教学资源在区域、学校之间的共享。[②]“三个课堂”发展到今天，又出现了“同步课堂”“双师课堂”等新概念，这些课堂形式在本质上是一样的，都是通过使用信息技术建立的在线教学系统或者学习平台，将空间分离的两个或多个课堂的教与学活动联结起来，旨在促进多方课堂之间资源共享、实时互动的混合式教学模式。[③]

近年来，在高校科研工作者的指导下，“三个课堂”“同步课堂”等多样化的在线协同教学实践取得了丰硕成果，形成了较为丰富的教学模式：在湖北省恩施州，有研究团队针对当地薄弱学校课程开不齐、开不好，教学条件差的问题，探索出同体式、协作式、支教式三类同步课堂

① 参见胡小勇、曹宇星、宋宇等：《“三个课堂”促进新时代教育公平发展的研究》，《中国电化教育》2021年第10期。

② 参见《教育部关于加强“三个课堂”应用的指导意见》，2020年3月5日，见 http://www.moe.gov.cn/srcsite/A16/s3342/202003/t20200316_431659.html。

③ 参见李高祥、熊键：《学本视角下同步课堂教学的困境与对策》，《上海教育科研》2022年第2期。

教学模式[①]；在河北省保定市区与该市下辖的乡村，有研究团体开展了城乡异地同步课堂教学组织形式的实践，包括城市主场异地同步课堂、乡村主场异地同步课堂两种形式[②]；在江苏省徐州市，相关部门建立起“政府主导、学校参与、企业支持、高校指导”的“同步课堂”教学模式，这种教学模式强调政府、学校、企业、高校的协同参与，丰富了同步课堂的参与主体，充分调动了社会资源[③]。经过近年来的探索，目前各地“同步课堂”教学逐步走向成熟，许多城乡学校在教学与教研的交流互动中形成一个个别具特色的共同体，提高了乡村教育发展效率和质量。

总之，破解乡村教育促进乡村振兴的现实困境，必须坚持一种纵横贯通、相互联系、不可分割的整体性思维。这种整体性体现在乡村教育促进乡村振兴的价值取向和实施策略两个维度上。在价值取向维度，乡村教育只有在兼顾国家层面即建成社会主义现代化强国、实现中华民族伟大复兴和个体层面即人的个性自由全面发展的同时，才能助力全面推进乡村振兴，实现农业农村现代化。在实施策略维度，乡村教育只有从单一的、松散的、孤立的各类教育转变为各级各类教育密切联系的统一体，并与城市教育结合为城乡教育共同体，才能充分发挥教育促进乡村振兴的作用。

---

① 参见王继新、施枫、吴秀圆：《“互联网+”教学点：新城镇化进程中的义务教育均衡发展实践》，《中国电化教育》2016年第1期。

② 参见高丹阳、张泽晖、郭伟：《城乡异地同步课堂教学组织形式的提出与实践》，《现代教育技术》2019年第5期。

③ 参见张尧、王运武、佘长营：《面向城乡教育均衡发展的教育变革——徐州市同步课堂教学模式的设计与实践》，《现代教育技术》2019年第6期。

第五章

乡村教育促进乡村振兴的实践模式与发展路向

本章首先介绍乡村教育促进乡村振兴的五种实践模式，其次总结五种模式的相同之处并指出各自的问题、局限，最后在此基础上为推动乡村教育促进乡村振兴的实践发展，我们提出了“跨越式发展”的概念，即一种新时代背景下乡村教育促进乡村振兴的新发展路向。

一、乡村教育促进乡村振兴的五种实践模式

“社区学习中心项目”是20世纪90年代末联合国教科文组织在“亚太地区全民教育计划”（Asia-Pacific Programme of Education for All，APPEAL）下推出的一个旨在为社区所有成员，尤其是缺乏教育机会的弱势群体提供终身学习机会的项目。1998年，中国联合国教科文组织全国委员会从联合国教科文组织亚太办事处引进“社区学习中心项目”。2004年，在中国联合国教科文组织全国委员会、联合国教科文组织北京办事处、中国成人教育协会、联合国教科文组织国际农村教育培训与研究中心（简称“农教中心”）的共同推动下，“农村社区学习中心

（CLC）能力建设项目”（简称“CLC项目”）启动并迅速扩展到浙江、山东、河北、河南、重庆等省市，组织开展了包括扫盲在内的成人文化教育、各类生产生活技能培训、农村社区环境教育与治理、乡村记忆，以及农村创新创业人才培养等多项教育活动。CLC项目的实施，为农村消除贫困、加速农村经济社会发展、提升人们科学文化素质和生活质量起到了积极的作用。

在农教中心首席专家李兴洲教授的倡议和带领下，2022年9月，农教中心启动了《中国“农村社区学习中心（CLC）能力建设项目”回顾与展望报告》的撰写工作，组建了由首席专家、教授、博士后、硕士等专业人员构成的CLC项目组。2022年9月，农教中心副主任王力教授和博士后姬冰澌共同设计了调研方案。整个调研分为两个阶段：第一阶段为2022年10月到11月，CLC项目组在线收集来自广西、云南、甘肃、河南、浙江、江苏、四川七个省（自治区）CLC项目点提供的案例资料；第二阶段为2023年4月到5月，CLC项目组到苏州和宁波两地的六个CLC项目点展开实地调研。

基于CLC项目点提供的案例资料和项目组成员的实地调研情况，我们总结了几种代表性发展模式。与此同时，经过文献研究，我们发现我国部分乡村地区充分借助当地的文化、生态、地理等资源优势，以及信息技术、企业和高校等外部力量，探索契合本地发展需求的乡村教育促进乡村振兴模式，其中“现代田园教育”模式和“农家书屋”模式具有非常重要的借鉴意义。因此，这里根据我们在江苏、浙江等省份开展的乡村教育实地调研情况，结合CLC项目点提供的案例资料和乡村教育的相关文献资料，详细分析五种乡村教育促进乡村振兴的实践模式，其中前两种分别为“现代田园教育”模式和“农家书屋”模式，后三种依次为“CLC项目+‘农科教’”模式、“CLC项目+‘三教’”模式和“CLC项目自建”模式。

（一）“现代田园教育”模式

1. 背景介绍

四川省成都市蒲江县，地处成都、眉山、雅安三市交会处，属成都“半小时经济圈”，同时也是成渝地区双城经济圈和成德眉资同城化发展的重要节点。蒲江生态资源丰富，区域内森林覆盖率达67.04%，素有天然氧吧的美称，享有全国生态文明建设示范县、全国休闲农业重点县、全省县域经济发展先进县等盛誉。①在新华社、中国品牌建设促进会等单位联合发布的“2023中国品牌价值评价结果”中，“蒲江雀舌”“蒲江猕猴桃”“蒲江丑柑”三大地标产品稳居区域品牌（地理标志产品）榜单前40强，品牌价值总量达424.25亿元。②除了农业产业发展，蒲江凭借其交通便利的区位优势，依托丰富的生态资源，积极整合多种社会资源，以政府为主导、村民为主体，协同发展特色鲜明的文创和乡村旅游产业。例如，蒲江县明月村通过修复明月窑，建立以陶艺文化为主的手工创意文创产业。在城镇化进程中，蒲江县初步实现了由单一以

① 参见蒲江县人民政府：《蒲江概况》，2023年5月9日，见http://www.pujiang.gov.cn/pjxrmzf/c160228/2023-05/09/content_bf99f724516842dda20f2fc7bddb042d.shtml。

② 参见蒲江县市场和质量监管局：《424.25亿！2023年蒲江地标品牌价值结果新鲜出炉!》，2023年6月25日，见http://pujiang.gov.cn/pjxrmzf/c160075/2023-06/25/content_155eea7d2db5436287b97370db75fdc4.shtml。

农业为主的生产结构向以生态农业与文创旅游业为核心的多元发展模式的转型，这一转型对当地教育发展水平与人才的数量和质量提出了更高的要求。

2. 模式分析

蒲江自古就重教兴学，山水之间更宜养“浩然正气”。在探索乡村全面振兴的道路上，蒲江县以现代教育思想为指导，以教育信息化为支撑，基于本乡本土的生态环境、文化传统、产业特点，深入挖掘其中的教育资源，逐步探索出了一条乡村教育促进田园城市建设，田园城市建设反哺乡村教育发展的“现代田园教育”模式。这种新模式属于“内生型”乡村教育现代化发展模式，蕴含“自然、绿色、融合、开放”四大元素，具有“回归自然、回归农村、回归书院”三个特质。[①]

在四大元素中，“自然”与“绿色”是“现代田园教育”模式的核心元素和质量内涵。蒲江作为一座田园“城市”，在自然环境与传统文化上有着丰富的资源，可以为乡村教育发展提供丰富的养料。当地教育局鼓励学校充分开发自然与文化资源，在学校课程开发上融入乡土元素。如今，蒲江县各个乡村学校打造出“竹品人生”“田园梦想”“校园农耕”“市民体验”等以艺、体、劳等综合实践活动课程为主的校本特色课程体系。“自然”和“绿色”还是田园教育目的的内在依据。就人类社会来说，绿色发展是一种以人与自然和谐共生为理念，保护人类赖

① 参见高书国、杨海燕、凡勇昆：《中国农村“内生型”教育现代化的探索实践——四川省成都市蒲江县“现代田园教育”调研报告》，《基础教育参考》2014年第23期。

以生存的自然资源，能够满足当代人和子孙后代需要的可持续发展方式。从哲学层面来说，因为天人相通，教育的对象是人，所以教育与自然也相连相通。“现代田园教育”模式的目的是“像尊重自然及其潜在规律一样尊重人的本性和成长规律”，不以牺牲学生身心健康、扼杀学生个性发展为代价，促进学生可持续发展和身心灵健全发展，最终成为一个对世界有所作为的人。[①]自然和绿色的“田园教育”模式增进了乡村学生对乡土文化的认同，使乡村教育发挥出传承、创新乡村文化的载体作用。

“融合”是“现代田园教育”模式的发展方式。首先，蒲江县将乡土性教育与现代性教育相融合，在兼收并蓄中不断发展教育思想，持续推进教育改革。其次，蒲江县将县域内各级各类教育相融合，并充分发挥名校教育资源优势，让成都其他区县的优质学校精准帮扶乡村学校、薄弱学校和新建学校，助推乡村教育和乡村社会高质量发展。据蒲江县教育局局长介绍，该县大力整合普通教育和社区教育的资源，给学生在校内外教学活动中创造更多参与地方文化、经济发展的机会，培养了学生勤劳质朴的品质、立足和服务乡村发展的思想和能力。[②]

“开放”是“现代田园教育”模式的理想情怀。蒲江县跳出了“乡村教育为乡村”“乡村教育在乡村”“乡村教育即乡村学校”的认识误区，超越了“离农”或“为农”的单一目标。当地教育局鼓励乡村学校

① 参见高书国、杨海燕、凡勇昆：《中国农村“内生型”教育现代化的探索实践——四川省成都市蒲江县“现代田园教育”调研报告》，《基础教育参考》2014年第23期。

② 参见刘磊：《让农村教育反哺农村发展——四川省蒲江县推进现代田园教育采访纪行》，《中国教育报》2013年10月28日。

贴近蒲江现代田园城市建设对人才的多元化需求，培养“具有浓厚家乡情怀的城市人”“具有优秀传统文化的现代人”。在这种面向未来、共建共享、反哺社会的思想理念引领下，蒲江县将地方文化、经济与教育教学有机结合，创新教育教学模式，通过打造一系列特色品牌课程，为地方经济社会发展培养了一大批高素质的实用型人才。[①]例如，蒲江县职业中专学校探索出“一项专业，多项技能”的培养模式，不断提升学生综合素质，为区域内企业发展提供有力的人才支撑。[②]

“回归自然、回归农村、回归书院”三大特征与“自然、绿色、融合、开放”四大元素遥相呼应。其中，“回归农村”尤为强调乡村教育与乡村建设的良性互动；“回归农村”是指让乡村教育生长于、立足于现代乡村社会，充分发挥乡村教育对地方产业、人才、文化、生态和组织等方面发展的支持作用。为了更好地服务于全县社区发展，回归农村的“田园教育”模式特别注重教育对乡村人口整体素质的影响，搭建学校与社区、企业沟通的桥梁，建立起多主体协同参与社区教育治理的体系，形成环境、资源、人才等方面互融互通模式。其中，“公益早教进社区”项目通过“父母小课堂”等方式，将乡村成人素质的提升与早教活动、社区建设结合起来。“通过培育一个孩子，改变一个成人，带动一个家庭，辐射一个社区，影响整个社会。”[③]

① 参见刘磊：《让农村教育反哺农村发展——四川省蒲江县推进现代田园教育采访纪行》，《中国教育报》2013年10月28日。

② 参见杨忠云、张宗倩：《“现代田园教育”助推乡村振兴》，《人民教育》2021年第9期。

③ 杨忠云、张宗倩：《“现代田园教育”助推乡村振兴》，《人民教育》2021年第9期。

（二）“农家书屋”模式

1. 背景介绍

作为乡村社会的文化机构，农家书屋是乡村文化振兴的重要载体，在促进乡村人才集聚和乡村产业转型中发挥着积极作用。2018年9月，中共中央、国务院印发《乡村振兴战略规划（2018—2022年）》，从国家层面提出了“推进农家书屋延伸服务和提质增效”。2019年，中宣部、教育部等十部门联合印发《农家书屋深化改革创新 提升服务效能实施方案》，提出要“网上网下协同推进”，为农家书屋提质增效、助力乡村振兴提供了方向指引。2022年，国家层面印发《“十四五”文化发展规划》，明确要求推进农家书屋数字化建设。农家书屋从试点到推广建设，至今历经十余年，在理论者和实践者的共同努力下，已经探索出“农家书屋+儿童教育”“农家书屋+乡村旅游”“农家书屋+数字化技术”等多种建设与发展模式，有效提升和拓展了其使用效能和服务功能，为推进乡村振兴作出了重要贡献。下面介绍三种独具特色的“农家书屋+”发展模式。

2. 模式分析

（1）“农家书屋+儿童教育”模式

为了解决当前一些农村留守儿童因亲情缺失、监护缺位、不良风气影响、教育失当等一系列原因所导致的严重的心理健康问题，“农家书屋+儿童教育”模式逐渐成为农家书屋发展的趋势之一。这种模式依托农家书屋的空间、图书和计算机等资源优势，联合政府部门、社会力量举办阅读、写作、绘画、观影等特色活动的同时，定期面向乡村青少年儿童开展心理咨询，对其成长发展给予专业指导，积极引导他们使用数字技术进行学习，让乡村青少年儿童感受到关爱，提升其综合素养，促进其终身学习。例如，作为全国示范农家书屋之一的泉州市潮乐村农家书屋，采用老人群体参与农家书屋管理的模式，以“课后四点半”为核心服务，号召留守儿童到农家书屋进行阅读、文体活动，丰富儿童的课后生活。[①]

（2）“农家书屋+乡村旅游”模式

为了提高农家书屋的可持续运行能力，海南省努力寻求公共文化事业和市场机制的有机结合，经过几年探索，已经打造出“农家书屋+乡村旅游”的“乡村美丽书屋”模式。这种模式强调政府、企业和村民的合力建设，政府通过加大资金、政策支持力度来吸引人才返乡创业，鼓励企业、村民、志愿者等社会力量积极参与书屋的建设和管理。这些乡村书屋大多设在环境优美的村落（渔村），通过与当地历史文化、自然资源的紧密结合，打造出一个个研学旅行的“学堂”和旅游休闲的“驿站”。因此，书屋除向当地村民提供公共阅读服务外，还兼具休闲旅行、文化传播等功能，对于乡村的产业振兴、文化振兴具有积极作用。例如，返乡创业者秦加一在琼中乡村建立的“盒子书房”，既是当地孩子们的“第二学堂”，也是“背包族”的旅游打卡地，实现了社会效益和

---

① 参见张凌峰、洪秋兰：《文化治理视域下“农家书屋+儿童教育”运作模式发展研究》，《图书馆工作与研究》2022年第3期。

经济效益的双赢。[1]

（3）"农家书屋+数字化技术"模式

随着数字化时代的到来，过去的纸质媒介环境逐渐向以数字化技术为依托的新媒介环境转变，给农家书屋发展注入了新的活力。在国家积极推动数字乡村、公共文化数字化建设的背景下，经过几年探索，全国已形成数量可观和模式多样的数字农家书屋。其中数字化技术综合模式作为一种将电脑端、手机端、电视端等多种接收终端进行整合的模式，成为数字农家书屋发展的趋势和主流。[2]从2015年开始，江西省赣州市就开始在寻乌、安远进行"农家书屋+电商平台"文化服务站模式的探索。这种模式以农家书屋为阵地，引导电商进村入驻，在网上交易平台的支持下，农家书屋得以转型为一个不仅拥有电子商务功能，还提供信息服务和文化传播等服务的多功能的农村文化平台。这种模式实现了公共文化服务与电商产业的融合发展，在使农民学习新技术、新知识的同时，还为他们开辟了增收新路，让农民既富"脑袋"又富"口袋"。例如，安远县的"本甄蜂蜜"，通过文化服务站点，把蜜蜂的生长环境、采蜜过程、加工流程及传说故事拍成视频对产品进行宣传，吸引了众多商家订购，不仅卖出了产品，还传播了乡土文化。[3]

---

① 参见夏锋：《"农家书屋+"助推海南乡村振兴》，《光明日报》2021年1月29日。

② 参见万剑、黄奇杰：《数字农家书屋建设模式研究》，《编辑之友》2020年第10期。

③ 参见吴齐强、张惠婷：《"农家书屋+电商"，加出了啥？》，《人民日报》2016年6月12日。

（三）“CLC项目+‘农科教’”模式

1. 背景介绍

“农科教结合是把经济发展、科技推广、人才培训紧密结合起来，通过政府统筹，使农业、科技、教育等部门的人力、物力、财力得以综合利用，形成科教兴农的强大合力，取得最佳整体效益的实施项目。”① “农”是指整个农村社会经济全方位的发展；“科”是指通过开展科学研究，将科学技术推广、应用于农村经济发展；“教”是指在农村开展的一切教育教学与学习培训活动。在乡村振兴战略背景下，浙江、江苏等经济发达地区的农村成人职业技术学校在提供学历补偿教育的同时，紧紧围绕乡村振兴战略的总要求，开展新型职业农民培养、代际学习、老年教育等技术培训与社区教育活动。CLC项目作为联合国教科文组织推动全民终身学习的项目，受到地方政府的高度重视，有益于成人学校各项培训与教育活动的开展，因此成人学校积极承接CLC项目。“CLC项目+‘农科教’”模式就是指一些成人职业技术学校以CLC项目为载体，综合利用城乡各类资源，开展集科学研究、教育培训、技术推广于一体的教育活动，促进乡村经济发展。

2. 模式分析

2014年，在苏州汾湖高新技术产业开发区成人教育中心校（简称

---

① 张立淼：《坚持农科教结合 助力新农村建设》，《新农村》2018年第10期。

“汾湖成校”）被确立为联合国教科文组织CLC项目点之后，该校的技术培训与教育活动受到地方政府的重视和支持。在CLC项目组专家的指导下，在各级政府部门的支持下，该校积极整合农科院所、农产品品牌营销服务公司、农技推广站、社会培训机构等多方资源，打造“农科教”服务平台，组建专家资源库，建立专家咨询服务机制，为推进乡村全面振兴培育出大量的高素质新农人。下面就以汾湖成校为例对“CLC项目+‘农科教’”模式展开具体分析。

苏州汾湖高新技术产业开发区水域面积占总面积的40%左右，拥有得天独厚的水产养殖条件，水产养殖成为农户的主要收入来源。但是，养殖技术落后、管理工作不到位、养殖分散、交通不便等因素导致单位产量低、销售困难，农户的收益受到很大影响。如果再出现大面积虾发病和采购商乱杀价现象，农户就只能以一半的市场价格销售产品，农户有苦难言，直接影响了他们的养殖效益和积极性。为了帮助农户改变落后的养殖理念、提高养殖技术，扭转他们在市场交易中的被动局面，汾湖成校依托CLC项目链接农业、科技和教育等各方资源，探索出一套以教育培养新农人、服务地方经济的实践模式，具体行动策略如下。

首先，汾湖成校从苏州市水产技术推广站、上海市水产研究所等专业机构邀请鱼虾专家来汾湖，面向广大养殖户举办专题讲座，普及科学养殖、鱼塘管理的知识。同时，邀请专家到养殖现场实地考察与指导养殖工作，面对面解决养殖户遇到的技术难题，向养殖户传授宝贵的处理实际问题的经验。在专家们的悉心指导下，养殖户从选种育苗、池塘护理到防病治虫等各方面的技术水平都有了明显提升，相应的，单位产量也逐年提升。其次，汾湖成校把那些在培训学习过程中脱颖而出的技术能手送到专业部门深造，着重培养养殖户自己的“土专家”，以弥补没有专家在场时专业技术指导的空缺。最后，在养殖户的共同努力下，成立了一个集淡水产品养殖、加工、销售、经营于一体的经济合作组织，解决了销售难题。合作社还专门成立了一个负责水产品销售的经纪人协会，网罗了国内一大批采购商。销售方式由个人独自销售转变成由合作社经纪人负责销售，社员不仅不用担心产品销路问题，而且经济收益大大提高。

（四）“CLC项目+‘三教’”模式

1. 背景介绍

“三教”一般指的是农村基础教育、农村职业教育和农村成人教育。三类教育的目标、对象、功能各不相同，对那些已经成年的农民进行成人与职业教育，是提高人力资本水平、促进乡村经济发展最直接、最快捷的途径。对那些未成年人进行普通中小学教育、中等职业教育，则可以为乡村积累人才资源。尽管在一个较长的历史时期，普通中小学教育几乎是乡村教育的全部，职教和成教基本有名无实，但是要充分发挥乡村教育全面育人和振兴乡村的功能，乡村教育必须成为覆盖所有人的教育。[①]实际上，正如前文所述，乡村教育不止这三类，而是包含家庭教育、社区教育等在内的各级各类教育。因此，从教育和乡村未来发展趋

① 参见杜育红、梁文艳：《农村教育与农村经济发展：人力资本的视角》，《北京师范大学学报（社会科学版）》2011年第6期。

势来看，这里的“三教”应该指多种教育类型。将CLC项目与多种类型的教育活动相连，有助于加大对乡村各级各类教育的统筹力度，促进乡村教育全面发展，为乡村振兴注入新的活力。

2. 模式分析

“CLC项目+‘三教’”模式是指将CLC项目点设在当地的中小学校、成人学校、职业学校，以学校为基地，组织开展一系列切合当地居民实际需求的教育与培训活动，其内容不仅包括宣传和普及基本生产生活知识、加强技能培训，还涉及推广适宜本地农业、牧业、养殖业发展的科学技术，开展预防疾病、教育扶贫等项目活动，从而改变居民传统的思想观念，创新居民的发展理念。一些地方以中小学校图书馆（室）为依托，建立各级CLC项目点。通过村校合建图书阅览室，并免费向社区居民开放，解决一直以来困扰社区居民的“读书难、看报难”问题，这种方式能够有效发挥教育系统在乡村文化振兴中的优势。还有许多CLC项目点设在当地的职业中学，充分利用职业学校的办学资源、职业技术教育经验，利用职业学校具备较高综合素质的专、兼职管理人员和师资队伍，以及部分与职业学校建立合作关系的企业所提供的资源，开展针对当地农民的职业知识技能、信息技术等培训活动，促进社区教育发展。

在乡村振兴战略的号召下，甘肃省教育科学研究院与乐施会合作，在甘肃省兰州市七里河区黄裕镇开展了“乡村振兴战略下基于农村社区学习中心的教育精准扶贫”试点项目。该项目分别在黄裕镇王官营小学和蒋家湾小学建立CLC项目点，将基础教育、社区教育、职业教育等多种教育相融合。组建乡村少年宫，为儿童提供课外学习和活动场所；组织“研学做”一体化教师培训活动，提升学校教育教学理念及质量；开展社区“社火”文化传承活动，建立社区留守老人、妇女、学校教师、儿童交流互动的良好平台，提升社区凝聚力。

（五）“CLC项目自建”模式

1. 背景介绍

“CLC项目自建”模式指的是CLC项目由某地区居民自我建设、自我组织、自我管理，充分利用当地现有条件和学习资源，积极创造新的条件来开展社区学习活动的一种特殊的发展模式。在这一发展模式下，一切学习活动都由居民自己做主，充分发挥居民的主观能动性，一定程度上可以提高居民的生活及工作效率，促进当地经济的发展，丰富居民精神文化生活。

2. 模式分析

以云南省澜沧县芒景村CLC项目点为例。芒景村是一个以发展布朗族文化和茶文化为主的旅游观光型村寨，芒景村CLC项目点以家庭——当地布朗族“末代王子”苏国文的家——为中心进行建设，由“王子”的个人威望和民族文化学识驱动，由社区成员自我管理，将民族文化中以茶为生的千年民族烙印、以茶叶保护为重点的和谐生态观作为社区成员的共同意识，将民族文化融入生产生活，提升茶叶品质，提升居民的生产生活技能和收入水平。以可持续发展理念为指引，CLC项目点统筹整合各类教育资源，凝聚多方力量，以终身学习理念推进农村社区教育的改革发展，这有助于传承与弘扬当地历史文化，增强居民劳动技能，促进居民增收致富，培育社区居民主体意识。

二、乡村教育促进乡村振兴模式的比较分析

在介绍了乡村教育促进乡村振兴的五种模式之后，接下来有必要进一步分析五种模式的共性特征和各自的局限性，以便人们在实践中因地制宜地选择和创造乡村教育促进乡村振兴的模式。

（一）五种实践模式的共性特征

1. 以整体性思维为指导

所谓思维是主体在实践过程中形成的认识能力，对人的行为起支配作用。所谓整体性思维是把认识对象当作一个相互联系、相互影响、密不可分的有机整体来看待，反对孤立、片面地认识和解决问题。整体性思维是乡村振兴战略的发展思维，也是乡村教育促进乡村振兴的方法论原则。具体来说，在整体性思维下，上述五种实践模式，都力图打破乡村教育与乡村社会的界限，改变乡村教育在乡村振兴中的边缘位置和从属地位，使二者结合为一个互相负责、不可分割的统一体加以发展。其中“现代田园教育”模式和“CLC项目+‘三教’”模式还跨越了县域

内各级各类教育的界限，力图改变职业教育与义务教育、正规教育与非正规教育、县城教育与乡镇教育之间的不平等状况，使它们作为一个相互促进、平等互助的有机体得到发展。

2. 以数字化技术为支撑

近年来，从我国政府制定并实施的系列重大政策及工程项目可以看出，国家在战略层面对数字化技术促进乡村教育发展给予了高度肯定。2018年4月，教育部印发《教育信息化2.0行动计划》，强调“教育信息化具有突破时空限制、快速复制传播、呈现手段丰富的独特优势，必将成为促进教育公平、提高教育质量的有效手段”。在全面推进乡村振兴战略的时代背景下，随着我国农村信息化基础设施日益完善，国家及各省市相继建立了涉农教育资源平台，数字技术融入乡村教育的各个环节、各个方面，为乡村教育振兴提供新动能，有助于加快缩小城乡教育差距。前文所述五种实践模式都非常重视数字化技术在教育中的运用，特别是“农家书屋+数字化技术”模式的探索，不仅促进了乡村社区教育、乡村家庭教育，而且推动了数字乡村建设。因此，未来必须注重以数字化技术创新驱动乡村教育高质量发展和转型，进而促进乡村全面振兴。

3. 以乡村教育发展为本质

“教育是乡村振兴的基础工程，乡村要振兴，首先要从乡村教育抓起，这是乡村能否长期发展和振兴的百年工程。”[①]前文所述五种乡村教

① 王玉国：《乡村教育是乡村振兴的基石》，《浙江教育报》2018年6月6日。

育促进乡村振兴的实践模式实质上是乡村教育发展的模式，都力图通过当地教育的发展带动乡村社会发展。最明显的是四川省成都市蒲江县的“现代田园教育”模式，在大教育理念下，蒲江县实现学前教育、义务教育、高中教育、职业教育、社区教育融合发展，比较全面地造福了乡村社会。即便像“农家书屋+乡村旅游”或者“农家书屋+电商平台”这种看似与教育联系不太紧密的发展模式，实质上也在推动当地教育的转型与发展。例如，“农家书屋+电商平台”模式完全改变了传统讲授式的教育模式，农民可以通过数字书屋自学所需的新技术、新知识。“农家书屋+乡村旅游”模式改变了娱乐取向的乡村社区教育模式，让偏远山区的居民在经营餐饮、民宿、书店等经济文化活动中学习新技艺，开阔眼界，认识更广阔的世界。可以说，当前任何一种乡村教育促进乡村振兴的实践模式在根本上都是一种乡村教育发展模式。

4. 以人的素质提升为目的

乡村振兴，关键在人。以上五种乡村教育促进乡村振兴的实践模式都是以通过教育提升人的素质、推进人的现代化为目的。就“农家书屋+”模式来说，目前“农家书屋+乡村旅游”“农家书屋+电商平台”的新思路无疑直接带动了当地旅游、餐饮、住宿等第三产业的发展，极大地促进了乡村经济增长。在此模式下，农家书屋的“一室多能”不仅没有消解书屋的教育功能和文化功能，反而使乡村民众在增收致富的过程中学习了知识技能，传播了乡土文化，坚定了对乡村全面振兴的信心。易言之，提供乡村公共文化服务，提升人的综合素质才是“农家书屋+”模式的根本目的。无论农家书屋与电商、超市、酒店等产业如何整合，在根本上都旨在通过为广大乡村民众提供一个终身学习的平台，促进他们提升科学文化水平，改善整个乡村社会的文化氛围，助力乡村振兴。

（二）五种实践模式的局限分析

“现代田园教育”模式除了对当地自然生态环境、文化资源、产业发展提出了一定的要求以外，实现乡土资源向教育资源的转换及各级各类教育资源的整合，还对当地教育行政部门和校长的理念、眼界、思维、管理等综合素质提出了较高的要求。也就是说，如果当地教育行政部门和校长没有先进的现代教育理念和整体性办学思维，就很难实现教育反哺社会的“现代田园教育”模式。

以借助大学生志愿团队力量或者发挥老年人余热为核心的“农家书屋+儿童教育”模式存在缺少专业力量的问题。就大学生志愿者而言，他们大多非图书馆学、教育学、心理学专业，缺乏对于图书管理、教育教学的专业知识，因此他们为农家书屋提供的管理和教育服务很可能效果不佳。就老年人而言，由于年龄与学历的限制，他们在农家书屋开展的活动类型非常有限，难以满足青少年儿童迅速成长的学习需求。“农家书屋+乡村旅游”模式的局限性在于，不少走旅行路线的农家书屋知名度不高，品牌建设和营销推广力度不够，很难在众多乡村旅游项目中脱颖而出，从而限制了其与旅游市场的深度融合和相互促进，导致其与乡村旅游结合时无法充分发挥服务乡村经济、文化建设的功能。“农家书屋+数字化技术”模式虽然解决了传统农家书屋存在的一些问题，但是面临着专业管理人员资源短缺、数字化管理系统不成熟、建设成本高、运营难度大等许多问题。[①]

“CLC项目+‘农科教’”模式是五种模式中实施难度比较高的，这种模式的实施不仅需要大量的人力、物力与财力，还需要找到合适的实验基地场所、地方农科院所、营销服务公司，并发展出一整套的生产及推广流程。实施“CLC项目+‘三教’”模式的困难，在于如何做好顶层制度设计[②]，只有在做好顶层制度设计的前提下整体推进，才能使三类（甚至更多类型）教育发挥促进乡村振兴的整体功能。“CLC项目自建”模式看似简单，但是由于CLC项目点的建立和发展，以及对各类资源的统合和管理主要依赖当地居民，因此对人们的综合素质提出了很高的要求。

三、乡村教育促进乡村振兴的未来发展路向

中华人民共和国成立以来，党和政府一直高度重视乡村教育及其在促进乡村建设中的重要作用，围绕乡村教育的师资、设施、经费等方面制定了一系列政策措施，使乡村教育取得了长足发展。可是不得不承认，当前乡村教育促进乡村振兴的能力依旧不足。从前文所述乡村教育促进乡村振兴的实践模式可以看出，在整体性、系统性思维下，借助数

① 参见尕桑卓麻：《数字化农家书屋建设的挑战与发展路径》，《湖南大众传媒职业技术学院学报》2021年第1期。

② 参见丁哲学：《大职教视阈下的“新三教统筹”》，《成人教育》2017年第4期。

字化技术的力量，以乡村教育发展为本质，以人的素质提升为目的，乡村教育完全可以跨越城乡教育之间的鸿沟、改变当前落后的发展状况，以及与乡村建设的割裂状态，全面提升质量，从而赋能乡村振兴。基于此，在教育数字化转型的时代背景下，我们提出乡村教育促进乡村振兴的跨越式发展路向，以期为乡村振兴提供新思路。

（一）跨越式发展路向的内涵阐释

乡村振兴，教育先行。没有乡村教育的跨越式发展，就难以在短时间内实现乡村振兴。因此，乡村教育促进乡村振兴的跨越式发展路向的本质与核心就是乡村教育的跨越式发展。具体来说，乡村教育跨越式发展是一种旨在跨越固有的物理空间和社会心理空间中的城乡教育关系的割裂，以及在乡村教育生态系统内部要素分离的困境基础上，利用数字技术所激发的教育数字化转型潜能，构建一个城乡教育整体性发展空间，迈向城乡一体的智慧化教育阶段，并通过建成学习型数字乡村，全面提升乡村教育质量，赋能乡村振兴的新发展路向。

1. 跨越城乡教育关系的割裂：构建整体性发展空间

乡村教育资源普遍匮乏，且与城市教育资源天然禀赋不同，加之社会心理空间中的城乡二元结构短时间内无法被消解，乡村教育不具备优质教育资源自主生发的条件。以往通过人为的城乡教育资源配置，尽可能满足乡村教育发展的基本资源需求，但在解决了人人“有学上”的问题之后，城乡教育基础资源的不均衡，开始转向优质教育资源的不均衡。要解决这个问题，通常人们会习惯性地运用以前的城乡教育资源配置的办法，比如提升教育资源配置层级、实施教育补偿（如加大教育经费投入补偿、师资补偿）等。但是，以上两种策略都是以外部资源输入为主，都依赖于教育资源数量的增加。[①]即便是城乡教育资源共享，也只能是城市将优质的教育资源单向补给乡村，这其中忽视了以往城乡教育资源配置中的适应性问题，即城市教育与乡村教育由于种种原因导致的关系的割裂，城市教育资源的单向供给普遍存在着“供不适用”的情况，远不能达到优质均衡发展目标，更无助于摆脱城乡教育间的二元结构桎梏。

“共生”作为一种关系性的思维方式，不但承认“自我”的价值，还要肯定“他者”的独立价值，以及“自我”与“他者”之间不容忽视的相互依存关系。[②]乡村教育跨越式发展强调城乡教育的一体共生，注重利用数字技术构建在地化教育共同体，促进城乡师生在教育方面的共同合作、平等交流、协同发展，进而实现城乡教育关系从割裂走向融合。构建城乡教育整体性发展空间意味着在不改变城市学校和乡村学校的实体物理空间基础上，利用新一代信息科技对其进行数字化呈现与创造，打破物理空间里的实体学校边界，实现城乡一体的教育资源公共服务与保障。城乡教育实体互动联结的意义不仅在于实现城乡教育资源的融通，更在于通过在物理空间里的实体学校之外打造一种平行的虚拟学习空间，正如国内近些年有学者提出的“云端学校”“双轨混成乡村数

① 参见赵丹、曾新：《以“资源共享”推进县域义务教育优质均衡发展：动因、问题与对策》，《教育与经济》2022年第1期。

② 参见孙杰远：《论自然与人文共生教育》，《教育研究》2010年第12期。

字学校”“智慧云校”等，可能会给乡村教育提供一种更具开放性、包容性、适应性、虚实融合的环境，从而促成乡村教育跨越式发展，进而带动乡村社会跨越城乡边界，实现城乡一体的跨越式发展。

2. 跨越当前乡村教育的形态：迈向智慧化教育阶段

教育形态变迁蕴于人类文明演进历程之中，从原始时代到农耕时代、工业时代，再到信息时代和智能时代，技术的每一次进步都推动了人类文明的演进和教育形态的深刻变革。当前人类社会大跨步迈入信息时代，某些领域甚至已经完成数字化转型，但是就教育实践样态而言，当前中国大部分地区的教育，尤其是乡村教育仍表现出工业时代后期教育形态的典型特征，比如固定的教育场所、不变的教育内容、标准化的培养模式。有研究者于2017年预测，按照一般的发展步骤和速度，教育真正进入信息时代或许还要近30年甚至更长时间。[①]在我们看来，信息时代的教育变革涉及课程、教学、评价、管理、教育设施、教育文化与教育制度等教育各个方面的变革，教育真正步入信息化阶段确实需要很长的时间。不过，倘若我们能够正确认识数字技术引发的教育变革，把握乡村振兴、教育信息化等战略机遇，借鉴国内外先进的教育经验，有针对性地对乡村教育变革进行整体设计，就有可能加快乡村教育发展速度，使其在较短时间内完成数字化转型和系统性变革，跨入智慧化教育阶段。

在大数据、第三代互联网（Web3.0）、人工智能等数字技术的作用下，智慧化乡村教育既是技术重塑乡村教育的重要目标，也是乡村教育

① 参见黄荣怀、刘德建、刘晓琳等：《互联网促进教育变革的基本格局》，《中国电化教育》2017年第1期。

跨越式发展的理想境界。智慧化教育充分体现了启迪学习者智慧的深刻内涵，主张通过构建技术融合的生态化学习环境，通过培植人机协同的数据智慧、教学智慧与文化智慧，让教师能够实施高成效的教学，让学习者能够进行个性化学习，从而培养出人格品性、行动能力、思维品质、创造潜能都得到较好发展的人。[①]城乡教育一体的智慧化学习生态通过形成真正适合乡土特点的教育可持续发展环境，不仅可以直接促进乡村教育的发展，而且可以间接带动整个乡村社会朝着数字化、智能化方向转变，促进乡村社会的转型。

3. 跨越乡村教育生态要素的边界：建成学习型数字乡村

1976年，美国教育家劳伦斯·克雷明（Lawrence Cremin）在《公共教育》一书中首次提出教育生态学（Ecology of Education）这一概念，认为应将教育视为一个有机、复杂、动态的系统，强调教育系统内部诸因素之间及教育系统与其他社会系统的相互作用关系。教育生态学理论视域下的乡村教育是一个城市学校、乡村学校、政府、社会人士、技术平台等乡村教育的内外部生态要素彼此影响、相互联系的有机整体。然而，在教育现代化进程中，受政策、经济、人口、环境等多方面因素综合作用的影响，乡村学校与乡土社会、城市学校、图书馆、博物馆等生态各要素之间存在着不同程度的割裂和失衡，城市学校、政府、企业等生态要素基本上是单向度地影响着乡村学校，并且来自城市空间的教育资源很难有效满足乡村学校的需求。

① 参见祝智庭、贺斌：《智慧教育：教育信息化的新境界》，《电化教育研究》2012年第12期。

以物联网、云计算、大数据等为表现形式的数字技术具有可沟通性、可联想性与可感知性，使得主体与内外部环境的关联互动更加有效，从而能够成为乡村教育生态系统各类要素之间密切联系的有效引擎和持续动力。乡村社会通过与数字技术深度融合，不仅能够精准感知乡村民众的学习需求，而且能够促进各类教育资源的有序流动，使乡村教育生态系统中各个要素在学习活动中粘连成一个具有内在联系性的完整生命有机体，最终建成学习型数字乡村。建设学习型数字乡村这种利于满足乡村民众日益增长的学习需求和激活城乡教育资源的生态环境，有助于包括教育在内的社会各个组成部分朝着城乡一体化方向发展，为乡村教育跨越式发展和乡村教育促进乡村振兴的实现提供基础。

（二）跨越式发展路向的行动路径

从生态系统视角看，优质的教育资源是乡村教育发展的种子，良好的教育环境为其提供生根发芽的土壤，适宜乡村教育跨越式发展的生态意味着教育基因的一脉相承与不断演进，乡村教师则是乡村教育这片沃土上的园丁。乡村教育资源、环境、生态和教师为我们勾勒出乡村教育的图景。然而，在这幅图景中，城乡教育环境割裂、乡村教师专业发展通道狭窄、乡村教育生态不可持续等现状都给乡村教育跨越式发展带来重重障碍。乡村教育跨越式发展就是要跨越这些障碍，最终实现城乡教育一体化下的高质量发展。我们把握当前教育从信息化向数字化、智能化迈进的发展契机，从环境创设、平台打造、生态培育等方面切入，思考乡村教育跨越式发展行动策略，构建一种城乡共生的学习新生态（见图1）。

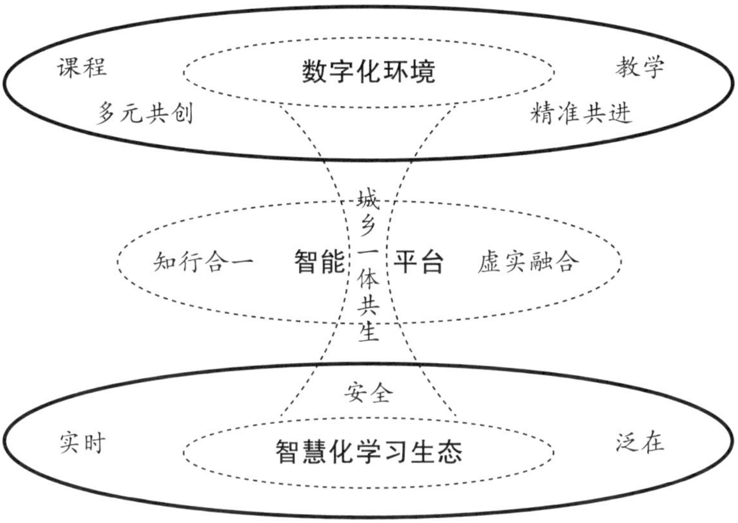

图1 城乡一体共生的智慧化学习生态构建思路图

1. 构建城乡教育资源一体共生的数字化环境

乡村教育资源供给不应仅仅停留在“补给”这个层面，而应走向“适恰”。乡土课程和乡村教师作为乡村教育资源的主要构成，其建设应基于“共生”意义下的城乡一体化教育环境。在数字技术背景下，如何借助数字技术跨越城乡教育资源鸿沟，激活乡村教育资源的内生发展动能？

（1）确立城乡教育一体共生理念

在发展方向上，融入数字乡村建设，共创学习型乡村。数字乡村的高质量跨越式发展与乡村教育的数字化转型相辅相成。[①]数字乡村建设

① 参见秦秋霞、郭红东、曾亿武：《乡村振兴中的数字赋能及实现途径》，《江苏大学学报（社会科学版）》2021年第5期。

可以为乡村教育提供可共生的教育资源系统支撑，包括建设立足于乡村的学习型社区、拓宽教育经费的多元供给渠道、加强乡村数字化教师梯队培育与回流等。在发展方法上，树立城乡教育资源共生的适应性系统观。在新技术赋能乡村教育的过程中，要将乡村教育看作一个开放的适应性系统，统筹协调环境建设、资源开发、组织管理等，加强教育资源生态系统整体建设。①不论是在乡村教育资源的挖掘中，还是在对城市教育资源输入的反馈上，都应增强乡村教育的主体性地位，重构乡村教育资源的要素结构，以提升乡村教育的信心。在发展方式上，建立城乡一体化的信息共享和教育公共服务系统。共生理念下的城乡一体化教育支持系统包括城乡教育资源的共生环境、乡村教育资源深度开发与应用平台、城乡万家万校互联的智慧教育生态系统等。基于此，整合城市和乡村各自的特色教育资源，建立城乡教育资源的多方面联动，通过优质教育资源的互通有无，实现城乡间教育资源的优势互补。

（2）打造乡土课程多元共创环境

乡土课程的共创基础是多元主体参与，其内核在于转变乡土课程形态，将其当作乡村教育的重要产品和服务资源，以课程产品的形式形成交互式、体验式的乡村优质教育资源。首先，乡村教师在乡村本土优质课程资源开发中占据引领和主导地位。乡村教师可根据当前的教材内容和教学要求，结合当地实际场景设计课程主题，并将共创的需求上传至城乡教育资源公共服务平台。其次，城市教师主动认领感兴趣的主题，

---

① 参见兰国帅、张怡、魏家财等：《提升教师ICT能力 驱动教师专业发展——UNESCO〈教师ICT能力框架（第3版）〉要点与思考》，《开放教育研究》2021年第2期。

参与乡土文化课程的再造，获取“共创积分”。为鼓励这种行为，学校可将积分纳入综合考评，以增强乡土教育资源的品质和对其的认同感。再次，乡村教师通过线上线下结合的校本教研，对相应的课程资源进行在地化改造，以满足当地学情、教情。最后，利用数字产业人才，对乡土文化课程资源进行数字化呈现，让数字教育资源落地，完成数字教育资源本地化共创生成，最终使乡村学校由“被引领”到自主内生式发展（见图2）。[①]

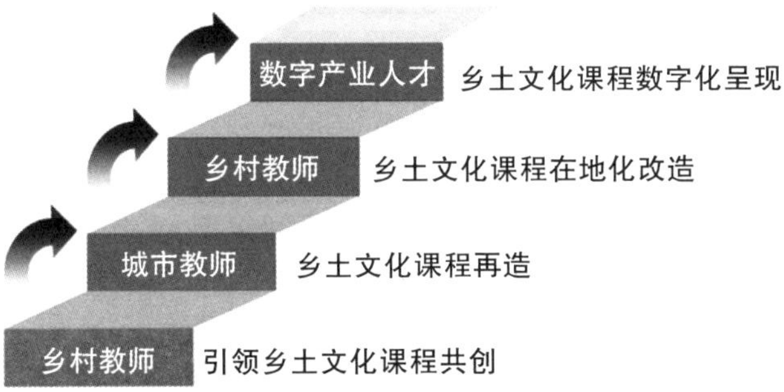

图2 乡村文化课程多元参与共创过程

（3）创设乡村教学精准共进机制

在大数据技术支持下，精准教学目标、教学资源、教学活动、教学干预和教学评价等形成精准教学环。[②]以此构建起精细化的教学管理系统。以“课堂教学”为原点，构建线上线下融合的教学大数据采集模式，实现目标、内容、活动、评价、资源、环境等诸多要素设计的精准

① 参见李华：《信息化助力乡村教育发展的现实问题与对策》，《教育科学研究》2022年第6期。

② 参见潘巧明、赵静华、王志临等：《从时空分离到虚实融合：疫情后精准教学改革的再思考》，《电化教育研究》2021年第1期。

化和个性化，营造一种大数据驱动的教与学的氛围[①]，提升乡村教师对学生的管理能力，为乡村教师实现全过程的精准教学提供基础保障。与此同时，建立起教师教学过程和实际教学结果精准匹配机制，搭建促进科学教学决策的教育教学数据库系统[②]，包括学生学习行为数据系统、教师教学和管理行为数据系统，以及学校管理数据系统等。基于该系统，实现教师对学生管理行为和教学行为的实时记录与追踪，并通过教师教学和学生学习行为特征的大数据因果分析，最终得以大幅提升乡村学生学习质量的整体效果。还要创设让乡村教师和学生教学相长的融通机制，打破乡村学校教与学相分离的教学生态隔膜。

2. 搭建服务乡村教师专业共同体的智能化平台

以乡村教师为中心的智能化专业共同体平台集成信息化、数字化和智能化等技术，支撑乡村教育资源激活和环境优化，可以说是未来提升乡村教学实效的基础性工程。而它正是立足于乡村教师的专业发展和角色转化，让乡村教师能跨越其与城市教师物理时空和社会心理时空上的距离，在一个虚拟化时空中借助信息流动无限拓展专业边界，提升职业幸福感，引领乡村教育内在品质的提升。

（1）组成知行合一的专业发展共同体

通过技术改良解决乡村教师专业发展过程中所学知识与实际工作场

---

① 参见万力勇、黄志芳、黄焕：《大数据驱动的精准教学：操作框架与实施路径》，《现代教育技术》2019年第1期。

② 参见罗生全、赵佳丽：《大数据引领教学变革的机遇、逻辑与行动》，《中国教育科学（中英文）》2020年第4期。

域脱节[1]，即“知”与“行”割裂严重的问题。首先，构建动态、灵活、精准的教师专业发展机制，营造积极的信息化学习氛围，使乡村教师能够自发地学习和应用信息技术，使其信息技术应用能力得到迅速提升[2]，为教师专业发展共同体奠定知识和方法基础；其次，搭建校企合作、产教研融合的资源服务平台，使乡村教师可以根据自身需求，选择培训板块展开线上自主学习与同伴研讨，形成高契合、高质量、高水平的培训体系[3]，注重协作能力提升和问题解决能力培养，实现乡村教师人才培养手段的不断优化，提升乡村教师专业发展实效；最后，开展大规模“诊课”与系统化教研，借助开放的智能教研社区构建人机协同应用型知识体系，诊断教学和管理问题，实现个性化指导、社会网络连接指导、心理健康疏导、信仰和价值引导、同伴互助成长、人机结合决策，人类教师和智能教师一道构建一种人机协同发展的教研共同体[4]，提升乡村教师专业发展动力。此外，开展包括人工智能、大数据、脑神经科学等在内的专项培训学习，使教师初步认识深度学习、混合学习等，激发教师教学活动的想象力和创造力，完成专业发展价值重塑。以上措施，促进乡村教师在专业发展中将智力与实践有效结合，实现专业发展知识、方法、手段、价值的全方位改造，形成促进乡村教师专业能力快

① 参见柳立言、张会庆、闫寒冰：《智能时代乡村教师专业发展的困境、机遇和实践路径》，《中国电化教育》2021年第10期。

② 参见徐光涛、周子祎、叶晶双：《乡村教师技术应用影响因素的扎根理论研究》，《开放教育研究》2020年第3期。

③ 参见任友群、杨晓哲：《新时代乡村教育的强师之路》，《中国电化教育》2022年第7期。

④ 参见李晓庆、刘微娜、李希铭等：《智能化技术助力乡村教师专业化发展的实践路径——基于我国40所乡村学校的调研》，《教师教育学报》2022年第5期。

速提升的高度智能化专业发展共同体。

（2）建成虚实融合的专业发展平台

乡村教师囿于传统实体物理空间中，受制于城乡教育场域的巨大差异，与城市教师专业发展路径不尽相同。对此，一方面，利用新技术，特别是人工智能技术，创设一种虚实融合的平行教育空间，乡村教师可以从这种空间中获得学生的学习情况和自己的教学实效的一手数据，从而发现自己教学行为的期望效果与实际效果的偏差，在对问题的深度挖掘分析中提升专业能力；另一方面，在一种虚拟工作和生活大数据融合的场景基础上，结合乡村教育的现实场景，进行多主体建模，开展仿真模拟实验，对其中同步数据进行推演预测，实现乡村教师终身专业发展的路径规划和品质提升。为此，需要政府、企业、学校和教师等多主体参与建构。对政府来说，应对虚实融合场景下的教师权利与义务、行为规范、专业发展目标和评价标准等有相应的顶层设计；对企业来说，从平台服务、内容生态、用户管理等方面开展协作共建；对学校和教师而言，应主动探索虚实融合背景下的资源应用、角色开发工具使用技巧，并积极适应社交化、游戏化、智能化等专业发展方式。[①]以此助推乡村教师基于本土的学情、教情提升知识应用能力，增强更具实质意义的专业发展核心能力，直至达到更高的专业发展境界。

（3）促成人技合一的专业角色转换

面对教育数字化转型，乡村教师将成为引导学生掌握先进技术，并利用技术改进学习的同伴。从“教”转变为“学”，从“教会”转变为

① 参见徐建、王俊、钟正等：《教育元宇宙时代教师发展的挑战与应对》，《开放教育研究》2022年第3期。

"学会"，在这一过程中，教师要扮演好学生成长数据的分析者、价值信仰的引领者、个性化学习的指导者、社会学习的陪伴者，以及心理与情感发展的呵护者等角色。[①]对此，首先，通过开发更加便捷的技术手段打造智能化平台，引导教师主动增强数据意识和思维，掌握数据挖掘、分析和处理的技巧，提升乡村教师的"整合技术的学科教学知识（TPACK）"专业素养，使乡村教师从"会用技术"到"乐用技术"；其次，开展人机协同的乡村教师专业能力适应性训练，实现课前智能诊学、课中人机助学、课后精准评学人机协同教学能力的提升[②]，提高乡村教师的数字教育胜任力和教学实效，让他们可以更好地结合乡土场景开展教学活动；最后，通过打造智能化教学研用平台，快速提升乡村教师教育专业能力和综合素质，使乡村教师摆脱重复的机械劳动，将更多的精力用于开发乡土特色课程与优化教学方法，使乡村教师实现"由教向不教"[③]的颠覆性角色转变，为乡村教育跨越式发展奠定智慧型教师人才基础。

3. 创建立足乡村数字校园的智慧化学习生态

数字化的乡村校园是平行于实体校园的虚拟校园，是智慧化学习生态构建的内核，而教育数据安全的保障则是其内在需要。正是基于这种实时性、安全性及泛在性兼具的乡村平行教育系统的建立，最终才可能

---

① 参见范国睿：《智能时代的教师角色》，《教育发展研究》2018年第10期。

② 参见高琼、陆吉健、王晓静等：《人工智能时代人机协同课堂教学模式的构建及实践案例》，《远程教育杂志》2021年第4期。

③ 谭维智：《不教的教育学——"互联网+"时代教育学的颠覆性创新》，《教育研究》2016年第2期。

实现一种时时可学、处处能学、人人皆学的乡村泛在智慧学习空间建设目标。

（1）打造实时的乡村学校需求响应通道

应基于乡村原有的信息基础设施建设，充分体现“共生”的乡村教育资源建设理念，挖掘乡村学校教育资源内在需求，并将这种需求实时呈现在人们面前。为此，首先，在资源应用方面，乡村学校应充分利用“三个课堂”，推动“互联网+”将城乡教育资源进行整合，同时，借助数字化和智能化手段实时监测及反馈乡村师生、家长、社会等方面的教育需求，动态呈现乡村教育需求的变化轨迹；其次，在资源拓展方面，利用国家统一的教育新型基础设施教育专网工程，在传统学校信息化基础设施建设基础上，借助国家智慧教育平台，打通学校、城市、城乡、家校社间的教育教学数据链路，使数据由封闭的局域网走向有限开放的万校万家互联网；最后，在资源更新方面，调动乡村教育系统内教师、学生、管理者、家长等各种主体的能动作用，建立一种线上线下结合的群策群力机制，包括组建支持乡村学校发展的志愿者社群与公益性学习型组织等，合力激发乡村教育资源活力。最终，形成扎根乡土社会土壤的学校教育教学和管理的信息数据系统，在城乡一体化的教育治理过程中为乡村教育跨越式发展奠定基础。

（2）建立安全的乡村教育数据监管体系

乡村教育数据安全体系是保障乡村教育数字化转型的基础性工程，乡村教育数字化转型中一定会涉及多方面的数据风险表征，比如数据所有权和使用权争议、个人信息的泄漏风险、师生身心伤害与关系异化、信息茧房等[①]，这些都是可以预见的乡村教育数字化转型过程中绕不开的痛点和治理难点，也是建设智慧化学习生态过程中必须加以解决的问题。为确保乡村教育跨越式发展的数字化技术应用的可持续性，就要厘定大数据使用的责任伦理，推进人文与数字智能的整合；制定管理标准，在校园无线网、门禁系统身份认证、环境感知、大数据处理、学习动态识别和监控中保障设备安全、网络安全，并对各种智慧校园系统技术风险加以防范与预警；与此同时，建立数据安全保护机制，保障乡村教育数据的科学采集、便捷传递、精准分析及清晰呈现，实时对乡村数字校园中的非法、违规活动进行拦截、审查、追踪，充分实现对乡村教育数据隐私的保护。

（3）创设泛在的乡村智能化学习生态

打造教学研用的教育教学平台，让乡村教师可以引领创设乡村学习环境。首先，基于Web3.0、大数据等技术为每位乡村学习者建立一份学习档案，在每个学习阶段打造一份独特的学习资源包，以方便其学习，在此基础上进一步打造虚拟学习社区，在虚拟学习社区中，学习者除了学习课程、查找学习资料外，还可以与名师进行面对面的交流，参与学术沙龙活动，实现不同教育主体之间的多维度互动交流；其次，利用教育资源的公共服务平台，引导乡村学习者学会信息化教育资源的使用方法，并在线下校园集中的教学活动中引入线上教育资源，提升乡村学习者线上线下学习的资源融通能力；最后，开发人工智能家教、人工智能教师、人工智能学伴等多种智能化应用，为学习者提供沉浸式学习

① 参见赵磊磊、陈祥梅：《数智时代教育大数据风险：表征样态与化解路向》，《贵州师范大学学报（社会科学版）》2022年第2期。

环境，形成人机协同的学习支撑平台。还要动态监测学习者学习过程，在学习活动中不断为学习者优化学习路径，最终实现让乡村学习者突破物理空间限制，充分体验无边界和无时界的智能化学习模式。

乡村教育促进乡村振兴的五种实践模式各有优长，同时也都存在一定的局限性。而要进一步推动乡村教育促进乡村振兴的实践，则需要探索其未来发展路向。

当今时代，利用新技术建构城乡一体共生的第三学习空间，尝试打破物理和社会心理世界中的城乡教育二元对立的空间结构，将可能跨越城乡教育鸿沟，实现乡村教育跨越式发展。它涵盖乡村教育环境改造、平台构建、生态培育等方方面面，在信息化、数字化、智能化、智慧化等技术深度融入乡村教育系统的过程中，让乡村教育实现由内而外的改变与新生，这很可能成为一种乡村教育发展的新范式。这种跨越城乡教育两种场域的第三场域构建，不仅会为未来乡村教育发展打开新局面，而且必将会为教育系统数字化转型、实现城乡教育一体化发展带来无限生机。

第六章

乡村教育促进乡村振兴的中国经验与实践成效

在系统分析了乡村教育促进乡村振兴的理论研究与实践探索之后，本章首先系统总结乡村教育促进乡村振兴的中国经验，之后从乡村、个体两个层面和经济、人才、文化、生态、治理五个方面全面分析乡村教育促进乡村振兴的实践成效，最后从目的、主体和路径三个维度提炼乡村教育促进乡村振兴的经验启示。

一、乡村教育促进乡村振兴的中国经验

面对乡村教育促进乡村振兴的实践困境，决策者、研究者和实践者从不同的视角、以不同的方式探索乡村教育促进乡村振兴的策略、模式和路径。在乡村振兴进入全面推进关键阶段，有必要系统总结乡村教育促进乡村振兴的中国经验，确保其以更扎实、更有效的举措来稳步推进。

（一）确立乡村教育优先发展的乡村振兴理念，给予乡村教育超常规支持

2017年，习近平总书记在党的十九大报告中提出“实施乡村振兴战略”的同时，作出了“优先发展教育事业”的重要部署。[①]乡村教育作为我国教育系统的重要阵地，“在乡村振兴中具有不可替代的基础性作用”[②]。近年来，党和政府出台的多项重大政策，如《关于构建优质均衡的基本公共教育服务体系的意见》《中共中央国务院关于实施乡村振兴战略的意见》，都在强调乡村教育优先发展。因此确立乡村教育优先发展的理念是乡村振兴战略的题中应有之义。在乡村教育优先发展的新理念下，各类资源进一步向乡村倾斜，乡村教育在短时间内取得了长足发展，有效地发挥出教育对乡村全面振兴的推动作用。

1. 乡村教育优先发展的内涵

乡村教育优先发展之所以深入人心，且相关政策和措施成效显著，关键就在于党和国家立足于中国特色社会主义新时代背景，紧密结合当前乡村社会的主要矛盾和乡村教育的实际情况，赋予乡村教育优先发展新内涵，具体包括三个层面：乡村教育适度超前于乡村其他领域发展、

① 习近平：《决胜全面建成小康社会 夺取新时代中国特色社会主义伟大胜利——在中国共产党第十九次全国代表大会上的报告》，《人民日报》2017年10月28日。

② 钟焦平：《乡村振兴必先振兴乡村教育》，《中国教育报》2019年3月11日。

乡村教育质量优先提高、乡村教育关键环节优先发展。

（1）乡村教育适度超前于乡村其他领域发展

中国特色社会主义进入新时代之后，我国经济发展已经从高速增长阶段转向高质量发展阶段。而经济高质量发展主要依靠知识和创新，教育、科技、人才是驱动知识和创新的三驾马车，三者之中最为基础的是教育。没有教育的发展，科技自立自强、人才创新驱动都是没有基础的，也是不可持续的。习近平总书记对教育、经济、科技、人才的关系有着深刻的认识，力求教育先于社会其他领域超前布局。党的二十大报告的一个重大理论创新就是在把教育、科技、人才作为一个有机整体进行系统谋划的基础上，强调“教育优先发展”[①]。

在教育优先发展的思想指引下，乡村教育优先发展的乡村振兴理念首先是指乡村教育发展应适度超前于乡村社会其他领域的发展，充分发挥乡村教育对乡村其他事业的先导性、支撑性作用。习近平总书记曾强调，“教育不平衡不充分问题，跟区域发展不平衡不充分密切相关。我们应该通过提升中西部教育水平来促进中西部经济社会发展，通过解决教育不平衡带动解决其他方面的不平衡”[②]。这里的两个“通过”表明教育与经济、文化等社会其他事业息息相关，对于社会其他事业有巨大的促进作用。因此，乡村教育优先发展绝不是脱离社会其他事业，孤零零地安排乡村教育发展，而是指在发挥乡村教育对社会其他事业发展的

① 习近平：《高举中国特色社会主义伟大旗帜 为全面建设社会主义现代化国家而团结奋斗——在中国共产党第二十次全国代表大会上的报告》，《人民日报》2022年10月26日。

② 转引自杜尚泽：《“我们共同来关心这些教育问题”（微镜头·习近平总书记两会“下团组”·两会现场观察）》，《人民日报》2021年3月7日。

推进作用的过程中实现乡村教育适度超前于乡村其他领域发展。

（2）乡村教育质量优先提高

习近平总书记在党的十九大报告中明确提出："中国特色社会主义进入新时代，我国社会主要矛盾已经转化为人民日益增长的美好生活需要和不平衡不充分的发展之间的矛盾。"[①]在教育领域中，存在着人民群众对优质教育的需求不断增长与教育发展的不平衡和不充分之间的矛盾。具体而言，这一矛盾在城乡教育发展不平衡及乡村教育发展不充分方面表现得尤为突出，即优质教育资源主要集中在大中城市，乡村教育质量与乡村民众"上好学"的需要之间有较大差距。因此，乡村教育优先发展必须从过去以增加教育投入、扩大教育规模为主的优先发展，转变为以提高质量、促进公平、满足需求为主的优先发展。在过去几年间，特别是党的十九大之后，无论是党和政府出台的与教育相关的各项政策，还是研究者和实践者从事的乡村教育相关研究与实验，都在推动优质教育资源覆盖面的扩大和乡村教育质量的提高，以满足乡村学生在家门口"上好学"的需求。

（3）乡村教育关键环节优先发展

乡村教育是由学前教育、初等教育、中等教育、高等教育等各级别教育与普通教育、职业技术教育、社区教育、成人教育等各类别教育构成的。新时代以来，从国家出台的政策和学界关注的焦点可以看出，义务教育和职业教育是乡村教育的重中之重。党的二十大报告明确提出

① 习近平：《决胜全面建成小康社会 夺取新时代中国特色社会主义伟大胜利——在中国共产党第十九次全国代表大会上的报告》，《人民日报》2017年10月28日。

“加快义务教育优质均衡发展和城乡一体化”的目标要求，强调“统筹职业教育、高等教育、继续教育协同创新，推进职普融通、产教融合、科教融汇，优化职业教育类型定位”的战略举措。[①]2021年4月，教育部等四部门发布《关于实现巩固拓展教育脱贫攻坚成果同乡村振兴有效衔接的意见》，对巩固拓展教育脱贫攻坚成果同乡村振兴有效衔接的重点工作作出明确要求，其中包括“加大脱贫地区职业教育支持力度”“提高普惠性学前教育质量”“提高普通高中教育质量”，“为农民和村镇基层干部提供不离岗、不离乡、实用适用的学历和非学历继续教育”。此外，随着《家庭教育促进法》的实施，乡村家庭教育的质量提升成为各方关注的重点。“如何做父母”“如何培养孩子好习惯”等主题的公益讲座和培训走进了乡村社区，同时带动了乡村社区教育的发展。由此可见，党和政府根据当前乡村社会发展的实际情况和现实需求，作出重点发展义务教育、职业教育、学前教育、高中教育和继续教育的要求，并提出经社区教育、家庭教育等一定的教育类型的结构配比，来达到乡村振兴的目的。

2. 乡村教育优先发展的方式

在经济社会领域，党的十一届三中全会正式确立改革开放的基本国策之后，中央和地方政府制定的超常规政策措施形成合力，为深圳在科技、经济、文化等各个方面的大胆创新和具体实践提供了系统化支持，从而使这个曾经贫穷落后的小渔村很快跃入国际化大都市行列。从前文

① 习近平：《高举中国特色社会主义伟大旗帜 为全面建设社会主义现代化国家而团结奋斗——在中国共产党第二十次全国代表大会上的报告》，《人民日报》2022年10月26日。

所分析的那些发展较好的乡村教育实践可以看出，教育领域和经济社会领域一样，没有超常规的政策支持，就没有乡村教育优先发展的实现，从而也就难以充分发挥乡村教育促进乡村振兴的功能。

所谓对乡村教育超常规的政策支持，是指政府给予乡村教育更大力度的经济支持和更宽松的制度创新空间，从而推动各类资源向乡村地区大量聚集并进行创造性整合。具体来说，至少包含以下三个方面。

（1）加大乡村地区教育经费投入力度

新时代以来，对于那些经济相对落后的省份和民族地区，中央和省级政府加大了对乡村教育的经费投入，减轻了县级政府的财政负担。未来，各级政府还可以通过设立乡村教育发展专项基金，以及出台吸引地方企业、公益组织等组织机构对乡村教育进行项目投资的激励政策，更大力度地调动社会参与乡村教育办学的积极性，打造“政府—企业—学校—社会组织”教育共同体，将技术、资金、课程等多种资源投入乡村教育并进行整合。

（2）稳步提升乡村教师综合待遇

要想振兴乡村教育，教师是关键，要想让教师下得去且留得住，提高工资待遇是关键。从教育部发布的《新时代基础教育强师计划》，到各省相继发布的《教师工资改革方案》《教育行动方案》可以看出，各级政府在实施职称评定、养老医疗、住房、教育等方面的补偿性政策的同时，坚持稳步提升乡村教师工资水平，让教师得到了直接的实惠。未来，为了使乡村优秀教师得到更多的生活补助，吸引更多的高素质教师流向和留在乡村，乡村教师的工资和各类津贴的增长幅度应基于空间、时间和教师素质综合评定，“形成‘学校越边远、条件越艰苦、从教时间越长、教师待遇越高’的格局”①。

（3）制定乡村教育创新发展政策措施

乡村社会有丰富的教育创新发展天然资源，在探索面向乡村振兴的教育模式和教育制度上有充足的空间。从前文五种乡村教育促进乡村振兴的实践模式可以看出，一些地方政府为乡村教育创新创造了宽松的政策空间，积极引导和大力支持乡村地区“成片、成地区、成系统的学制、课程、教学、考试、升学制度、质量标准修订的整体、连环改革创新试验”②，确保师资、技术等促进乡村教育创新发展的必要条件能够充分而有效地发挥作用。

（二）尊重乡村民众在乡村教育中的主体地位，发挥乡村民众的实践智慧

乡村振兴战略蕴含着有机整体论的自然观，这种自然观对整体性、系统性思维的强调，目的是要昭示人们：那些认为我们独立于世界之外及我们与世界仅仅存在“外在联系”的观点都是错误的。事实上，宇宙万物是一个有机整体。整个世界在某种程度上主动地包含在它的每一部分之中，由于整体包含于每一部分之中，从某种程度上也可以说，我们也以某种形式包含于世界的每一部分中。③根据乡村振兴战略的整体性

① 《教育部等八部门关于印发〈新时代基础教育强师计划〉的通知》，2022年4月11日，见http://www.moe.gov.cn/srcsite/A10/s7034/202204/t20220413_616644.html。

② 王一兵：《如何推动教育创新发展》，《学习时报》2017年9月18日。

③ 参见［美］大卫·格里芬：《后现代科学——科学魅力的再现》，马季方译，中央编译出版社1995年版，第84—86页。

思维，乡村民众是乡村教育的一部分，乡村教育也是乡村民众生活和生命历程中不可或缺的一部分。乡村民众不应该作为乡村教育的“观众”，而应作为乡村教育的“导演”和“演员”主动地参与乡村教育发展，在发展教育过程中建设乡村。当前政府、学界对全民终身学习、学习型乡村建设、家校社合作共育、乡村教育与乡村社会的密切关系等方面的重视都意在强调，要使乡村教育促进乡村振兴，需要提升乡村民众在乡村教育中的主体性地位，尤其要为那些不想走、不能走的农民的主体地位提供有力支撑，让他们能够自觉地、创造性地推动乡村教育发展，让他们充分发挥在振兴乡村上的才能，这是乡村教育促进乡村振兴最为宝贵的中国经验。

1. 确保乡村民众的终身受教育权，推动乡村教育成为一项共同利益

2015年，联合国教科文组织发布了题为《反思教育：向“全球共同利益”的理念转变?》的报告，明确提出了“教育是一项共同利益”的观点。2021年11月，联合国教科文组织发布了题为《一起重新构想我们的未来：为教育打造新的社会契约》的报告，这份面向2050年教育发展的报告再次发出对于教育作为共同利益的呼吁。共同利益只能通过人们的积极互动和日常交流得以存在，参与者经由该互动过程获得益处。共同利益类似于一场公开的音乐会，如果没有音乐家的集体演奏和观众的聆听，那么这场音乐会就不存在。也就是说，音乐会存在于共同的行为之中，每个人必须参与其中，才能从音乐会中获益，包括美妙的音乐、舒畅的心情等。[①]

当前中国各级政府对联合国教科文组织社区学习中心项目的支持表明，我国为乡村民众接受终身教育创造条件，保障所有人可通过学校或者其他途径获得高质量的学习机会，并且让乡村民众参与乡村教育的讨论与建设，包括听取乡村民众对乡村教育事业发展的建议，让有技艺的村民进入乡村教师队伍，满足不同群体对教育的需求。正因为教育是共同利益，是人们在共同参与的过程中产生和享受到的，与每个人的利益息息相关，因此越来越多的人参与到乡村教育建设中，乡村教育和乡村建设水平达到了新的高度。

2. 激发新乡贤的才能，为新乡贤作用的发挥创造良好的环境

新乡贤作为与乡村社会有着亲缘、人缘、地缘等渊源关系，拥有较强技能或者本领，兼具良好道德修养，且有意愿为乡村建设贡献力量的人士，对于农民主体性的实现具有重要作用。[②]相较于其他群体，新乡贤的最大优势就在于他们更熟悉农民意愿、更了解农村实际，故而更能有效地凭借自身的德行、权威和专长推动和带领农民参与乡村教育建设，激活乡村振兴的内生动力。应该说，近年来，我国形成多种多样的乡村教育促进乡村振兴的实践模式的重要原因之一就在于，中央和地方高度重视新乡贤在乡村振兴中的作用，激发新乡贤的潜能。从2018年

① 参见田琳、吴燕：《从“公益”到“共益”：全球高等教育理念的转变》，《清华大学教育研究》2020年第1期。

② 参见李岁科：《新乡贤参与乡村振兴的价值、困境与优化路径》，《原生态民族文化学刊》2021年第4期。

中央一号文件，到《乡村振兴战略规划（2018—2022年）》等政策文件，党和政府反复强调发挥新乡贤在乡村振兴中的作用。为了落实中共中央、国务院“积极发挥新乡贤作用”的重要指示，地方政府出台了吸引和扶持新乡贤的相关政策。例如，浙江省杭州市余杭区余杭街道深入落实聚才政策，积极为青年人才搭建创业基地，激发新乡贤在乡村振兴中的创业活力。[①]

为了更好地发挥新乡贤在乡村各领域的动员和示范作用，带动人们共同富裕，地方政府还需要创造良好的文化环境与乡村制度环境。其一，创造良好的乡村文化环境。受中国儒家传统文化的影响，很多从村庄走出去的精英都对故土怀有深厚的桑梓之情。尤其在村庄传统文化资源较为丰富的地区，新乡贤的回归动力更强。因此要重视传统文化的濡化能力，营造“为人留”“为己留”的传统文化氛围，激活新乡贤回报桑梓的内在动力。其二，创造健全的乡村制度环境。新制度主义学派的代表人物道格拉斯·C·诺斯说：“制度是一个社会的游戏规则，更规范地说，它们是为决定人们的相互关系而人为设定的一些制约。”[②]制度包含正规制约（如人为设定的规则）及非正规制约（如习俗、习惯、态度），我们把国家用以引导、规范新乡贤从事乡村建设活动的所有正式的或非正式的规则，都归于乡村社会的制度环境。新乡贤的每一个行动都产生于制度环境中，各种正式或非正式的规则，对作为乡村社会主

① 参见周静、吴珊珊：《乡贤助力 让非遗“活”起来》，《浙江日报》2023年7月26日。

② ［美］道格拉斯·C·诺斯：《制度、制度变迁与经济绩效》，刘守英译，上海三联书店1994年版，第3页。

体的新乡贤的作用产生直接或间接的影响。因此，有必要通过鼓励新乡贤参与乡村振兴的理念宣传、政策引导、规则设计，激发他们带领乡村民众参与乡村教育、乡村建设的动力和能力，焕发所有人推动乡村振兴的热情。

3. 重视乡土知识，让乡村民众认识到乡土的教育价值

乡土知识，也可称为传统知识、民间知识、民族知识等，“涉及乡土社会存续的自然知识与社会知识的一切方面”[①]。在工业文明发展进程中，孕育于农耕文明的乡土知识由于无法像现代科学知识一样服务于工业发展，因而处于边缘地位。可是，乡土知识始终是人类知识体系的重要组成部分，蕴含着重建人与自然关系、提高文化包容能力、滋养个体心灵、焕活人的身体等重要的教育价值。从习近平总书记对“记得住乡愁”的多次强调，到学术界对乡村城市化、乡村工业化中弊病的反思，再到乡土课程开发对学生的深刻影响，无不是在启示人们，中国乡村教育促进乡村振兴的重要经验就是铭记中华民族几千年来一直延续着乡土文明，乡土文化是中华民族的智慧结晶，乡土性是中华民族的基因。即便今天进入了工业文明阶段，即便城市化不可遏止，我们也不应抛弃乡土文化，不能把自己的文化连根拔起。乡村建设必须建立在对乡土知识充分理解的基础上。[②]

---

① 柏贵喜：《乡土知识及其利用与保护》，《中南民族大学学报（人文社会科学版）》2006年第1期。

② 参见邵宁宁、钱理群：《乡土中国与家园重建——钱理群先生访谈录》，《甘肃社会科学》2011年第3期。

广大乡村民众是乡土知识的生产者、传承者和实践者，千百年来，他们用勤劳和智慧为我们挖掘了丰富的文化资源，创造了宝贵的教育财富。目前中国乡村社会已经认识到乡村民众的教育智慧，一些乡村幼儿园、中小学校和社区学习中心开发与实施的校本课程如剪纸、印染、酿酒等都离不开乡村民众的深度参与。未来要想进一步发掘乡土知识的教育价值，将乡土知识融入现行教育体系并使其居于重要地位，我们还应当进一步凸显乡村民众在乡村教育中的主体性地位，让他们以教育开发者和实施者的角色进入乡村教育，推动乡村振兴。

（三）促进数字技术与教育教学的深度融合，推动乡村教育跨越式发展

乡村教育要想发挥促进乡村振兴的先导性功能，必须在一个较短的时间内实现跨越式发展。20世纪90年代以后，日新月异的信息技术使人类社会的各个方面发生了质的飞跃，也让教育面临有史以来最为深刻的变革。[①]自此，以教育信息化带动教育现代化成为世界各国教育改革与创新的重要战略，中国亦不例外。20世纪末，在中国教育现代化进程加快的背景下，农村社会却面临教育经费严重短缺、师资流失加剧等问题，因此农村中小学教育信息化成为缩小城乡之间教育发展鸿沟，实现乡村教育跨越式发展的必然选择。[②]近年来，从我国制定并

① 参见陈至立：《加快教育改革与发展步伐，奠定21世纪发展基础》，《中国软科学》2000年第9期。

② 参见谈松华：《关注农村和农村教育》，《中国远程教育》2003年第12期。

实施的系列重大政策及工程项目可以看出，党和政府在战略层面对信息技术作为促进教育优质均衡发展的手段予以了高度肯定。2013年11月，《中共中央关于全面深化改革若干重大问题的决定》作出“构建利用信息化手段扩大优质教育资源覆盖面的有效机制，逐步缩小区域、城乡、校际差距”的战略部署。2018年4月，教育部印发《教育信息化2.0行动计划》，进一步强调“教育信息化具有突破时空限制、快速复制传播、呈现手段丰富的独特优势，必将成为促进教育公平、提高教育质量的有效手段”。现如今，随着信息化向数字化转型升级，数字技术和教育的深度融合很可能带来一场技术革命、思维革命、认知革命，为乡村教育创造消除城乡教育差距的时代机遇。中国抓住了信息技术给乡村教育发展带来的新机遇，充分发挥信息技术赋能乡村教育的独特优势，促进乡村教育跨越式发展，进而以高质量的乡村教育赋能乡村振兴。

1. 用好国家公共数字化教育资源，建设地方自有教育云资源

乡村教育的痛点在于教育质量不高，其问题的关键是缺少优质的教育资源。近年来，政府部门愈发重视数字教育资源的建设与应用。2018年教育部印发《教育信息化2.0行动计划》，指出要建成“互联网+教育”大平台、完善数字教育资源公共服务体系、优化“平台+教育”服务模式与能力、实施教育大资源共享计划。2021年，教育部等五部门联合发布《关于大力加强中小学线上教育教学资源建设与应用的意见》，提出“到2025年，基本形成定位清晰、互联互通、共建共享的线上教育平台体系，覆盖各类专题教育和各教材版本的学科课程资源体系”。2022年

2月8日，教育部基础教育司发布《教育部基础教育司2022年工作要点》，内容包括“实施基础教育数字化战略行动”，“升级建设国家中小学网络云平台，进一步丰富数字化优质教育教学资源”。

2022年初，国家智慧教育公共服务平台正式上线以来，不仅教育功能更加多样，教育资源更加丰富，而且教育服务越来越精准。国家智慧教育平台立足助学、助教、助管、助研、助交流合作五大功能，在大规模应用中有效服务了乡村振兴战略。两年时间里，“国家智慧教育平台已汇聚中小学资源8.8万条、职业教育在线精品课程超1万门、高等教育优质慕课2.7万门，智慧高教平台新设‘创课平台’板块，系统集聚整合创新创业要素资源，遴选近500门创新创业课程”[①]。值得注意的是，智慧教育平台还可以为教师建立网络学习和研修共同体，帮助教师进行学习评价和问题诊断，提供教研决策参考，开展差异性和个性化的教学指导。[②]时至今日，中国已逐步建立起以“个性化、多功能、全覆盖”为主要特征的国家数字教育资源公共服务平台，乡村学校一定要用好这些国家级优质免费的教育资源。

我国乡村教育受众之庞大，环境之多样，需求之复杂，决定了数字教育资源供给主体的多元化。为了增进乡村数字教育资源的适切性，各地还尝试搭建立足县域的自有“在地化”数字化资源平台，开发融入地方

① 郑翅、高毅哲：《数字教育 引领未来——我国教育数字化工作取得积极成效综述》，《中国教育报》2024年1月30日。

② 参见李秀晗、曹培杰：《以数字化助推教育服务精准优质多元》，《光明日报》2023年10月31日。

性知识的教育资源。[①]当前一些教育科技企业已经开发的适应不同地区、不同学校的教育资源，是对政府教育资源供给的有益补充，并且企业的参与还有助于创新资源供给方式。为了进一步发挥数字技术在赋能乡村教育振兴方面的优势，未来要不断完善以服务学习为中心的数字化教育资源的“多中心供给”机制，提升数字化教育资源供给的数量、质量和活力，满足乡村教育者、学习者对数字教育资源供给多样性的要求。[②]

2. 推进“三个课堂”按需应用，提升城乡协同教学与教研的有效性

“三个课堂”是中国教育信息化扎根本土之创新实践探索的结晶，体现了基层实践与政策引导的良性互动，展现了利用信息技术促进乡村教育高质量发展的中国智慧。[③]过去十几年的教育信息化实践和学者开展的相关研究已经证明，在城乡教育差距短时间无法消除的背景下，基于信息技术的“三个课堂”使乡村学校开不齐、开不足、开不好课的问题得到了解决，乡村教育教学质量显著提高，乡村教师专业素养持续增强，乡村学校办学水平普遍提升。“三个课堂”是促进义务教育优质均衡发展的有效手段，是乡村教育振兴的宝贵经验。

① 参见田俊、王继新、王萱：《“互联网+在地化”：乡村学校教学质量提升的实践研究》，《中国电化教育》2019年第10期。

② 参见柯清超、王朋利、张洁琪：《数字教育资源的供给模式、分类框架及发展对策》，《电化教育研究》2018年第3期。

③ 参见郑旭东、饶景阳、贾洋洋：《“三个课堂”促进义务教育优质均衡发展：演进历史、战略价值、关系解析与概念框架》，《现代教育技术》2021年第6期。

未来还需要注重“三个课堂”融合与创新的问题，这是乡村教育实现高速、高质量发展的关键所在。虽然“专递课堂”“名师课堂”和“名校网络课堂”面对的对象各有侧重，适用的场域各有不同，但是它们都属于教育生态系统的重要组成部分，拥有促进教育优质均衡发展的共同目标，因此三者之间的相互补充、相互配合、相互赋能是“三个课堂”发展的必然趋势。更为重要的是，教学与学习是极其复杂的，“三个课堂”不能只是城市教师、城市学校简单地传输自己的教学方法、教学经验和教育资源，而应基于参与“三个课堂”的城乡学生或教师的基础与需求，城乡教师共同设计和实施有针对性、高互动性的课堂教学与教研，使虚拟化的“三个课堂”成为真实有效的课堂教学。[①]换言之，“三个课堂”的高质量实施要注重互联网环境下互动、合作、共享的教学和教研文化的形成，即从单向输入城市智力资源的直播课堂模式向城乡协同教学与教研的“双师课堂”或者“同步课堂”模式转变[②]，从而提升城乡协同教学与教研的有效性，切实推进乡村教育高速、高质量发展。

3. 坚守育人为本的教育逻辑，促进教育与技术的深度融合

在信息技术全方位、全过程地融入社会各个领域的时代背景下，积极推进信息技术与教育教学的深度融合既是大势所趋，也是促进乡村

① 参见朱益明：《用好“三个课堂”赋能“技教融合”》，《中国教育报》2021年4月7日。

② 参见赵健、陈利：《利用“三个课堂”促进乡村教育振兴的机制与路径——基于近十年政策工具的内容分析》，《苏州大学学报（教育科学版）》2022年第1期。

教育跨越式发展的有效方式。然而，在过去几年中，美好的教育愿景和初见成效的教育成果使一些学校忽视了技术介入教育也是有限度和有要求的，教学与学习陷入了被技术“绑架”的风险之中。在经历了技术狂热期之后，越来越多的一线教育工作者开始清醒地认识到，基于新技术的乡村教育发展必须按照“教育的逻辑”去考量技术的应用范围、技术介入的尺度。[①]在具体的教育实践中，“教育的逻辑”体现为尊重人的主体意识和发展需求。例如，自2012年“三个课堂”在全国推进之后，很多偏远地区开不全课的难题被迅速解决。但是由于一些省市在实施“三个课堂”的过程中没有关注乡村师生的实际需求和能力，没有调动起乡村师生的能动性，出现了乡村教师被城市教师边缘化、乡村学生跟不上城市教师教学进度等问题。随着城乡教师不断摸索和调整在线教学与教研模式，构建双师沟通机制，现如今，“三个课堂”逐渐从城市向乡村的单向递送推进到城乡双向交互的新阶段，乡村学生的学习能力和乡村教师的教学能力都得到了提升。[②]此外，我们认为未来还应当增强对技术引发的教育风险与挑战的认识，在教育信息化推进过程中融入对不确定性指导实践的思考[③]，以此更好地推进新技术与乡村教育的深度融合。

① 参见安富海：《教育技术：应该按照“教育的逻辑”考量“技术”》，《电化教育研究》2020年第9期。

② 参见赵海涛、朱宏波：《“云课堂”助推区域教育优质均衡发展——以河北省唐山市开平区“三个课堂”应用为例》，《中小学信息技术教育》2023年第10期。

③ 参见白蕴琦：《“互联网+教育”推进的不确定性与应对研究》，《现代远距离教育》2020年第4期。

（四）注重乡村教育研究，推动乡村教育促进乡村振兴的理论发展

我国非常重视乡村教育研究，夯实了乡村教育促进乡村振兴的理论根基，这是乡村教育促进乡村振兴弥足珍贵的中国经验。在研究内容上，我国乡村教育研究涉及义务教育、职业教育、教师教育、家庭教育、社会教育、教学模式、教育环境、课程体系、价值取向、发展策略，等等，几乎包含了教育的方方面面和各个环节。在研究类型上，我国乡村教育既有理论研究、政策研究、历史研究，也包含实证研究和质性研究。在文献数量上，截至2024年3月31日，在中国知网以“教育”并含“乡村振兴”为“主题”，“时间”设为从2017至2023年，检索发现共有期刊12 538篇，其中发表于核心期刊的2 162篇。丰硕优质的研究成果使我们对乡村教育的实践问题、乡村教育与乡村社会的关系及乡村教育的整体图景等问题有了清晰而深刻的认识，为乡村教育发展及乡村教育促进乡村振兴提供了坚实的理论基础。

党的十八大以来，习近平总书记多次强调对中国问题的解答必须立足中国实际，他明确指出，“调查研究是谋事之基、成事之道。没有调查，就没有发言权，更没有决策权”[①]。在全党大兴调研之风的影响下，学界高度重视深耕乡村的教育调查研究，力图以高水平的科研成果支撑

---

① 《习近平在武汉召开部分省市负责人座谈会时强调 加强对改革重大问题调查研究 提高全面深化改革决策科学性》，《人民日报》2013年7月25日。

高质量的乡村振兴。

1. 开展乡村振兴背景下的乡村教育研究

在新时代背景下，中国社会经济、文化、技术等各方面的快速发展推动乡村社会迅速变迁。在党和政府的政策引导下，目前中国乡村已经呈现出与过往任何时代都不同的发展需求——乡村振兴。教育如何满足乡村振兴的需求是当前迫切需要解决的问题，而对此的解答绝非坐而论道或事必躬亲就能实现。因为通过文献研究形成的普遍性的抽象理论或者通过事事实践探索而得到的具体经验，要么难以被实践主体理解和运用，要么不易推广，要么需要耗费大量宝贵的时间、人力、物力与财力。因此，中国涌现出一批投身乡村社会的调查研究者，如“三农”问题专家温铁军、被誉为“中国发展学之父”的李小云。以李小云为例，他努力打破“实践派”与“学院派”的壁垒，带领师生长期扎根乡村开展调查研究，诸多研究成果不仅为当地乡村开辟了发展致富的新路，而且产生了较大的社会影响力。[①]

为了使乡村教育研究成果在实践中迅速发挥作用，未来应加强行动研究。从某种程度上说，行动研究是将研究与教育培训、将研究者与实践者融为一个整体。从本质上看，它不仅是一种新的研究思路，同时，还是一种在真实情境中“做中学”（learning by doing）的学习方法。需要特别说明的是，行动研究强调“实践”绝不意味着它是“不注重理论”的低水平研究。恰恰相反，正因为当地人（乡村民众）最明白他们

① 参见周怀宗：《李小云：与贫困者一起寻路的人》，《传记文学》2020年第12期。

所遇到的问题，而研究成果最终也需要他们来应用，因此注重实践者（当地人）的参与，也就增强了乡村教育理论的有效性、针对性、适切性，研究成果的应用与推广也就不再是难题。通过行动研究，研究者与实践者在真实的乡土社会中既共同协作，又各有侧重，既注重实践，又强化研究，使“发现知识”“传播知识”“应用知识”等原本属于不同主体、不同阶段的目标实现某种程度的结合，进而形成丰富的乡村教育促进乡村振兴的实践智慧。[①]

2. 开展家校社协同育人的乡村教育研究

家校社协同育人是全球教育发展的必然趋势，已经正式进入中国教育改革的议事日程。党的十八大以来，习近平总书记提出构建育人全链条新理念，多次发表关于注重家庭、家教、家风建设的重要论述，对社会机构作出支持教育工作的指示。《中共中央关于制定国民经济和社会发展第十四个五年规划和二〇三五年远景目标的建议》明确提出，“健全学校家庭社会协同育人机制”，党的二十大报告再次强调“健全学校家庭社会育人机制”[②]。从前几章的分析可知，研究者和实践者认识到乡村的社会教育、家庭教育对于乡村学校教育的补充和支持作用，家校社协同育人对于构筑乡村振兴共同体的重要意义，并积极推进家校社协同育人的理论研究与实践探索，开发出多种协同育人的新方法和新模

① 参见李小云、齐顾波、徐秀丽：《行动研究：一种新的研究范式?》，《中国农村观察》2008年第1期。

② 习近平：《高举中国特色社会主义伟大旗帜 为全面建设社会主义现代化国家而团结奋斗——在中国共产党第二十次全国代表大会上的报告》，《人民日报》2022年10月26日。

式。在乡村全面振兴的战略背景下，面对乡村留守儿童、乡村留守妈妈、乡村社会老龄化、乡村师资不足且老化等现实难题，家校社协同育人无疑是有效的应对策略。因此，研究者还需要加强关于家校社协同育人的内容、机制和策略等方面的实证研究，构建符合中国乡村实际的家校社协同育人理论。

3. 开展基于城乡一体化发展的乡村教育研究

党的二十大提出要“加快义务教育优质均衡发展和城乡一体化”[①]，城乡一体化作为中国共产党解决“三农”问题的一个重大战略和一种发展理念，是思考乡村教育振兴的重要维度，是乡村教育促进乡村振兴的诉求和要求。同时，乡村教育振兴也对城乡一体化发展起到积极的促进作用。在当前中国社会城镇化加速发展的背景下，国内一些研究者在城乡一体化的整体性、系统性思维下开展了基于城乡一体化发展的乡村教育振兴研究，未来还需要重点探究城乡一体化背景下的乡村师资队伍建设、乡村义务教育学校布局、乡村教育特色化发展、乡村职业教育转型、乡村家校社共育等问题，从而促进城乡教育相互促进、共同发展，以高质量的乡村教育促进乡村全面振兴。

4. 开展技术促进乡村教育跨越式发展的研究

在教育数字化转型的背景下，以人工智能、互联网为代表的信息技

① 习近平：《高举中国特色社会主义伟大旗帜 为全面建设社会主义现代化国家而团结奋斗——在中国共产党第二十次全国代表大会上的报告》，《人民日报》2022年10月26日。

术为乡村教育跨越式发展创造了前所未有的时代机遇，受到我国政府和学术界的高度重视。一些学者利用自己丰富的学术积累在乡村开展实验研究，为乡村薄弱学校构建出“双师课堂”“1+N”的学校共同体等教育发展模式，不仅有效提升了学校教育质量，而且促进了城乡学校的良性互动，给当地社会注入了发展活力。从全球层面来看，一些欠发达的国家和地区积累的非常具有研究价值的乡村教育跨越式发展经验也引起了国内研究者的注意。例如，2020年世界经济论坛（World Economic Forum）发布了题为《未来学校：为第四次工业革命定义新的教育模式》的报告，以案例方式展现了16所学校向教育4.0过渡的教育模式。其中，肯尼亚卡库马（Kakuma）项目建立的创新实验室学校，前身只是一所难民营，但随着新型信息技术和国际志愿者的介入，于不到五年的时间里实现了数字化转型，形成了Kakuma项目模式。[①]国内一些学者在深入解读该报告的基础上，提出了数字时代学校教育模式改革的方向。[②]未来，研究者还需要对中国与全球乡村教育跨越式发展案例进行比较研究，将丰富的实践经验上升到理论，更好地指导乡村教育与乡村社会发展。

---

① 参见World Economic Forum，*Schools of the Future: Defining New Models of Education for the Fourth Industrial Revolution*，2020-01-01，https://www3.weforum.org/docs/WEF_Schools_of_the_Future_Report_2019.pdf。

② 参见逯行、王欢欢、刘梦彧：《数字经济时代的学校教育模式如何转型？——〈未来学校：为第四次工业革命定义新的教育模式〉报告的解读》，《现代教育技术》2021年第3期。

二、乡村教育促进乡村振兴的实践成效

美国心理学家尤里·布朗芬布伦纳（Urie Bronfenbrenner）于1979年提出了生态系统理论，该理论的主要观点是：根据系统对个体的影响程度，个体的发展从内至外受到微观系统、中间系统、外层系统和宏观系统的影响，并且每个系统之间交互作用、互相影响。受此理论启发，结合乡村振兴的五个方面，我们把乡村教育促进乡村振兴的实践成效在横向上分为经济、人才、文化、生态、治理五个方面，在纵向上分为宏观的乡村社会与微观的个体两个层面，这五个方面在这两个层面上均有具体体现（见表1）。根据农教中心收集上来的农村社区学习中心案例（如以家庭为中心建设的芒景村社区学习中心），结合我们的田野调查、文献研究及国内一些典型的乡村教育实验（如河南川中社区大学的

表1 乡村教育促进乡村振兴的实践成效

类型 层次	经济	人才	文化	生态	治理
乡村	促进了当地经济发展和产业转型升级	促进了乡村人才数量和质量整体提升	传承了乡土文化、提升了乡村民众整体精神风貌	改善了乡村居住环境	促进了乡村党组织、自组织等各类组织蓬勃发展
个体	拓展了乡村民众个体就业渠道、增加了乡村民众的收入	推动了乡村民众的科学知识水平、农业技术、综合素质全面提升	丰富了乡村民众个体精神文化生活	提高了乡村民众的生态意识	增强了乡村民众个体治理能力、民主意识、集体观念

乡村教育实验），下面我们在纵横结合的框架下系统分析乡村教育促进乡村振兴的实践成效。

（一）乡村教育促进乡村经济转型与发展

乡村振兴战略提出之后，党中央把与乡村经济发展联系最为紧密的教育工作摆在了前所未有的重要位置。实践证明，多年来，面向乡村的各级各类教育挖掘当地社会资源，发挥数字技术优势，增强专业与产业的对接性，通过“产学研一体化”“家校社协同育人”“普职融合”“校企合作”等方式，赋能乡村产业转型与高质量发展，其成效不仅体现在促进产业转型与创新、推动乡村经济增长，还体现在促进个体职业发展、提高个体经济收入，即促进宏观层面和微观层面的整体发展。

1. 乡村教育促进产业转型升级与融合发展，推动乡村经济增长

服务乡村的社区学习中心、职业学校、成人技术学校等教育与培训机构通过构建多主体协同合作模式、产学研融合发展机制、“互联网+教育”模式等方式，有力地促进了我国乡村一二三产业的转型升级与融合发展。

浙江省杭州市富阳区拔山村是浙江有名的茶村，这里的春茶被誉为“大杭州第一锅春茶”。然而，由于拔山茶缺乏产品品牌，营销方式滞后，产品附加值低，长期以来茶农收入很低。在乡村振兴战略的背景下，2020年，杭州科技职业技术学院商务管理学院组建专家团队，主动对接拔山村青湾茶叶专业合作社的需求，为茶农讲授产品商标的价值，帮助

合作社注册商标、申请地理标志、做有机认证，为茶农培训营销、电子商务等知识与技能。在杭州科技职业技术学院商务管理学院的帮助下，拔山茶有了自己的品牌，扩大了产品销量，促进了茶产业的转型升级。[①]

我国西部云南省普洱市景东县山冲村是灵芝种植的优选之地，近年来，浙江大学的高层次人才、高水平技术，为山冲村灵芝产业的转型升级提供了强有力的支持。通过科研成果和产业发展的联通、数字技术与灵芝生产的融合，山冲村提升了灵芝的品质和产量，挖掘出灵芝中蕴含的生物资源、基因资源和产业资源，基本形成灵芝种植基地全产业链品牌，"绿水青山"正在源源不断地转化为"金山银山"。[②]

2. 乡村教育拓宽就业渠道，促进个体职业发展

发物给钱，不如"给"乡村民众一门好技术、好手艺，拓宽他们的就业门路。乡村教育在促进乡村产业发展过程中还开拓了新的职业发展路径，扩大了乡村民众的就业机会，提高了个体经济收入。在我国西部，四川省成都市温江区万春镇历来高度重视社区教育，是全国社区教育示范镇。2017年，温江区万春镇社区教育分校被确定为农村社区学习中心能力建设全国项目点，统筹整合各类资源，汇聚多方力量，重点打造了三邑园林示范基地、先锋新市民培育学校、耕者俱乐部和万春镇新市民学校等4个农村社区学习中心点位。其中三邑园林示范基地通过开

---

① 参见教育部发展规划司：《杭州科技职业技术学院：赋能"富"字号产业发展，服务区域乡村振兴》，2023年10月7日，见http://www.moe.gov.cn/jyb_xwfb/xw_zt/moe_357/jjyzt_2022/2022_zt04/dianxing/anli/202310/t20231007_1084424.html。

② 参见周芸、卢东：《普洱市景东县强化产教融合 架起百姓致富桥》，《普洱日报》2023年3月15日。

展校地合作，极大地推动了川派盆景技艺和当地文化、旅游业的融合发展，还通过土地租种、提供工作岗位、花木种植技术培训等方式带动周边农户从事盆景产业，带动就业达3 000人次，增收高达10%以上。

新一代信息技术加速了数字经济发展步伐，为了助力乡村产业抓住数字经济发展的机遇，地方政府、大学、职业学校、企业等组织机构结合市场用人需求和乡村民众就业需求，联合举办线上线下培训活动，课程内容包括计算机应用、烹饪、种植、养殖、创业、经营等，极大地提升了乡村民众的技能水平和综合素养，积极推动了他们多渠道就业。例如，云南省普洱市澜沧县芒景村社区学习中心对当地居民进行网络培训，带领和鼓励学员学习和了解互联网知识，并积极使用网络资源。绝大部分学员学会了在网络平台上出售茶叶和相关文化产品，并通过快递的方式把产品发往全国各地。网络平台的使用，一方面使社会各界对芒景山古树茶及当地的传统文化有了更深入的了解，另一方面也拓宽了乡村民众的就业空间，使他们的经济收入有了更大的提升。

（二）乡村教育助力乡村人才提质增量

乡村振兴的关键是人才振兴。近年来，在国家政策引导下，地方政府、乡镇企业、农林高校、职业院校等多元主体积极参与乡村人才振兴工作，突破了乡村人才匮乏的现实困境，发挥出教育在乡村人才的提质增量中不可替代的作用。同时，乡村教育推动了乡村民众的科学知识水平、农业技术、综合素质全面提升。

1. 乡村教育促进乡村人才规模壮大

自乡村振兴战略实施以来，各地立足农业农村发展实际，依托当地各级各类教育资源，启动助力乡村人才振兴的教育项目，其中“头雁”项目在乡村人才振兴中的成效非常显著。2022年4月，农业农村部和财政部联合印发《乡村产业振兴带头人培育“头雁”项目实施方案》，提出从2022年起，每年为每个县（市、区）培育10名左右“头雁”，力争5年时间培育一支扎根乡村、服务基层的乡村产业振兴带头人“头雁”队伍，夯实乡村产业振兴人才基础。北京、天津、青海三省市首批启动该项目，此后甘肃、江西、新疆、河北、广西等省（自治区）相继启动“头雁”项目，培育出一批批新农人。

与传统农民培训项目不同，为了保障人才质量和“头雁”的辐射带动作用，“头雁”项目拥有多领域专家的持续指导，培训既重视理论知识，又重视实践体验。“‘培训既有政治理论、政策法规、专业技能、调研实践等课程，又能在各高校的实训实践基地现场体验，后续还有专家导师围绕生产技术、经营管理、品牌营销、新媒体运营等进行跟踪指导，大大增强我们的经营管理能力、产业发展能力、生产实战能力，以及联农带农辐射能力。’学生们纷纷表示。”[①]河北省自2022年开始实施“头雁”项目，两年来，全省培育了1 700名“头雁”，带动周边4.2万农

① 刘久锋：《“头雁”领航“雁阵”齐飞——贵州多维度打造乡村产业人才矩阵》，《农民日报》2023年5月9日。

户发展，实现了“头雁”领航、“雁阵”齐飞。[①]

乡村教师是乡村人才的重要组成部分，是推动乡村振兴的重要力量。虽然乡村教师流失情况依然存在，但是乡村振兴战略实施以来，随着乡村社会经济、组织、生态等各方面状况的改善，国家在政策上给予乡村教师更多的倾斜及教师发展模式与乡村教师补充机制的创新，乡村教师教育工作满意度得到了提升，乡村师资队伍“提质增量”比较显著。

据教育部教师工作司的数据，2022年，“农村义务教育阶段本科以上学历专任教师比例为76.01%，比上年增长3.78个百分点”[②]。一些地区建设乡村教师队伍的做法和成效还被中央电视台报道，成为全国关注的焦点。据2022年7月14日《焦点访谈》的报道，安徽省寿县在入选教育部中西部地区乡村中小学首席教师岗位计划之后，全县择优选聘了100名乡村首席教师，设立了二十几个学区首席教师工作室，遴选2 000名年轻教师入室研修学习。在首席教师带领下，乡村青年教师成长迅速，带动乡村教学质量显著提高，成了乡里远近闻名的“新能人”。[③]节目中，教育部教师工作司司长任友群说，到2035年的时候，中国最薄弱的县都会有一批100名以上，来自中国最好师范院校和师范专业的毕业生；基础教育教师队伍在“十四五”期间将得到长足发展。

---

① 参见郝东伟：《河北扎实开展乡村产业振兴带头人培养“头雁”项目 1 700名“头雁”领航乡村产业振兴》，《河北日报》2024年2月21日。

② 教育部教师工作司：《2022年教师队伍建设进展情况》，2023年3月23日，见 http://www.moe.gov.cn/fbh/live/2023/55167/sfcl/202303/t20230323_1052198.html?ivk_sa=1023197a。

③ 参见谢婷婷：《教育点亮山里娃的未来》，《安徽青年报》2023年1月4日。

2. 乡村教育推动乡村民众素质提升

在中央财政支持下，农业农村部组织实施高素质农民培育计划，面向种养大户、家庭农场经营者、农民合作社带头人和返乡创业人员等重点群体开展全产业链培训，农民技术技能水平和综合素质得到了提升，现如今，一支爱农村、有文化、懂技术、善经营的高素质农民队伍已经形成。据统计，2022年我国共培育高素质农民75.4万人。①

农村妇女是推动乡村经济社会发展的重要力量，妇女素养直接影响乡村振兴的进程。在乡村振兴战略的指引下，全国妇联、农业农村部、教育部、地方妇联、各级行政部门举办形式多样的农村妇女职业教育和技能培训。全国妇联联合农业农村部，大力开展面向产业、融入产业、服务产业的高素质女农民教育培训，2022年累计培训93 804人，带动各地举办各级各类培训3.9万余期，200多万妇女受益。②当前广大农村妇女的科学文化知识水平、农业技术、创业能力、综合素质正在全面提升，为推进乡村振兴凝聚了巾帼力量。

（三）乡村教育推进乡村优秀传统文化传承与创新

中华文化的根脉在乡村文化，乡村文化振兴既体现在民族文化的传

---

① 参见中华人民共和国农业农村部编：《中国乡村振兴发展报告2022》，中国农业出版社2023年版，第172页。

② 参见中华人民共和国农业农村部编：《中国乡村振兴发展报告2022》，中国农业出版社2023年版，第172页。

承与创新中，也体现在乡村人民的生产生活方式和精神面貌中。随着乡村经济水平大幅提升，教育促进乡村文化振兴有了坚实基础和现实需求。近年来，从农家书屋建设到乡土课程开设，从乡村研学旅行到乡村文艺活动，各种类型的乡村文化教育活动不同程度地为乡村文化振兴注入了动能，促进了乡村文化的延续与创新，提升了乡村民众对乡村优秀传统文化的认同，极大地丰富了乡村民众的精神文化生活。

1. 乡村教育促进乡村优秀传统文化传承与创新

从当前乡村教育促进乡村文化振兴的具体实践可以看出，乡村教育正在与当地的各类活动和产业的融合中盘活乡村文化资源，促进优秀传统文化的传承。例如，芒景村是云南澜沧县景迈山上的一个布朗族村寨，芒景村社区学习中心以民族文化传承作为核心功能，通过编撰相关文化读物，开展口耳相传的经文学习活动，组织歌舞等活动，成立“芒景村布朗族文化保护协会”和“古茶花艺术团”，以及将古茶文化与茶叶的采摘、加工流程相结合等活动，较为完整地保留了布朗族原生态文化。经过几年的学习与教学实践，民族文化成为芒景村存在与发展的根基，以传统茶文化为核心的产业构成了当地的经济基础，传统的民俗文化成为当地的旅游业热点，芒景村已经发展为以布朗族文化和茶文化为主的旅游观光型村寨。更为重要的是，目前布朗族文化已深入每位村民的内心和生产生活，人们认同民族文化的情感越来越浓。

早在20世纪六七十年代，甘肃省兰州市七里河区黄裕镇乡村传统文化就发展良好，不仅有社火，还有折子戏，村民吹拉弹唱的技艺非常高超，远近闻名。可是随着城镇化发展，乡村人口严重流失，优秀传统文化正在快速消逝。为了让优秀传统文化得以保留并世代相传，当地社区学习中心通过寻找老一辈“社火”传承人挖掘整理优秀传统文化、组建“社火”讲师团、与学校合作组建儿童社火团、组织展演文化活动、汇编校本教材等一系列教育文化活动，使“社火”文化从口口相传转变为文字记述，实现了真正的文化传承，同时增强了乡村民众的文化自信，提升了人们对乡村文化的认同感。

乡村文化振兴不仅需要文化传承、传播，更要求文化创新。近年来，服务乡村振兴的高等教育机构在乡村文化创新上作出了巨大的贡献。2019年8月，清华大学乡村振兴工作站在南京市高淳区高岗自然村启动，工作站在为清华大学及其他高校大学生提供在地学习实践平台的同时，为当地文化发展注入了人才力量，高岗村转型为“乡村大学”。清华师生坚持以文化人、文化育人、以耕为本、以读为核，发展高岗·清华村特色田园教育产业，打造集耕养、教育、文创、游乐、食宿五位一体的清华耕读公社和“耕读”特色品牌，既解决了乡村空心化的问题，又带动城市的文化要素进入乡村，推动了“新旧”文化交流和乡村文化更新。[①]

2. 乡村教育为乡村民众创造丰富的文化生活

通过阅读各地农村社区学习中心的调研报告，我们发现包括信息技术、经营管理、绘画、书法等在内的种类多样的学习活动在使乡村民众

---

① 参见姜奇卉、李秋雨：《清华—高淳校地合作乡村振兴新实践 探索乡村振兴的“高岗路径”》，2021年7月17日，见http://news.jstv.com/a/20210717/c3e947a79e17423e8f04f15afdbc7b03.shtml。

"钱包"鼓起来的同时，也让他们的精神世界丰富起来，心理世界保持健康。"晚上八点刚过，全屯老人们就不约而同地齐聚社区学习中心，在简易的大棚里学习民族传统文化，有的学拉二胡，有的学唱彩调，有的学吹唢呐，好一派各族群众共聚大舞台的热闹学习景象。"——这是广西壮族自治区龙胜泗水乡成人文化技术中心的景象。如此高昂的学习热情和学员所体验到的精神愉悦感在其他乡村地区的学习活动中也得到了充分体现。

在积极老龄观的指导下，人们越来越深刻地认识到老年人不是社会前行的包袱，他们对社会发展的作用是不可忽视的。因此，全社会都要关心老年人，不仅要给生命以岁月，努力实现寿命延长的目标，而且要给岁月以生命，努力赋予长寿以质量与意义。[①]农家书屋、老年社区大学等机构中的老年学习者，不仅仅是受教育的对象，还可以是文化传播者、教育者。一些老年人的乡土知识与技能在社区组织的学习活动中得到了传播和传承，还有一些特级教师、教授、高级畜牧师等专家学者在退休之后奔赴乡村，为留守村落的孩子授课和补习，为农民讲解最新的农业政策和农业技术。这些教育活动在让年轻人受益匪浅的同时，也对老年人自我存在的意义感和价值感产生了积极影响。

曾经"忙碌"于打麻将、看电视剧和玩电脑游戏的乡村妇女、青少年儿童在学习活动中找到了新的生活方式，收获了专业和心理成长。在河南省辉县市西平罗乡，川中社区大学是一所依托西平罗乡中心幼儿园建立起来的终身学习学校。自2014年川中社区大学创办以来，当地政

① 参见穆光宗：《老年发展论——21世纪成功老龄化战略的基本框架》，《人口研究》2002年第6期。

府、大学、社会组织等各方努力让教育回归乡土，让处在凋敝状态中的乡村文化复兴。经过多年的努力，川中社区大学辐射到周边11个村落、200多位乡村民众。[①]当前，这里的乡村民众告别了烟雾缭绕的麻将室、无所事事的家长里短，大家结伴去学堂上课，为乡土社会重建作贡献，同时丰富自身的精神文化生活。

（四）乡村教育促进乡村生态环境逐渐改善

近年来，各地深入贯彻习近平总书记“建设好生态宜居的美丽乡村”重要指示精神，生态环境部门协同教育、卫生等部门，综合运用生态环境治理、生态环境教育等多种手段全力推进乡村生态振兴。目前，全国乡村居住环境整体提升，乡村居民生态意识持续提高，乡村生态振兴初见成效。

1. 乡村教育促进乡村居住环境水平整体提升

近年来，在乡村振兴的实践中，教育力量的介入为乡村生态振兴打开了新思路。一些兼具生态性、艺术性和教育性等多维属性的教育活动和艺术设计方案，不仅使破败荒芜、无人问津的传统村落蜕变为美丽宜居的新家园，还让农民赚上了“生态钱”，努力满足乡村民众对高品质生活的迫切需求。例如，自我国提出“厕所革命”以来，清华大学美术学院生态设计研究所遵循“人本设计、生态优先”的原则，在农村地区

---

① 参见《孙庆忠：守望乡土》，《中国慈善家》2018年第8期。

发起了一系列厕所设计的创新活动。他们针对农村的现实环境、需求和使用习惯，设计出避免环境污染且降低经济成本的农村家用“蹲坐一体式无水便器及旱厕系统”，适用于用水紧张、冬日寒冷的北方农村地区及一些偏远地区的乡村学校。这一设计，极大地改善了广大农村居住环境，切实提升了乡村民众的生活质量。[①]还有一些地区通过学习先进的发展理念与经验，坚持生态保护、文化传承、经济发展等相结合的发展模式，建立将研学旅游、特色民宿、农业生产、食品加工、陶艺观赏与制作等多种功能融为一体的综合性园区，将山川、田野、溪流等绿水青山变为老百姓的“绿色家园”和“绿色银行”，成效显著，颇受好评。[②]

2. 乡村教育推动乡村民众生态意识显著提高

近年来，由各地政府组织的农村改厕技术应用、生活污水治理、生活垃圾分类、河道整治、土壤污染防治等一系列乡村生态振兴培训活动，使基层干部和群众深化了对习近平的“两山论”的理解及生态环境保护技术技能的掌握，深刻认识到生态环境对于人类存在与发展的重要性。乡村民众也深切感受到生态振兴所带来的经济与非经济利益，摒弃了以往“只要金山银山，不要绿水青山”的旧理念，实现了向“绿水青山就是金山银山”的新的发展理念的转变，自觉成为乡村生态振兴的践行者，主动将“天人合一”的绿色发展观内化于心、外化于行，形成了“农民真参与、农民真受益”的良好局面。也正因为乡村民众生态意识

① 参见刘新：《新型农村生态旱厕设计》，《光明日报》2020年11月22日。

② 参见郑利杰、王波、朱振肖等：《乡村生态振兴实践探索——以湖北长江三峡地区为例》，《环境保护》2022年第8期。

的逐步提升和对环境保护的积极参与，垃圾革命、厕所革命、生活污水处理等乡村生态治理的政策、方法才更容易得到支持和推行，全国乡村生态治理成效随之不断彰显，乡村生态环境持续向好，广大农民有了更多的获得感和幸福感。①

（五）乡村教育促进乡村社会凝聚力的提升

乡村教育是健全乡村治理体系和促进乡村治理能力现代化的重要方式。近年来，在国家乡村振兴战略和地方经济、教育等各项政策的支持下，一些乡村精英重返乡村社会成为新乡贤，同时乡村学校和其他各类教育机构逐渐由以往“悬浮”和“脱嵌”于乡村社会转向重新融入其中。此外，服务乡村的高等院校、职业院校通过乡村基层干部培训等方式为乡村组织振兴与治理能力提升提供了有力支持。种种因素使得置身乡村的人们与乡土社会重新建立起情感联系，发展出文化、经济、教育等多种多样的乡村组织，积极参与乡村公共生活，从而实现自身公民意识和综合素质的提升，自觉承担起乡村治理主体的职责。

1. 乡村教育促进乡村组织蓬勃发展

近年来，全国各省都坚持以教育促进基层党组织建设，以党组织建设带动各类组织发展。目前，一些地区如山东、浙江、江苏等省的乡村

① 参见周琳娜、黄俊朋：《乡村生态振兴：成效、现实难题与实现路径》，《天水行政学院学报》2022年第5期。

组织建设已经相对完善，多种组织协同合力，助力乡村振兴。山东省委组织部党员教育中心主任马文胜介绍，在农村各类要素加速流动、各类组织不断涌现的新变化下，山东省积极推进党组织联建共建。他们建立了1 800余个联合党组织，包括党建联合体和乡村振兴示范片区，以确保党的组织和工作能够有效覆盖农村中各类组织和群体。据悉，截至2022年底，在政策牵动、典型带动、服务促动下，山东村党组织领办合作社达到4.24万家，入社户数480万户，带动增加村集体收入18.9亿元，增加合作社成员收入73.5亿元，平均每个合作社增加集体收入4.46万元，成员户均增收2 416.31元。①

2. 乡村教育提升乡村民众公民意识和治理能力

乡村党组织、乡村自组织、社会组织等各类乡村组织借助于在乡村民众共同生活世界中长期积累起来的地理资源和乡土知识，采取“线上+线下”的方式，实现寓教于乐的教育，帮助乡村民众个体实现全面发展，并使其有能力、有意识融入乡村社会发展。在我国西部，四川省成都市蒲江县明月村已经建立起比较完整的基层组织体系，各类组织开展的不同类型的教育活动有效提升了乡村民众治理能力。具体来说，明月村基层党组织依托文创项目，对村里的党员和群众进行了“党性教育+文创旅游”全覆盖培训；明月村的社会组织和明月乡村旅游专业合作社，为老村民提供草木印染、篆刻、陶艺、业态等相关产业的指导和

① 参见杨子葶：《我省全力推动乡村组织振兴》，《山东商报》2023年3月10日。

培训。[①]各种培训活动不仅增强了村民的综合素养，而且提升了他们对乡村社会的责任感和认同感，使其成为有文化、懂技术、会沟通、负责任的新公民。

三、乡村教育促进乡村振兴的经验启示

中华人民共和国成立至今，中国乡村教育与乡村社会经历了曲折的发展历程，如今迎来了发展的春天，二者正在相互促进中生机勃勃地成长。从乡村教育促进乡村振兴的实践困境、相关政策、理论研究、模式探索与现实成效中，我们可以得出以下三个方面的经验启示。

（一）在乡村教育促进乡村振兴的目的上：以人的全面发展为目的

习近平总书记以人民为中心的发展思想深切关注人的发展，回答了“人应该成为什么样的人、人应该如何发展”的时代问题。2012年，习近平总书记在中共十八届中央政治局常委同中外记者见面时的讲话中指出：“我们的人民热爱生活，期盼有更好的教育、更稳定的工作、更满

① 参见曾梓钰：《新发展阶段西部大城市近郊乡村组织振兴研究》，硕士学位论文，西南财经大学，2022年，第49—50页。

意的收入、更可靠的社会保障、更高水平的医疗卫生服务、更舒适的居住条件、更优美的环境，期盼孩子们能成长得更好、工作得更好、生活得更好。”[①]由此可见，习近平总书记重视和关注人民对更优质、更多元的发展权利、发展机会、发展成果的需求，以人民为中心的发展思想不仅是指要依靠全体人民来推动社会发展，更蕴含着让全体人民在参与发展和共享发展成果中实现自身发展的思想。[②]乡村教育之所以能够获得长足发展，并且促进乡村建设取得显著成效，其重要经验就是贯彻习近平总书记以人民为中心的发展思想，以实现人的全面发展为最终目标。

（二）在乡村教育促进乡村振兴的主体上：以多元共建为支撑

在乡村振兴战略整体性、系统性思维的观照下，乡村教育的概念边界正在突破地域、户籍、内容等多方面的限制。乡村教育不再仅仅是在乡村、为乡村的教育，而是回归教育本身，成为一项全社会协作共建的事业。

1. 坚持中国共产党的领导，发挥中国共产党强有力的政治领导力

在习近平新时代中国特色社会主义思想的指引下，中国乡村教育促进乡村振兴取得了显著成效。这充分表明，妥善解决好乡村教育复杂的实践问题，必须坚持中国共产党的领导。全心全意为人民服务的初心和

① 《习近平著作选读》第一卷，人民出版社2023年版，第60页。

② 参见陈智：《习近平新时代以人民为中心思想的生成逻辑》，《内蒙古社会科学（汉文版）》2018年第2期。

使命使中国共产党具有强大的政治领导力。在百年发展历程中，中国共产党人将这一初心和使命贯彻到中国革命、建设和改革的各种实践中，既确保了党和国家各项事业的顺利开展，又夯实了党长期执政的政治基础和群众基础[①]，同时也使中国共产党的政治领导力得到不断的淬炼和提升[②]。

"党的十八大以来，习近平总书记对于党的初心作出了富有时代内涵的创新性诠释，提出了以人民为中心的发展思想，指出人民对美好生活的向往就是我们的奋斗目标，强调要扎实推动共同富裕、推动人的全面发展与社会全面进步，进一步凝聚起全党全国人民团结奋斗的强大合力。"[③]从乡村教育促进乡村振兴的实践可以看出，中国共产党以乡村民众的根本利益为最高标准来制定战略和政策，以强大的政治领导力动员了广大农民和其他社会群体为乡村振兴而奋斗，直接作用并积极影响着政府、学校、企业等各类主体的乡村建设行为。因此，未来必须继续坚持中国共产党的领导，充分发挥党无可比拟的强大领导力，走出一条乡村教育促进乡村振兴的中国道路。

2. 创新乡村教育促进乡村振兴的模式，发挥多元主体共建的优势

目前乡村教育促进乡村振兴的模式越来越丰富，不再仅仅是自上而

---

① 参见马兵：《新时代党的政治领导力建设：特征、意义和路径》，《新视野》2021年第3期。

② 参见李俊杰、张秀荣：《国家治理现代化视域下党的领导力建设》，《重庆社会科学》2022年第9期。

③ 李海青：《中国共产党具有无比坚强的领导力——深入学习"五个战略性有利条件"重大论断之一》，《光明日报》2022年3月29日。

下的政府主导模式。在乡村振兴的起步阶段，这种依靠政府出资金、出方案的强制模式有可能快速实现乡村社会发展。可是正因为完全依赖和听命于政府，乡村民众极其容易养成“等、靠、要”的懒人思维，社会组织、企业、高校等其他相关主体基本处于被动状态。这种懒人思维和被动状态限制了各主体在乡村建设中的眼界和潜能发挥，使人们把乡村发展的希望完全寄托于政府，而无法向内探寻发展的方式。创新乡村教育促进乡村振兴的模式，其关键之处在于明确不同主体的责任，协同发挥不同主体的优势，如地方政府的政策引导与资源整合、乡贤的乡土动员与组织领导、社会组织的资金筹集与经验传授、企业的高科技产品供给与技术改进、高校的理论指导与政策咨询等，最终通过对多元主体在乡村教育建设方面的优势加以整合，推进乡村教育跨越式发展，赋能乡村振兴。

需要注意的是，满足不同主体的利益诉求是决定各方参与合作共建的关键，也是确保各方之间持续、稳定、深入协同合作的基础。然而，教育是一种超越任何利益集团，以公共价值为导向、以扩大公共利益为目的的实践。[①]教育一旦成为可以在市场上任意买卖的产品，那些底层人群、弱势群体就会被排斥在公共资源或公共利益之外。因此，地方政府、企业、社会组织、高校、乡村社区合作共建乡村教育的利益诉求绝不能是通过教育直接获取经济利益，而只能是扩大公共利益。中国乡村教育之所以能在乡村振兴中发挥出巨大的能量，在很大程度上就在于各方坚决不把教育当作牟利的工具，始终坚守教育的公益性。

---

① 参见金生鈜：《保卫教育的公共性》，《教育研究与实验》2007年第3期。

（三）在乡村教育促进乡村振兴的路径上：以融合创新为发展方向

以乡村教育全面、深入地推进乡村振兴，必须以融合创新为发展路径，具体包括以下三个方面的内容。

1. 内生因素与外生因素的融合创新

这里的外生因素既包括外来的企业家、志愿者、研究者、政府官员等主体，也包括各类现代性的制度、理念、文化、资源等元素。内生因素是指乡村内部固有的因素，包括乡村的民众、资源、文化等。乡村教育促进乡村振兴，一定要扎根乡村沃土，绝不能偏离乡土社会的特征和结构。这意味着每一位乡村建设躬行者的首要关切是深入理解乡土社会，包括乡村错综复杂的社会关系、乡村民众的精神世界、乡村日常生活、乡村社会的文化历史与运行逻辑等。乡村振兴也不能脱嵌于现代社会场景之外，不能仅仅依靠政府财政、村集体和村民个体，还需要现代治理理念、现代生产知识与技术及城市的生产要素。党的二十大明确提出，“要坚持城乡融合发展，畅通城乡要素流动”[①]。因此，乡村教育促进乡村振兴的核心路径就是在挖掘并激活内生因素的基础上，以产学研一体化等多种方式推动内外因素的双向流动与融合创新。

① 习近平：《高举中国特色社会主义伟大旗帜 为全面建设社会主义现代化国家而团结奋斗——在中国共产党第二十次全国代表大会上的报告》，《人民日报》2022年10月26日。

2. 理论研究与实践探索的融合创新

学者王曙光长期致力于农业农村问题研究，他在《中国农村——北大“燕京学堂”课堂讲录》一书中写道：“研究中国农村是一件非常困难的事情。农村问题之复杂，牵涉领域之广阔，纠结历史之烦琐，都是其他学术领域所罕见的。……只有脚踏真实的乡村土地，深入草根阶层，才能获得丰富的研究素材和学术灵感。”[①]由此可见，研究乡村问题既要有深厚广阔的学理基础，也要有对乡村的情感和丰富的田野经验，二者缺一不可。前几章的内容清楚表明，中国乡村教育之所以能够为乡村振兴蓄力赋能，其重要原因之一就在于有一批长期扎根在乡村建设一线的学者，他们致力于乡村教育赋能乡村振兴的理论与实践的融合创新。党一贯重视基层实践，深刻体认到理论与实践的辩证统一关系，习近平总书记明确提出：“坚持实践第一的观点，不断推进实践基础上的理论创新。”[②]党的二十大首次将“义务教育优质均衡发展”和“城乡一体化”并置，这表明“如何使乡村教育融入乡村建设”是当前亟须回答的重大理论和现实问题。为此，未来需要一大批具有乡村情怀的学者亲身进行实地调研，促进理论与实践的交相辉映，探索乡村教育赋能乡村振兴的前行路径。

---

① 王曙光：《中国农村——北大“燕京学堂”课堂讲录》，北京大学出版社2017年版，第19—20页。

② 习近平：《辩证唯物主义是中国共产党人的世界观和方法论》，《求是》2019年第1期。

3. 数字技术与教育活动的融合创新

教育部部长怀进鹏在多个场合提出，要实施教育数字化战略行动，推动实现教育数字化转型。“教育数字化转型是深化数字技术与教育融合发展的必然选择”[①]，对于乡村教育高质量发展和乡村振兴具有重要意义。2018年4月，教育部印发《教育信息化2.0行动计划》，明确将“坚持融合创新”作为一项基本原则，提出要“发挥技术优势，变革传统模式，推进新技术与教育教学的深度融合”。从前文分析可知，数字化技术与教育融合创新为乡村教育跨越式发展和乡村现代化创造了机遇。未来在继续完善乡村教育信息化基础设施建设、制度设计的同时，要构建一体化、立体化、开放、灵活、连续的教研体系、学习空间、教学模式、支持机制，为数字技术与教育活动的深度融合发展提供优质的设施、制度、师资等全方位保障。

党的十八大以来，面对乡村教育在促进乡村振兴中面临的挑战，决策者、研究者和实践者共同努力并从多角度出发，探寻乡村教育推动乡村振兴的有效模式与路径，逐步提炼出一套乡村教育助力乡村振兴的经验体系。在此过程中，乡村教育在多个维度上有力促进了乡村振兴。通过对乡村教育实践经验、政策、模式及成效的深入总结，我们得到以下核心经验启示：乡村教育服务乡村振兴应坚持以人的全面发展为核心目标定位；在行动主体上，倡导并落实多元共建共享机制；在发展路径上，需遵循融合创新原则，以实现乡村教育与乡村振兴深度互动与协同发展。

---

① 胡姣、彭红超、祝智庭：《教育数字化转型的现实困境与突破路径》，《现代远程教育研究》2022年第5期。

综上所述，通过科学引导与创新实践，乡村教育已在我国乡村振兴战略中扮演了关键角色，并将继续以其独特的功能和价值，为实现乡村全面振兴、推进农业农村现代化进程不断夯实基础，书写新时代中国特色社会主义乡村教育新篇章。

第七章

乡村教育促进乡村振兴的世界影响与中国贡献

2021年5月31日，习近平总书记就加强我国国际传播能力建设主持中央政治局第三十次集体学习时指出，“要加快构建中国话语和中国叙事体系，用中国理论阐释中国实践，用中国实践升华中国理论，打造融通中外的新概念、新范畴、新表述，更加充分、更加鲜明地展现中国故事及其背后的思想力量和精神力量”，“要采用贴近不同区域、不同国家、不同群体受众的精准传播方式，推进中国故事和中国声音的全球化表达、区域化表达、分众化表达，增强国际传播的亲和力和实效性”。[①]国际社会肯定中国为世界减贫事业所作的巨大贡献，希望向中国学习乡村振兴的宝贵经验。与此同时，中国不断扩大对外援助规模，优化对外援助方式，积极向国际社会分享乡村振兴的中国方案。

本章前三个部分依次介绍中国援助东南亚国家联盟（简称“东盟”）、非洲、拉丁美洲（简称“拉美”）以教育促进乡村振兴所采取的行动及其产生的积极影响，包括建设教育基础设施、开展乡村教师教育交流与合作、培养乡村技能型人才等几个方面；最后一个部分，从教育理论、教育实践、社会现代化和人类文明形态四个层面分析乡村教育

① 《习近平在中共中央政治局第三十次集体学习时强调 加强和改进国际传播工作 展示真实立体全面的中国》，《人民日报》2021年6月2日。

促进乡村振兴的中国贡献。

一、中国援助东盟以教育促进乡村振兴的实践

东盟成员国有文莱、柬埔寨、老挝、泰国、缅甸、越南等10个国家。由于东盟国家大多为农业国，乡村人口占绝大多数，因此要推动国家的社会现代化和教育现代化，乡村社会和乡村教育的发展是重中之重。“二战”之后，东盟成员国普遍采取了把城市和工商业放在首位的发展战略，政府在资源、政策等方面给予城市、工业更多的支持、优惠政策以促进经济增长，从而忽视了农村和农业，因此东盟成员国在经济迅速增长的过程中出现了城乡差距较大和农村贫困问题。[①]如何摆脱贫困一直是困扰东盟国家的难题。中国作为一个负责任的发展中大国，教育扶贫和教育振兴乡村取得的显著成效为东盟国家减贫与乡村发展增强了信心、提供了示范，中国与东盟国家开展的教育交流与减贫合作让当地民众切实感受到中国以教育促进乡村振兴的智慧。

21世纪以来，东盟一直是中国对外援助与交流合作的重点区域，并且中国对东盟的援助在总体上呈不断增长的趋势。2011年中国国务院新闻办发布的《中国的对外援助》显示，全球经常接受中国援助的发展中

① 参见王小民：《东南亚国家的城市化：原因与可持续发展》，《东南亚研究》2002年第4期。

国家有123个，其中亚洲国家有30个。[①]而就东盟来说，在援助规模上，2000—2014年，“中国对东盟的援助总额达545.49亿美元，援助总额总体上显著增长”[②]。在东盟各国中，印度尼西亚作为累计接受中国援助最多的国家，受援金额达167.03亿美元；即便是累计接受中国援助最少的泰国，受援金额也达到了4.12亿美元。[③]随着“一带一路”建设深入推进，我国持续通过资金投入、基础设施建设、师资培养、农村学校援建等多种形式加强对东盟的教育援助，帮助东盟培养了大批人才，有力支持了东盟国家增强自身教育减贫能力，为当地乡村社会发展注入了活力。

（一）中国增强对东盟教育设施援助，完善东盟乡村学校基础设施建设

“一带一路”倡议提出后，我国着重强调共同推进基础设施建设，对东盟国家教育基础设施的援助也逐步增加。

柬埔寨和中国一样，自古即以农立国，农业在柬埔寨国民经济中占有举足轻重的地位。截至2018年1月，柬埔寨有将近八成的人口居住在农村，城镇化率不足30%。在教育事业发展上，尽管柬埔寨作出了巨大努力，教育基础设施还是非常薄弱，许多农村地区的成年人没有接受过

① 参见中华人民共和国国务院新闻办公室：《中国的对外援助》，人民出版社2011年版，第17页。

② 熊青龙、郑欣：《新世纪以来中国对东盟援助变化及其原因分析》，《北方经济》2018年第5期。

③ 参见熊青龙、郑欣：《新世纪以来中国对东盟援助变化及其原因分析》，《北方经济》2018年第5期。

教育，教育的城乡差异依然显著。[①]

中华人民共和国成立后，中国就一直对柬埔寨进行教育援助，促进柬埔寨教育事业的发展。自“一带一路”倡议提出后，我国加大了对柬埔寨教育的援助力度。2019年6月26日，中国援助柬埔寨教育环境与设施改善项目开工仪式在柬埔寨干丹省举行。这个教育环境与设施改善项目“将覆盖柬埔寨金边、干丹省和磅湛省的27所学校，计划建设23栋教学楼、17栋实验办公楼以及宿舍楼、足球场、篮球场等基础设施”[②]，为周边乡村的孩子提供上课、住宿、活动等场所，为教师提供教学和生活等方面的用品。

缅甸是东南亚欠发达国家之一，超过60%的人口居住在农村，从事农业活动。由于缅甸总体经济较为落后，因此对教育的投资不足，教育事业发展很慢，教育资源严重匮乏。2015年以来，中国和平发展基金会与缅甸光明基金会合作开展“丝路之友”援缅学校项目。该项目以中方出资、缅方落实的形式在仰光周边乡村建设学校。截至2020年1月，“丝路之友”援缅学校总计18所。2019年1月，仰光省坦达宾镇酿通彬村学校建成之后，接收了本村及周边村子的适龄学生，这不仅解决了本村孩子上学远的问题，也缓解了周边村子孩子上学难的压力。缅甸联邦巩固与发展党仰光省坦达宾镇主席、前国会议员登叶认为，“丝路之友”项目显著改善了当地教育资源短缺状况，扩大了乡村

① 参见杨文明：《柬埔寨职业教育现状与发展趋势》，《深圳职业技术学院学报》2018年第1期。

② 毛鹏飞：《中国援柬教育环境与设施改善项目开工》，2019年6月26日，见www.xinhuanet.com/world/2019-06/26/c_1124675901.htm。

学校学生数量，明显提升了教育教学水平，造福了缅甸乡村民众。缅甸教育部部长苗登基在感谢中方对缅甸教育事业发展给予支持的同时，希望缅中双方深化教育领域合作，为共建“一带一路”和缅中经济走廊建设培育更多可用人才。[①]

除了教育基础设施建设方面的援助以外，中国政府、学校及企业还积极向缅甸、越南等东盟国家捐赠教育物资，用于改善贫困学生的教育条件。

（二）中国推进与东盟职业教育合作，为东盟培养农村实用技能型人才

2019年12月，在东盟经济共同体成立即将进入第五年之际，年度《东盟融合报告》指出，东盟以3万亿美元的体量跃升为世界第五大经济体。[②]尽管东盟经济发展迅速，但是东盟部分国家农业基础薄弱、农村发展落后。农业不发达和农业人口的贫困问题是东盟部分国家的难题[③]，已经成为制约东盟经济可持续发展与国际竞争力提升的关键因素。正是因为缺乏农业技术人才，目前东盟部分国家，尤其是越南、老挝、

① 参见赵益普、周之然：《“一所学校就是一个希望”——记“丝路之友”援缅学校项目》，《人民日报》2020年1月16日。

② 参见田原：《跃升第五大经济体 抓住“一带一路”契机 东盟将加速推进区域一体化建设》，《经济日报》2020年1月9日。

③ 参见鞠海龙、邵先成：《中国—东盟减贫合作：特点及深化路径》，《国际问题研究》2015年第4期。

缅甸等国家的农业技术水平还比较低，农业技术以农户家庭祖传为主[①]。作为教育系统的重要组成部分，职业教育以实用性、技术性为特点，是解决农业农村实用技能型人才稀缺难题的有效方式，在促进乡村经济社会发展中起着不可或缺的作用。近年来，中国与东盟各国积极探索职业教育合作路径，为东盟培养了大批促进农业农村发展的实用技能型人才。

目前中国对东盟国家的农村职业教育援助主要有国家层面设立的援助项目、地方政府推行的服务和行业成立的联盟等三种类型。

在国家层面，教育部协同10所高校设立职业教育援助基地，开展各类人力资源培训等国际援助。[②]如2011年中国国际扶贫中心主办的“中国—东盟农村扶贫政策与实践研修班”，培训以专家讲座、国别演讲、案例分析和实地考察等方式开展，内容涉及农业和农产品加工等多方面。[③]2023年8月30日，由中国教育国际交流协会与中国—东盟中心共同主办的“2023年中国—东盟职业教育国际论坛”和“中国—东盟职业教育联合会第一次全体大会”成功举办。来自中国和老挝、柬埔寨等国家的教育行政部门、职业院校、行业企业的400余位中外代表线上线下交流分享职业教育经验。联合会成员单位支持中国教育国际交流协会继续发挥联合会中方秘书处的统筹协调作用，带领成员单位开拓创新品

① 参见吕玲丽、邓覃宇：《“一带一路”背景下中国—东盟农业技术合作调研报告——基于东盟国家需求视角》，《世界农业》2019年第3期。

② 参见陈莹：《中国对东南亚教育援助论析》，《东南亚研究》2019年第3期。

③ 参见崔晓熳、木秧：《中国—东盟农村扶贫政策与实践研修班在我校开班》，2011年10月13日，见http://news.hzau.edu.cn/2011/1013/29041.shtml。

牌项目和合作渠道，实现区域职业教育发展共赢。[①]

在地方层面，广西、云南、江苏、海南、安徽等地成为对东盟国家乡村职业教育援助的桥头堡。近年来，广西与东盟国家在职业教育领域开展了多项合作。“2012年7月，中国农业部在广西农业职业技术学院挂牌成立‘中国—东盟农业培训中心’，该学院至今已为老挝、缅甸、越南等国举办培训班共68期，培训学员1 300人次。”[②]2015年，中华人民共和国外交部、教育部联合发文，批准南京农业大学成立“中国—东盟教育培训中心”，旨在为东盟国家培养现代农业科技与管理人才。截至2022年，中国（海南）—柬埔寨热带农业技术培训班已连续举办6期。在计算机与互联网技术的支持下，柬埔寨学员可以在线上跟着中国专家进行理论与实践的学习。这样的培训不仅为柬埔寨培养了热带农业领域的技能型人才，而且直接促进了当地经济发展，改善了农民的生活水平。2022年，在第6期开班仪式上，“柬埔寨驻海口总领事馆总领事春文通表示，海南省在热带农业方面经验丰富、技术成熟，希望这样直接惠及当地企业和农民的技术培训交流继续举办，为中柬热带农业合作持续培养优秀人才”[③]。另外，在我国政府的政策支持和职业院校的积极配合下，从2016年启动至今，“鲁班工坊”项目为东盟多国培养了

① 参见潘晓飞：《共论构建中国—东盟职业教育合作共同体》，《贵州日报》2023年9月2日。

② 蒋雪林：《助推“一带一路”建设 广西加强与东盟职业教育合作》，2016年2月23日，见http://m.haiwainet.cn/middle/352345/2016/0223/content_29665385_1.html。

③ 欧阳开宇、余湘珺：《2022年中国（海南）—柬埔寨热带农业技术培训班开班》，2022年11月15日，见https://www.chinanews.com.cn/sh/2022/11-15/9894847.shtml。

包括农业科技人才在内的大批本土化技能型人才。

在行业联盟层面，比较有代表性的有2020年由广西农业职业技术学院、老挝东坎商农业技术学院等中国和东盟的二十几所农业院校发起成立的中国—东盟农业职业教育联盟。该联盟旨在促进双边农业农资产品与农业技术沟通，实现区域内农业技术的成果转换、推广共享及农业产业转型升级。2018年至2020年，广西农业职业技术学院已招收东盟国家留学生近百名，与老挝国家农林研究院共建中老合作农作物优良品种试验站，吸纳230多名老挝高校学生到站实习，培训当地农业技术人员和农民1 300多人次，有效提升了当地农技水平。①

（三）中国加强与东盟教师教育合作，助力东盟乡村教师发展

东盟大部分中国家都不同程度地面临着农村和边缘地区师资匮乏且薄弱的问题。例如，印度尼西亚尽管城市化率不高，但城乡教师比例严重失衡，乡村教师的工作非常艰难，教师专业水平也不高。老挝乡村教师信息技术培训严重不足，由此造成老挝乡村教师信息技术素养不高，给乡村教育质量造成消极影响。泰国少数民族地区经济水平低、交通不便、教育信息化设施不足，给当地教师专业发展造成诸多困境。②近年来，中国积极在各领域与东盟国家深化合作。为了助力东

① 参见黄令妍：《中国—东盟农业职业教育联盟成立 助推区域农业合作》，2020年12月13日，见https://m.gmw.cn/2020-12/13/content_1301935800.htm。

② 参见梅秋怡、朱小虎：《赋能乡村教师，促进教育合作——中国—东盟教师专业发展研讨会综述》，《比较教育学报》2021年第6期。

盟各国乡村教育发展与扶贫事业，教师教育已经成为双边交流合作的重要领域之一。

作为联合国教科文组织二类机构，由上海市政府设立、上海师范大学运行的国际教师教育中心承担着教师教育领域的知识生产、能力建设、技术服务、信息共享四大职能，对于扩大中国教师教育在国际上的影响力起到了积极作用。自2020年以来，联合国教科文组织教师教育中心与中国—东盟中心先后对东盟国家相关人员进行了“乡村教师专业发展”“特殊教育工作者领导力”等主题的培训活动，受到国内外中小学教师、专家学者和官员的好评。比较有代表性的是2021年11月2日联合国教科文组织教师教育中心与中国—东盟中心联合举办的“赋能乡村教师：中国—东盟教师专业发展研讨会”。在研讨会上，中国与老挝、马来西亚、柬埔寨等国教育官员及教师、教育专家共同探讨乡村教师专业能力建设面临的挑战，分享各国乡村教师专业能力提升的经验。与会各方均高度认同教师教育中心在促进教师教育交流与合作，推动经济、文化等其他领域发展方面的重要作用，普遍希望未来借助这一平台加强交流与合作，促进中国教师发展经验在东盟国家的传播。[①]

（四）中国强化与东盟合作机制，深化乡村教育数字化转型交流

当前，数字化技术给乡村教育带来了发展新契机，乡村教育数字化

① 参见梅秋怡、朱小虎：《赋能乡村教师，促进教育合作——中国—东盟教师专业发展研讨会综述》，《比较教育学报》2021年第6期。

转型与发展成为全球教育的重要议题。近年来，东盟先后出台了不少针对教育数字化转型的政策文件，尤其是2022年底东盟峰会上通过《东盟教育系统数字化转型宣言》以来，推动东盟教育数字化转型，成为东盟的关注焦点和迫切追求。除了以政策引领教育数字化转型以外，东盟还依托与中国在各领域建立起来的交流平台和合作机制，积极增进与中国在教育方面的互动，深化包括乡村教育数字化转型在内的交流。①

2022年10月，在第六届东盟与中日韩教育部长会议上，中国教育部部长怀进鹏表示，在新形势下，中方将“持续强化机制平台合作，充分发挥中国—东盟教育交流周、中国—东盟教育部长圆桌会议等机制平台的积极作用”，“全面深化数字教育合作，共享智慧教育平台建设经验和优质在线课程资源，提升师生数字素养和能力，实现教育更高质量更加公平与包容的发展”。②自2020年以来，中国每年都联合国际组织举行一次全球范围内的智慧教育大会，旨在为教育数字化转型与发展搭建一个国际研究、交流与合作的平台，积极同各国分享中国的数字教育发展经验。在2022年的全球智慧教育大会上，“智慧乡村与农村教育转型”是大会的重要议题。中国华中师范大学的王继新教授、联合国教科文组织国际农村教育研究与培训中心执行主任曾晓东教授等专家学者分享了中国乡村教育的理论研究情况、实践经验、项

① 参见林书名、潘俊宏、田小勇：《面向数字化转型发展与致力于教育广泛合作的东盟行动——访东盟秘书处教育、青年与体育司副司长林书名》，《世界教育信息》2023年第3期。

② 教育部：《怀进鹏出席第六届东盟与中日韩教育部长会议》，2022年10月14日，见http://www.moe.gov.cn/jyb_xwfb/gzdt_gzdt/moe_1485/202210/t20221014_669625.html。

目成果和政策建议，对于东盟各国乡村教育数字化转型和乡村振兴的实现起到了重要推动作用。

二、中国援助非洲以教育促进乡村振兴的实践

撒哈拉以南非洲是公认的世界上城镇化起步最晚、现代化进程最为缓慢且曲折的地区之一。在城镇化、现代化进程中，由于非洲国家历史上长期迫于外力压迫而无法独立自主地选择适合自身特点的发展道路，加上该地区受到频繁的自然灾害、气候变化造成的持续环境压力的阻碍，非洲的农业、制造业、教育、医疗、科技等各方面发展比较薄弱，因此非洲的城镇化和现代化水平极不协调。[①]数据显示，2019年全球贫困人口中有近60%生活在撒哈拉以南的非洲，非洲是全球贫困人口最为集中的区域之一，全球贫困人口分布进一步集中。[②]自2020年新冠疫情暴发以来，非洲遭受了严重的冲击，贫困问题更加严重。即便乐观预测，“到2030年，撒哈拉以南非洲地区仍将有3亿多人处于贫困状态”[③]。可以说，2030年全球可持续发展议程的首要目标——消除一切形式的贫困能否实现，在很大程度上取决于非洲的发展情况。

① 参见刘悦、李白鹭、张博一等：《与非洲城镇化一路同行——论中非城镇化合作》，《城市发展研究》2014年第11期。

② 参见刘亮：《全球发展报告：全球多年减贫成果遭遇逆转》，2023年9月5日，见http://www.chinanews.com.cn/gj/2023/09-05/10072704.shtml。

③ 侯丽：《非洲国家减贫任重道远》，《中国社会科学报》2019年10月30日。

自中华人民共和国成立至今，中国与非洲各国保持着良好的合作关系。党的十八大以来，习近平总书记提出了秉持真实亲诚对非政策理念和正确义利观，高屋建瓴地将中非关系概括为“命运共同体”。2013年3月25日，习近平主席在坦桑尼亚尼雷尔国际会议中心发表题为《永远做可靠朋友和真诚伙伴》的重要演讲，明确提出：“新形势下，中非关系的重要性不是降低了而是提高了，双方共同利益不是减少了而是增多了，中方发展对非关系的力度不会削弱、只会加强。”[①]近年来，在党的领导下，中国乡村教育发展迅速，乡村社会在完成脱贫攻坚以后接续推进乡村全面振兴，中国通过乡村教育带动乡村发展的经验受到非洲众多国家的关注。中国进一步加强了对非教育援助力度，扩大了中非教育合作范围。目前，“向中国学习”“与中国合作”已成为非洲国家在推动乡村发展中的共识。

（一）中国加强对非学校基础设施援建，改善非洲乡村学校教育环境

非洲国家乡村教育仍然非常落后，学校基础设施（水、卫生设施、建筑、信息通信技术等）不足、交通工具缺乏导致学习者必须长途跋涉等因素，都严重影响学生教育机会的获得和教育质量的提高。[②]非洲各

① 习近平：《永远做可靠朋友和真诚伙伴——在坦桑尼亚尼雷尔国际会议中心的演讲》，《人民日报》2013年3月26日。

② 参见 Dipane Hlalee，Rural Education in South Africa: Concepts and Practices，*Mediterranean Journal of Social Sciences*，Vol.5 No.4（March 2014），pp.462-469。

国深刻认识到教育是摆脱贫困的最根本手段，非常重视学校基础设施建设。中国政府、基金会、企业等为非洲国家援建了大量的乡村学校，并援助了包括图书资料、体育器材、教育信息化设备在内的大量教育物资，在很大程度上改善了非洲乡村师生的教育环境。

在2006年的中非合作论坛北京峰会上，中国政府宣布3年内为非洲援助100所农村学校。到2009年，中方实际援助了126所学校，改善了一些学校的教学条件，为3万名非洲儿童提供了入学机会，共培训1.6万余名人员，人员涉及农牧渔业、教育等领域。2009年11月，在中非合作论坛第四届部长级会议上，中非双方通过的《中非合作论坛沙姆沙伊赫行动计划（2010至2012年）》提出，未来三年中方为非洲国家再援助50所中非友好学校，包括中小学、职业技术学校等，为非洲国家培训2万人，其中包括1 500名校长和教师、2 000名农业技术人员及3 000名医护人员，培训重点领域包括农业和教育。[①]2016年，教育部印发《推进共建“一带一路”教育行动》，提出发挥教育对外援助的重要作用，鼓励社会力量顺势而行，吸纳更多民间力量、民间方案、民间行动。此后，中国有实力的企业借助“一带一路”走向非洲，援建非洲乡村学校。例如，徐工集团、中铁八局、中铁二十局、中国石油等企业都参与过教育援建，它们扎根喀麦隆、刚果（金）、埃塞俄比亚、尼日利亚等非洲国家出资建学，不仅解决了当地孩子们就学难的问题，而且吸引了更多的企业和社会组织参与援建，为非洲乡村教育发展贡献了力量。

---

① 参见商务部西亚非洲司：《中非合作论坛第四届部长级会议经贸举措内容解读》，2010年5月5日，见http://www.mofcom.gov.cn/aarticle/zhengcejd/bj/201005/20100506899011.html。

（二）中国开展对非职业教育援助与合作，促进非洲乡村人力资源开发

20世纪60年代以后，大部分非洲国家高度重视职业教育，一些国家还通过采取切实可行的措施使职业教育在数量、规模、层次和领域上得到了较大的进步。[①]但是限于非洲整体经济发展水平不发达，以及长期以来受到殖民地传统、国际援助政策、西方理论、战乱等内外部因素的严重影响，非洲职业教育不仅地位忽高忽低、发展速度时快时慢，而且至今定位模糊，对社会经济发展和人的专业技能发展促进不足。[②]职业教育是教育系统中与经济发展和产业实践关系最密切的教育类型，其最基本的职能是培养从事物质生产和社会服务的技术技能型专门人才[③]，是推动国家经济发展的重要力量。中国政府长期以来高度重视对非教育合作，职业教育是中非教育合作实践的重要议题。自中非合作论坛成立以来，中国政府加大了对非职业教育援助力度，通过援建职业学校、提供教育物资、开展校际合作、进行援外培训等方式为非洲国家培养了大

① 参见胡昌送：《战后非洲职业教育发展历程与趋势初探》，《中国职业技术教育》2010年第31期。

② 参见张玉婷：《外部理论驱动与殖民影响下的非洲职业教育》，《职业技术教育》2016年第10期。

③ 参见祝士明：《职业教育发展的途径与对策》，《天津日报》2019年4月22日。

量专业技术人才，促进了非洲人力资源开发。[①]

2022年5月11日，在教育部国际合作与交流司的支持下，未来非洲—中非职业教育合作计划推进会暨中非职业教育联合会成立大会以线上线下相结合的方式举行。中非职业教育联合会的成立，进一步加强了中非职业院校间的机制化合作，目前非洲已有11国多所院校与中国职业院校结成伙伴关系。[②]近年来，中国政府除了向非洲乡村地区提供职业教育物资以外，还与非洲国家开展了比较丰富的农业技术合作，主要体现在中国政府帮助非洲国家建立农业技术示范中心、农业试验站、推广站，派遣专家开展农业技术培训等。[③]中国援埃塞俄比亚农业职业教育技术援助项目（简称“援埃塞农业职教项目”），源于埃塞俄比亚政府的邀请，始于2001年，旨在推广中国农业职教模式，为埃塞俄比亚建立并完善适应当地农业技术发展需求的农业职教体系，培育农业技术实用型人才。[④]截至2018年，在“援埃塞农业职教项目”实施近20年的时间里，“农业农村部国际交流服务中心选派的中国教师先后在埃塞13所职教学院任教，教授植物科学、动物科学、自然资源、兽医和农业合作社等五个学系56门专业课，累计培训出2 500名当地教师，13 000名农业技术人员，41 000名学生，传授了70多门实用的先进技术。很多

① 参见沈晓雷：《中非人才培养领域的合作实践与意义》，《浙江师范大学学报（社会科学版）》2023年第2期。

② 参见刘锦：《开创职业教育国际交流合作新局面》，《中国职业技术教育》2023年第7期。

③ 参见陈明昆、张晓楠、李俊丽：《中国对非职业教育援助与合作的实践发展及战略意义》，《比较教育研究》2016年第8期。

④ 参见杨飏：《青年参与“一带一路”援非建设调查研究——以中国青年教师援助埃塞俄比亚农业职教项目为例》，《中国青年社会科学》2018年第6期。

技术通过职教体系已经推广到了埃塞普通农户的手中，切实实现了粮食增产，改变了刀耕火种的落后生产模式，为‘非洲雄狮’的农业振兴作出了重要贡献”①。

中国政府坚持“授人以渔”的援助理念，通过人力资源开发合作、技术援助、志愿者服务等方式，与非洲国家分享发展经验，帮助非洲国家培养实用技术人才，获得了非洲国家政府和人民的高度认可。在一项关于中国援非农业的调查中，非洲人民对中国的援助给予了高度评价，其中“培养非洲农业人才”“在非洲建立农业技术示范中心”和“派遣赴非农业技术人员和高级专家”等内容评价最高。②

（三）中国提供对非教师培训项目，提高非洲乡村师资质量

在非洲，学校是农村社区中最重要的公共机构，也是经济的命脉，因为好的学校能培养出高质量的当地劳动力，进而又能促进经济发展，巩固已经存在的社区资本。③非洲农村人民是地方学校和公共教育的坚定支持者。然而，和大多数发展中国家情况一样，缺乏合格的教师、不合理的师生比例对非洲农村教育质量产生了不利影响。党的十八大以来，中国政府制定了一系列提升乡村教师待遇和专业发展水平的政策与

① 吕珂昕：《18年只为“非洲屋脊”兴农桑》，《农产品市场周刊》2018年第37期。

② 参见程伟华、刘爱军、董维春：《中国教育援助非洲项目有效性研究》，《高等农业教育》2015年第3期。

③ 参见Dipane Hlalee，Rural Education in South Africa: Concepts and Practices，*Mediterranean Journal of Social Sciences*，Vol.5 No.4（March 2014），pp.462-469。

措施，有效解决了乡村师资数量不足与质量不高的问题。中国在乡村教师发展上的经验能够为非洲国家提供有益启示，因此中国对非教师教育援助成为中非教育交流的重要内容。

当今时代，数字技术成为赋能与重塑教育的重要力量，为乡村教师专业发展创造了机遇。改革开放以来，中国乡村教育借助教育信息化建设取得了长足的发展，中国一直致力于分享教育信息化的经验。“依托‘丝绸之路’教育援助计划，中国充分利用教育信息化帮助非洲国家提高教师培训机构的培训能力，缩小非洲教育质量差距，为科特迪瓦、纳米比亚、埃塞俄比亚、乌干达、赞比亚、利比里亚等8个国家培训了数千名教师。”[①]2020年，中国企业网龙公司宣布了“非洲教师在线教育能力建设计划”，“该计划为非洲开通100万个在线教育账号，培训10万名骨干教师，首期为1万名”[②]。

除了提升非洲乡村教师的专业能力，中国还通过对非洲教育管理者的培训，提升非洲乡村教育治理水平。2017年4月，中国举办“发展中国家教育管理者研修班”，对来自埃塞俄比亚、肯尼亚、马拉维、南苏丹、苏丹、乌干达、赞比亚等非洲国家的学员进行为期三周的培训。研修班安排学员与海内外的专家学者及教育管理者共同探讨农村教育、职业教育与经济发展、中国儒家文化等方面的问题，组织学员深入考察中国的中小学及教育机构。“学员代表肯尼亚教育部课程研究所副所长

① 张保淑：《“互联网+”打造“一带一路”教育共同体》，《人民日报（海外版）》2018年8月29日。

② 陈新光：《将教育快速数字化带来的挑战转化为机遇》，2021年11月30日，见https://column.chinadaily.com.cn/a/202111/30/WS61a5cd27a3107be4979faa0a.html。

简·阿肯依·纽埃女士表示，‘来到中国能与世界各国的教育管理者分享教育理念，借鉴不同国家的教育改革经验，互相学习，这对促进本国教育体系改革、助力发展本国的教育大有裨益。’”[①]

三、中国援助拉美以教育促进乡村振兴的实践

拉美是全球城市化速度最快、城市化率最高的地区，其城市化水平超过了许多发达国家，超过了拉美自身经济发展水平，被公认为“过度城市化”。[②]在快速的城市化进程中，拉美地区出现了农业“二元化”、农村“边缘化”、农民“贫困化”等一系列问题。[③]近些年，受全球经济下行、新冠疫情等因素影响，拉美经济大幅衰退。“2022年年底，拉美贫困率为32.1%，贫困人口达2.01亿人；赤贫率为13.1%，赤贫人口为8 200万人。”[④]生活在地球另一端的拉美人民正在积极寻求乡村建设之路。

① 宋微：《中非教育合作助推非洲跨越发展》，2022年6月29日，见http://tradeinservices.mofcom.gov.cn/article/yanjiu/hangyezk/202206/134768.html。

② 参见孙光英：《拉美城市化过快发展的负面效应值得关注》，《红旗文稿》2013年第17期。

③ 参见常红：《拉美地区城市化达80% 农村“边缘化”农民“贫困化”》，2014年4月28日，见https://www.chinanews.com/cj/2014/04-28/6114872.shtml。

④ 徐世澄：《2023年拉美形势和中拉关系展望》，2022年12月30日，见http://www.cssn.cn/gjgc/gjgc_gcld/202212/t20221228_5574764.shtml。

受到历史、文化、地缘政治、经贸等多方面因素的影响，在外交领域，中国与拉美建立外交关系起步较晚。近些年，得益于习近平外交思想的科学指引，中拉关系全面迅速发展。尤其是在2016年中国政府颁布第二份对拉美的政策文件之后，中拉迈入整体合作新阶段，在减贫和教育领域的交流与合作实现了更大发展。一些拉美官员、学者、学生和记者在亲眼看到中国乡村振兴的显著成效之后，迫切希望将中国乡村振兴的宝贵经验带到拉美，以此建设更公平、更自由、更美好的拉美。

（一）中国加大对拉美教育援助，增进拉美人民福祉

党的十八大以来，中国作为发展中大国，向拉美最不发达国家、内陆发展中国家、小岛屿发展中国家、中等收入国家、陷于或刚刚摆脱冲突状态的国家给予力所能及的支持和援助。[①]教育是中国对拉美援助的重点领域之一。中国不仅加大了对拉美国家教育的援助力度，而且援助的内容、路径、形式也更加多样。

1. 中国大力帮助拉美进行灾后教育重建

2016年，一场强烈的大地震使厄瓜多尔的马纳维和埃斯梅拉达斯省等地区的学校校舍严重损毁，据统计，受损学校数量近900所，10万多

① 参见龚云、贺钦：《习近平外交思想在拉美的实践与拓展》，《拉丁美洲研究》2022年第6期。

名学生陷入“上学难”的困境。在这种情况下，中铁九局承建的200所“千年学校”项目决定在厄瓜多尔全国范围内建设200所临时性学校，对解决厄方燃眉之急产生了积极作用。[①]2017年，秘鲁拉利伯塔德地区切彭小镇遭遇洪灾，当地校舍严重损毁。为了让孩子们重返校园，从2021年5月开工到2022年3月完工，在不到一年的时间里，中国电力建设集团让一座崭新的现代化学校在废墟上拔地而起，更好的学习生活环境激发了当地乡村学生的学习热情。[②]

2. 中国借助孔子学院向拉美人民提供语言文化类教育援助

“截至2021年底，拉美地区25个国家共设有46所孔子学院和23个孔子课堂。”[③]拉美地区的孔子学院（课堂）不仅教学点多，而且生源广泛。孔子学院不仅让拉美人民了解中国的语言、历史、文化，甚至通过“汉语桥夏令营”等活动改变来自偏远落后地区人们的命运，改变他们对未来的设想，进而促进当地经济、文化等多方面的发展。

在正确义利观指导下，中国对拉美的教育援助既产生了良好的社会效益，更增进了当地人民的福祉。

---

① 参见中国日报网：《中国融资支持厄瓜多尔学校建设》，2016年6月21日，见http://www.chinadaily.com.cn/hqzx/2016-06/21/content_25782798.htm。

② 参见毕梦瀛：《“孩子们的生活更好了”》，《人民日报》2022年6月13日。

③ 王兰婷：《拉美地区中文教育发展研究》，《华文教学与研究》2023年第1期。

（二）中国与拉美达成合作共识，交流以教育促进乡村振兴的经验

中国对拉美的教育援助间接地抑制了贫困效应，促进了对象国经济和社会发展，同时也强化了双方合作的意愿，为中拉开展减贫与发展的知识分享与合作奠定了基础。近年来，中国通过和拉美联合组织论坛、邀请拉美国家的外交官实地参观乡村情况、以拉美青年的视角拍摄纪录片等方式展现中国脱贫攻坚和乡村振兴的成果，让拉美人民对中国减贫和乡村振兴的经验有了更深的了解。

2021年8月举办的“首届中拉减贫与发展论坛”共有来自中国和墨西哥、阿根廷等15个拉美和加勒比国家共同体（简称“拉共体”）成员国的政府官员、企业代表、专家学者参加。围绕减贫政策和实践这一主题，中拉交流和分享双方在消除贫困和促进农村可持续发展方面的经验。中国农业大学李小云教授介绍了消除贫困及应对不平等的中国经验，其中“坚持以人民为中心的发展理念”和“发展教育脱贫一批”等经验措施[①]，为拉美的减贫与发展提供了可资借鉴的方案。2022年7月13日，中国国家乡村振兴局和阿根廷外交、国际贸易和宗教事务部联合主办“第二届中拉减贫与发展论坛”，旨在推动中拉双方在减贫与农村发展领域的深入合作。在论坛上，专家们一致认为，中国和拉共体成员

① 李小云：《消除不平等为基础的贫困的中国方案》，2021年8月31日，见https://www.iprcc.org.cn/article/47F2xzqEqyY。

国在多层面贫困问题上具有典型的共性，在乡村振兴方面有很大的合作空间。中国社会科学院拉美研究所发展与战略研究室主任王鹏指出，中国在农村减贫方面积累了丰富的知识和经验，特别是在基础设施和公共服务方面，如安全饮用水、教育、电力和食品方面，可以为拉美国家提供宝贵的经验。来自拉共体成员国的官员和专家赞扬了中国为消除绝对贫困所作出的努力，特别是城乡一体化和数字技术支持，被拉美国家视为减轻贫困的宝贵资源。①

纪录片是向全世界传播乡村振兴故事的有效途径，也是一种非常重要的教育手段。2022年，中央广播电视总台推出的《我们的田野：拉美青年蹲点记》是一部田野调查式纪录片，也是中拉共同创造的成果。该片围绕三位拉美青年在中国西南部一个村庄的观察、对话、思考，真实地讲述了中国乡村产业振兴、人才振兴、文化振兴、生态振兴、组织振兴的故事，总结了可以惠及世界的乡村建设经验。例如，在纪录片中，为了提高茶叶种植的经济效益，田坝村村委会引进了远程会议设备，增进了乡村民众和国内技术专家的沟通交流。从国内外媒体和学术界的评价来看，该片推动了不同文明的交流互鉴，增进了中拉人民的相互了解，引起了拉美人民对中国乡村发展模式的思索，启发他们从中寻求拉美乡村建设之路。②

---

① 参见Global Times，*China-CELAC to Deepen Cooperation on Poverty Reeducation in Fresh Sign of Growing Ties*，2022-07-14，https://peoplesdaily.pdnews.cn/business/china-celac-to-deepen-cooperation-on-poverty-reeducation-in-fresh-sign-of-growing-ties-269699.html。

② 参见潘津晶：《“他者”视角下的中国乡村振兴——以纪录片〈我们的田野：拉美青年蹲点记〉为例》，《国际传播》2022年第6期。

（三）中国与拉美对话教育变革，探讨数字技术促进乡村教育发展问题

受生产结构、劳动力结构、福利水平、居民经济社会地位、数字基础设施建设等诸多因素的影响，拉美地区数字技术的发展极不平衡，数字技术还没有广泛运用到减贫工作中。[①]已有研究与实践证明，随着新一轮科技革命的持续推进，数字技术愈发深入地影响社会的方方面面，以数字技术为依托的教育、金融、医疗、农业等是帮助拉美地区消除农村贫困的关键举措。中国成功的数字扶贫经验能够为拉美提供有益的借鉴。

近年来，中拉在线教育合作成为中国与智利、阿根廷等拉美和加勒比国家及地区高校展开教育交流的重点之一。阿根廷驻华大使牛望道在"一带一路"数字教育论坛上的致辞中指出，"阿根廷和中国当下都面临发展数字教育、推动教育数字化转型的时代任务，两国强化数字教育合作将有效促进数字教育成果更多、更好地惠及两国人民，形成互惠双赢的局面"[②]。

2022年4月29日，清华大学与拉美及加勒比驻华大使围绕"数字中国及中拉在线教育合作"主题开展云对话，共同探讨中拉数字化发展状

---

① 参见林华：《中国和拉美国家减贫合作的空间与路径》，《拉丁美洲研究》2022年第5期。

② 边雪：《数字教育如何为"一带一路"增添发展动能?》，2023年4月13日，见 https://www.thecover.cn/news/%2BF6zkis1q8CH90qSdq8Jkw==。

况及中拉在线教育合作的现状和前景。大使们认为，数字化发展推动了在线教育的革命，为更多的人提供了受教育的机会，促进了教育观念和教育模式的积极变化。拉美和加勒比使团团长、乌拉圭驻华大使费尔南多·卢格里斯认为，数字技术的发展可以带来巨大的利益，希望清华大学今后能与拉美和加勒比国家及地区开展更多合作。①

目前中国与拉美地区的在线教育合作主要在高等教育领域，拉美受中国教育数字化成就的影响还比较有限。未来，随着中国与拉美在教育数字化转型过程中的交流与合作更加广泛而深入，中国以教育数字化助力乡村振兴的经验将为拉美提供更多有益的参考。

四、乡村教育促进乡村振兴的中国贡献

中国乡村教育促进乡村振兴的重要价值不仅仅体现在教育领域，不仅仅局限于国内层面，还体现在政治、经济、文化等其他领域，涉及全球层面。无论是可以“授人以渔”的发展经验，还是对农业农村农民现代化道路的探索，抑或是对人类文明永续发展的推动，均具有重要的价值意义，都贡献了宝贵的中国智慧。

---

① 参见 John Olbrich, Li Han, *Cloud Dialogue Held between Tsinghua University and Latin American and Caribbean Ambassadors*, 2022-04-29, https://www.tsinghua.edu.cn/en/info/1245/11193.htm。

（一）使乡村教育突破了传统的概念边界

近百年来，在广大发展中国家，教育的分化明显体现在城乡教育之间。乡村教育是一个与城市教育相对的概念，是一个根植于城乡二元结构的概念。在广大的发展中国家现代化进程中，由于城市先于乡村开启现代化，国家重视城市轻视乡村，城市与乡村不仅在经济发展水平上存在着巨大的差距，而且在体制机制、政策体系、生产生活方式等方面存在着显著的区别。[①]正是城乡之间的种种差距和区别，使得乡村教育与城市教育的概念内涵有了明显的不同，乡村教育成了“边缘”“落后”“贫困”教育的代名词。

乡村教育一直是一个颇具争议的概念，人们对乡村教育的理解标准不一，至今也没有达成共识。总体来说，乡村教育概念的内涵大致可分为四种类型：第一种是以地域界限为标准的定义，是指在乡村范围内的教育，包括中小学校、成人学校、社会教育等各级各类教育；第二种是以教育目的为标准的定义，是指为乡村经济社会发展服务的教育；第三种是以教育内容为标准的定义，是指“涉农”的教育，也可以称为农业教育；第四种是以教育对象为标准的定义，是指面向农村户籍人口的教育，也就是农民教育。对上述四种单一取向的乡村教育概念予以分析不难发现，这些定义虽然都重视乡村、农业、农民，但是它们都只是强调

① 参见张红霞：《农村变迁与秩序构建：转型期农村现代化变迁研究》，河北人民出版社2016年版，第139页。

了乡村的某一个方面而不是全部，并且都把城市和乡村明确分割开来，而不是作为一个有机整体。实际上，发达国家和地区基本不区分城乡教育，在同一级（类）的教育政策上也没有“农村”和“城市”之分，城乡教育是一体的。[①]

从当前中国乡村教育促进乡村振兴的种种实践可以看出，服务于国家倡导的乡村振兴战略和城乡一体化的总要求，现实中的乡村教育正在突破传统的“地域空间”“目的功能”“教育内容”“户籍人口”等概念边界，使乡村教育回归教育的本源。事实上，随着乡村振兴战略的深入推进，未来中国乡村将在社会生活的各方面发生天翻地覆的变化，这些变化还将进一步推动乡村教育概念内涵的根本改变，那就是乡村教育不仅可以成为服务全民终身学习的高质量教育，而且应当成为全社会、全人类的一项共同利益。

（二）向国际社会贡献乡村教育发展经验

教育是阻断贫困代际传递、实现乡村全面振兴的根本手段和主要机制，其基本逻辑是通过提升人的基本可行能力实现减贫脱贫和乡村振兴的战略目标，其本质体现了社会公平正义的价值追求。[②]然而，大多数发展中国家的乡村教育环境较差、师资匮乏，加上缺少合理的学校教育

① 参见肖建彬：《中国教育问题分析：基于政策与实践的思考》，广东人民出版社2015年版，第114页。

② 参见李兴洲：《公平正义：教育扶贫的价值追求》，《教育研究》2017年第3期。

管理制度，以及贫困的农村家庭对教育的投入极为有限，导致乡村教育质量低下、乡村学生辍学率极高。[①]在这种情形下，乡村教育难以培养出足够的乡村建设所需要的人才。在全球范围内，“如何办出高质量的乡村教育”依然是困扰发展中国家的难题之一。

改革开放四十多年来，尤其是党的十八大以来，中国乡村教育获得了长足发展，并积累了丰富的经验。比如政府通过对义务教育的布局规划、学校建设、经费投入、师资培养等系统部署，仅用十年时间就实现了县域义务教育基本均衡，中西部许多乡村学校办学条件实现质的飞跃；政府在提升乡村教师综合性待遇与社会地位的同时，还注重通过在职培训提升教师专业发展水平；政府通过建立健全政策法规、筹措经费、督导评估、加强行政部门之间的联动等切实可行的措施，引导社会力量积极参与乡村社会教育和乡村家庭教育，解决乡村留守儿童和留守老人的心理问题；等等。从前文的分析可知，近年来，中国不仅继续加强对发展中国家教育的援建，包括建设学校、捐赠文体用品等，而且还通过会议、培训、参观、访学等多种方式向亚洲、非洲等的众多发展中国家分享这些真实的乡村教育发展经验。

中国乡村振兴以乡村教育事业发展为先导和基础，使乡村教育与乡村社会作为一个统一体发展，推动了乡村社会的整体性变革，为发展中国家提供了建设乡村的真实经验，得到许多国家的关注和认可。2023年两会期间，《中国与非洲》杂志开展与非洲青年的对话，倾听他们对于中国乡村振兴的真实感受。正在武汉大学攻读博士学位的摩洛哥女孩汉

① 参见倪佳敏：《发展中国家农村教育的差距》，《北京青年报》2018年11月5日。

娜内·塔米克、中国传媒大学的乌干达女孩萨拉、津巴布韦青年米莱等国外留学生表示他们在见证了中国乡村社会的“逆袭”之路以后认为，中国为那些缺少资本、技术的发展中国家提供了可借鉴的范例，并且他们深刻意识到教育在乡村振兴中的重要作用。例如，津巴布韦青年米莱在走访了中国乡村之后感慨道，那些受过良好教育的青年具有开阔的视野、了解市场需求并且有过在市场打拼的经历，能够对乡村振兴产生积极作用。[①]

（三）为全球农业农村农民现代化提供新的路径选择

自20世纪五六十年代开始，西方现代化理论就极力鼓吹现代化等于西方化的论调，把西方发达资本主义国家的文化价值观、政治制度、经济模式和生活方式等现代化模式视为现代化的唯一标准。由此，许多欠发达国家彻底走上了全面学习、效仿和追赶西方现代化的道路，以西方发达资本主义国家为模板建设现代化国家。[②]实质上，西方国家的现代化是长期殖民化的结果，在殖民化过程中，美洲土著和非洲上亿人口死亡，生态资源被大规模破坏，由此形成了工业化资本的原始积累，从而实现了资本的不断扩张。[③]无论西方国家为其殖民扩张的现代化道路

① 参见夏媛媛：《对话非洲青年：从乡村振兴的生动案例中探寻中国乡村发展经验》，2023年3月7日，见http://news.china.com.cn/2023-03/07/content_85150544.htm。

② 参见戴木才：《论世界各国现代化的共同特征》，《思想理论教育》2023年第4期。

③ 参见温铁军：《解构现代化：温铁军演讲录》，东方出版社2020年版，第29—30页。

进行怎样的理论辩护，西方的殖民化—现代化导致今天非洲、拉美、亚洲等的大多数发展中国家的落后是毋庸置疑的事实，因此，广大发展中国家不可能去重复西方的现代化道路。①

中国作为较早学习西方的后发外生型国家，从未停止对西方现代化道路的探索与反思。自鸦片战争打破了中国长期封闭的状态之后，中国从器物、制度、思想文化等多个维度全面效仿西方，这种从属于西方现代化的探索以失败告终。1921年，中国共产党成立，先进的知识分子接受了马克思主义，运用和发展科学社会主义来改变中华民族的命运，从此，“中国人在精神上由被动转入主动，开始走上探索现代化建设的自主之路”②。党的十一届三中全会以后，邓小平指出：“过去搞民主革命，要适合中国情况，走毛泽东同志开辟的农村包围城市的道路。现在搞建设，也要适合中国情况，走出一条中国式的现代化道路。”③这一表述，指明了中国式现代化的历史渊源和当下目标。其后，中国共产党人根据不同时期现代化建设的实际情况，不断完善社会主义现代化的思想、目标、路径，走出了一条独具中国特色的现代化道路。④

农业农村农民现代化是世界现代化进程中的重要事业。同时，农业

---

① 参见李新烽：《中国式现代化道路对非洲发展的启示》，《马克思主义研究》2022年第4期。

② 熊秋良：《认识中国共产党领导中国式现代化道路的三个维度》，《求索》2022年第1期。

③ 《邓小平文选》第二卷，人民出版社1994年版，第163页。

④ 参见王露璐：《中国式现代化进程中的乡村振兴与伦理重建》，《中国社会科学》2021年第12期。

农村农民现代化决定了中国式现代化的成色。[①]党的十八大以来，中国以乡村教育促进乡村振兴的行动与成效可谓是突出展现了中国式现代化的独特性，证明了现代化路径的丰富性。中国通过全方位对外开放，向世界展示了中国式现代化道路的时代特质与具有世界意义的价值理念，包括人与自然和谐共生的世界观、根植于本土文化的发展观、以人民为中心的价值观等，为那些既希望加快发展又希望保持自身独立性的国家和民族提供了实现农业农村农民现代化的新的路径选择。2023年5月，来自加纳、摩洛哥、马拉维等近30个非洲国家的专家在考察了中国浙江新农村建设之后，纷纷感叹仅从一个村庄由内而外的全面发展就能感受到中国式现代化的发展前景无比光明，来自贝宁的帕拉库大学法学与政治科学院院长莫克塔尔·阿达穆说，“希望能在中国多学习多思考，将更多有关乡村振兴和共同富裕的中国智慧带回去，给当地政府以参考”[②]。

（四）为构建人类命运共同体奠定坚实的基础

构建人类命运共同体是习近平新时代中国特色社会主义思想的重要组成部分，蕴含着源远流长的中国智慧，指明了人类文明形态的发展方向。[③]“人类命运共同体”这一理念包涵了开放包容、合作共赢、共建

① 参见李小云、唐丽霞、刘祖云等：《中国式现代化语境下的乡村振兴与高质量发展（笔谈）》，《华中农业大学学报（社会科学版）》2023年第1期。

② 季俊磊：《非洲专家参观我市新农村 从乡村美景中感悟振兴密码》，《金华日报》2023年5月23日。

③ 参见刘泓：《人类命运共同体是人类文明形态发展的大趋势》，《人民论坛》2021年第34期。

共享等价值内核[1]，其本质内涵是“通过共同利益、共同责任、共同挑战把各国紧密联系在一起的状态，是国与国之间以共同利益为最大公约数，克服分歧和矛盾，和平发展、和谐相处、合作共赢的状态”[2]。习近平总书记在多个场合反复强调人与人之间、国与国之间命运与共，我们应秉持人类命运共同体理念，用实际行动为增进人类福祉、建设美好世界作出贡献。时至当下，领土争端、资源短缺、生态恶化、宗教冲突、贫富差距加剧等层出不穷的问题给国际秩序和人类生存带来了严峻挑战，倡导和构建“共有共享的人类命运共同体”对于各国深化合作、应对这些挑战无疑具有重要的现实意义。

乡村社会是人类命运共同体的重要组成部分，乡村振兴的终极价值包含着构建人类命运共同体的目标，即实现城市与乡村各美其美、美美与共、融合共生。教育促进乡村振兴的独特之处在于，教育作为一种人与人之间交流合作的学习活动，作为全球共同利益，在构建人类命运共同体中可以大有作为，而且必须回应构建人类命运共同体的要求。[3]中国以教育助力乡村振兴的行动本身就是在推动人类命运共同体的构建。中国政府是在充分认识和尊重乡土社会特质和乡村民众需求的基础上，动员和汇聚了包括高校、企业、科研院所、社会组织等在内的全社会力量与各类资源为乡村教育高质量发展提供支持。乡村与城市、村民与市

---

① 参见郝立新、周康林：《构建人类命运共同体——全球治理的中国方案》，《马克思主义与现实》2017年第6期。

② 王寅：《人类命运共同体：内涵与构建原则》，《国际问题研究》2017年第5期。

③ 参见冯建军：《推动构建人类命运共同体：教育何为》，《教育研究》2018年第2期。

民的生活生命在农村现代化进程中紧密联系在一起。此外，中国通过教育援助不仅传播了以教育助力乡村振兴的宝贵经验，提供了与乡村教育相关的资源与项目，更促进了文明交流、民心相通，以此夯实了人类命运共同体理念的民意基础。[①]概而言之，我国以教育推动乡村振兴的理论与实践，为构建人类命运共同体奠定了坚实的基础。

习近平总书记高度重视国际交流与合作，强调“中国发展离不开世界，世界发展也需要中国”，“中国开放的大门只会越来越大。我们将坚定不移全面深化改革开放，坚定不移推动高质量发展，以自身发展为世界创造更多机遇”。[②]党的十八大以来，中国加大了对发展中国家的教育援助力度，以教育振兴乡村的经验为广大发展中国家消除贫困、实现现代化提供了重要借鉴，对世界减贫事业发展起到了积极的促进作用。目前，中国正进入乡村全面振兴的新发展阶段，在习近平新时代中国特色社会主义思想指引下，中国越来越多的偏远乡村地区在乡村振兴中取得了突出成效。而这些地区也引起了国际社会的关注，逐渐成为对外开放的前沿阵地。中国政府、高校、企业等组织机构通过教育交流与合作积极向欠发达国家传播以教育振兴乡村的理论与经验，以教育交流增进各国民心相通，为构建人类命运共同体奠定坚实的基础，向全世界展现了现代化的另一种道路。

---

① 参见陈莹：《人类命运共同体视域下中国国际教育援助》，《暨南学报（哲学社会科学版）》2019年第11期。

② 习近平：《在二十届中央政治局常委同中外记者见面时的讲话》，《求是》2022年第22期。